〔道光〕泾县续志

〔清〕阮文藻 修 〔清〕赵懋曜等 纂

黄飞松 曹西弘 点校

中共泾县县委党史和地方志研究室 整理

广陵书社

《〔道光〕泾县续志》点校编审人员

主　审：张美珍

副主审：鲍丽君　洪成钢

校　对：黄飞松　曹西弘

前言

泾县历史悠久，有『汉家旧县，江左名区』之称。境内山林毓秀，人文荟萃，有『山川清淑，秀甲江南』之誉。春秋时，泾县地处『吴头楚尾』『枕徽襟池，缘江带河』，独特的区位优势，使地域文化兼东西之美，并吴楚之盛。泾县自古物产丰饶，名品频出，虽农桑之地，然农耕科技独树一帜，宣纸、宣笔名耀古今，谓皖地之『国宝』。

盛世修志，志资盛世。西汉司马迁的《史记》，唐代刘知几的《史通》、李吉甫的《元和郡县图志》等，无不『如明镜照物，媸妍毕露；虚空传响，清浊毕闻』，无一不遵从『爱而知其恶，憎而知其善，善恶必书，是为实录』，为同期及后世『知兴替』提供了可靠依据。

泾县古代从南宋嘉定初年（一二〇八）开始修志，及至清代道光五年（一八二五），在长达六百多年的时间里，共由官方修纂志书十五次，记载了泾县的盛衰与变迁。然而，因多种未知原因，泾县属地只剩下嘉庆十一年（一八〇六）的《泾县志》和道光五年的《泾县续志》，其余十三部不同年代的泾县古代方志，少量的流散于各处，更多的则堙没在历史长河里。

随着社会的发展，交通、信息的通畅，各地历史文化资源从封闭馆藏逐步走向开放，多形式的阅读方式促进了信息交流。泾县方志界通过努力，先后查询到明嘉靖三十一年（一五五二）、清顺治十三年

（一六五六）、乾隆十七年（一七五二）、乾隆十八年四个时期的《泾县志》分藏于他地图书馆，这为泾县的历史文化研究提供了一定的历史遗存。

为让泾县古代县志能进一步为现代社会发展提供资政服务，为让泾县厚重的古代历史文化以便更多的人了解，泾县方志界一边将馆藏旧志及古代地情文献，进行整理、影印、点校、出版等工作；一边调动一切社会资源积极寻找、征集散佚各地的县志及地情文献，创造条件进行影印、点校、出版等工作。二〇〇八年，点校出版了清嘉庆十一年《泾县志》；二〇一八年、二〇一九年，又先后影印了清乾隆十八年和明嘉靖三十一年《泾县志》。在旧志整理和影印工作中，泾县做了大量的工作。

旧志整理是一项浩繁的文化工程，利在当代，惠泽后世。为将这项工程深入开展，我们又点校了清道光五年《泾县续志》，并和影印件一道出版面世。这不仅是旧志整理中的一个创举，也是我县方志界的一件大事、盛事。此项工作的顺利完成，得益于我们有一支勤奋的术业有专攻的方志队伍，得益于社会的进步与祖国文化事业的繁荣，更得益于泾县县委、县政府对文化事业的高度重视和统筹安排。在此，谨向为这项工作付出艰辛劳动的全体人员表示衷心的感谢！

目录

〔道光〕泾县续志

（点校版）

《泾县续志》序

阮子将序《续志》之成，客有促席前告者曰：『志不可以滥也，同于史。往者，钱《志》失之略，郑《志》失之凿，洪《志》虽不蹈二者之弊，而登采则未免滥焉。今且沿袭其旧，毋乃不足以训来兹、信后世乎？盍严核而去诸？』

阮子曰：『客胡为信史而疑志也？余自束发授史传，迄今垂二十余年，往往见其附会不一，传闻互异。或因子孙之闻达，而讳其祖父之过举；或据疑似之行迹，而定其生平之罪案，千百年疑以传疑，迄无定论。史之不可信也尚如此，又何论乎邑志？且夫志称嫩而不称恶者，第以垂劝耳。人惟存此好名之心，始可引而进于善。若并此心而无之，又何所顾忌而不为？故君子乐成人美，恒宽予之，以坚其为善之志。今以为滥，而举众口争传之事，欲概从而芟之，则甚非所以激劝人心之意也。』

泾邑故文献地，名臣硕儒相望，简册自洪《志》修后至今又二十余年。比以大府檄修通志，乃币礼邑人士，相与采辑近事，汇为一册，以备采择，而邑之续志亦借以告成焉。以余为邑长于斯，方且疲精神于簿书讼狱之繁，又何暇与二三君子征文考献，以期必信，其所以往来商榷而不惮烦，第不敢使二十余年来忠臣、义士、孝子、贞媛，就于湮灭不彰，庶几慰幽魂毅魄于泉壤，守土者幸告无过也。其有著述繁富，列于《文苑》；义问昭彰，载入《懿行》。虽采录稍广，亦善善从长之意云耳。至于疆域之沿革、风俗之淳厚、赋役之常经，具详洪《志》，毋庸重叙，故名曰《续志》。

昔张淏续《会稽志》，而于施宿所撰，为订补其讹阙；至郑瑶续《严州志》，则一遵其体例，而于《物产》外增入《瑞产》一门，《乡饮》外增入《乡会》一门。

今所续三十余条，率皆根据原志，未尝出以己意，妄为变增，亦可谓继踵前修、永垂后训者矣。如曰必其谨严同于良史，则官非南董，义殊笔削，一任数十年后疑之信之，非余所敢知也。

时道光五年，岁在乙酉孟秋。赐进士出身、敕授文林郎、壬午科江南乡试同考官、知泾县事安成阮文藻撰并书。

《泾县续志》纂修姓氏

总修：

赐进士出身、宁国府泾县知县阮文藻（侯廷） 江西安福人

同修：

泾县教谕史炳（恒斋） 江苏溧阳人

泾县训导汪道平（澥门） 江苏江阴人

分纂：

举人、原任和州学正赵懋曜（葵圃） 东隅人

举人赵学曾（沂门） 东隅人

举人沈培（植斋） 北隅人

钦赐举人（国子监学正，原署霍邱县教谕）赵学铿（韶鸣） 东隅人

优贡生、考授孝廉方正、候选教谕翟潄芳（润之） 十一都人

恩贡生、候选教谕朱作霖（雩山） 张香都人

拔贡生、原任蒙城县教谕左暄（春谷） 东隅人
拔贡生、候选教谕赵文英（抡一） 东隅人
副贡生王森（树滋） 双浪都人
岁贡生、原任震泽县训导张履元（端甫） 南隅人
廪贡生、试用训导沈标（建霞） 北隅人
廪生马体乾（凤廷） 东隅人
庠生陈辉（行则） 上连都人

《泾县续志》目录

卷一

学校①

道光二年

今上颁立『圣协时中』匾额于大成殿。

大成门 元元统时教谕章鼎四建。康熙五十四年裔孙重修，知县贾镕有记。近就圮坏，章鼎四公裔孙等于道光五年捐资重修。（采访册）

大成门内柏树磴 章康孙培砌，道光元年裔孙重修。（采访册）

大成殿 乾隆四十年，贡生马元胜修。嘉庆十六年，元胜后裔重修（采访册）。

两庑 康熙五十七年六月，洪水坏学宫，两庑木主漂失。庠生赵师献等敛募修整。是年，学生翟尚鑨重建两庑。嗣后，世修葺之。道光二年裔孙又修。（钱《志》、采访册）

①底本正文标题层级较混乱，此据底本目录改。

从祀

道光二年，增祀刘宗周于西庑，位列蔡清之次。

道光三年，增祀汤斌于东庑，位列罗钦顺之次。

宫墙 道光三年，洪水坏宫墙。监生查之璧于道光四年捐资重筑西红墙一十二丈，修葺东红墙一十二丈、东西围墙及礼门外照壁共三十八丈，又筑西围墙，南面五丈。（采访册）

泮池 道光四年，马元泰后裔林等重修。（采访册）

儒学门 乾隆三十七年章镇邦建，知县江恂有记。嘉庆元年裔孙重修。道光五年，裔孙又修。（采访册）

文昌祠 顺治十六年，训导丁允龄建于大成门东。康熙五十六年，学生翟尚钃重建。乾隆三十六年，孙大程、大本重修。嘉庆三年，又修。道光二年，又修。（钱《志》、采访册）

土地祠 顺治十六年，训导丁允龄建于大成门西。康熙五十六年，学生翟尚钃重建。乾隆三十六年，孙大程、大本重修。嘉庆三年，又修。道光二年，又修。（钱《志》、采访册）

忠孝祠增祀位次

道光三年，增祀明嘉定州知州朱仪，仪之子命锡。（采访册）

忠孝祠石碑题名

赠朝议大夫朱苞，赠朝议大夫朱荪，封奉直大夫翟时普，封奉直大夫左廷杰，封文林郎吴百垦。（采访册）

学田

下坊河西社公殿 刘家园田十一亩五分，共陆丘塘一所，原额八分。乾隆五十二年，张香都附贡生朱同为其祖观公捐置，佃人萧万、萧惟、赵老，岁交县经承租银十两五钱。（采访册、县卷）

泉北都汪家店前 原田十二亩二分。道光五年，南隅二甲监生朱进立子监生朱守身、监生朱开泰、从九职朱时泰捐置。（采访册）

书院

三乐书院 在学宫左。雍正元年，知县李玫建。九年，知县刘斡重修，改名义学。嘉庆十八年，丁溪都附贡生、封儒林郎朱玺子徵重建。（钱《志》、采访册）

邑人赵良霨《重修义学记》曰：

事有关于风教之兴衰者，学宫而外，惟书院、义学为急。泾于前明，有水西书院、台泉书院，皆延名师主讲席，邑先达往往发迹其中。然或在山巅，或踞水侧，去城颇远。而惟雍正时，河西李侯所置义学，实与学宫为邻，于今之所以课士与民之所以承教者，为近而便也。迩年以来，两书院经纪少人，渐就倾圮。邑中所请山长，多移砚席于义学中。则其墙垣之为水坍、栋宇之为风雨所蚀者，修之尤急，而工费浩繁，任事实难。

朱翁蓝田，好义急公之士也，知义学为朝廷乐育人才之所，慨然以一身任之，具词呈请。浙西徐明府知吾泾素为人文薮，而迩日稍觉凌夷，正欲以振新为事，见其词欣然色喜，益为奖励劝成之。翁遂命其令嗣诚久择日鸠工，经始于嘉庆十七年三月，落成于十八年十月，费银二千五百有奇。

案：义学有正屋三间、右横屋三间、左厨屋三间，屋后有亭有圃，前有方池约亩许，以轩临之。往时，会稽盛春谷为院长，喜与予及弟台岩、侄琴士游。尝于夏日谒之，坐后亭，见小圃中花草嫣然，出临前轩，俯水槛，莲叶田田，鱼戏其中，心甚乐之。昔郑汉林先生《义学记》所谓『幽闲清雅，可以肄业』者，诚不诬也。阅数年过之，虽幸不为墟，已无复从前胜慨，予每私为之叹喟。今幸朱翁乔梓不惜多金，独成盛举，于正屋、轩亭皆重为创建，于左从其新而增为十一间，于右葺其旧而增为六间。虽规模限于其址，而墙垣栋宇焕然灿然。自兹以往，士之讲诵有其堂，游息有其所，将与水西、台泉两书院之兴起人文者后先比美，亦庶有以承助明府之仰承圣朝广教化而美风俗焉，是可记也已。

红杏山庄　在县西百里蓝麓之阳，中为经训堂，后为宝书楼，左傍为燃藜阁。封奉政大夫、监生查玉衡建。（采访册）

狮山书院　在县西百里，狮子山下。（采访册）

经训堂书屋 在洪村都东岸，汪经焜、汪经价等倡首公建。（采访册）

书润堂 嘉庆十五年，上连都监生陈之才独力捐银二千二百余两建，并置庄田八十亩有零，以为永远膏火之资。邑人吴芳培有记。（采访册）

柳溪家塾 在县西九十里。嘉庆十六年，厚岸王氏合族共建。桐城许准，邑人朱琫、赵良霨俱有记。（采访册）

坛庙

关帝庙 在县治北，宣阳观右，祀汉关圣帝君。明万历戊子，知县张尧文建。国朝顺治、康熙、雍正、乾隆间，屡圮屡修，近就倾坏。县人监生赵世荣，于嘉庆二十五年命子捐职州同国栋，首捐银千余金（注：此处『金』似应为『两』。），纠族捐职理问良泉等醵金万有余两。重建正殿，基址恢廓，焕然一新，洵为合城庙宇之冠。（钱《志》、采访册）

关帝先代祠 在关帝殿后。道光二年，县人理问加四级赵良泉承父贡生、赠朝议大夫廷琇遗命，捐白金三千四百三十余两重建。（采访册）

文昌宫 在射圃左。嘉庆十一年，知县李德淦倡率县人公建其石池、桥梁、栏杆。嘉庆十二年，庠生、诰封奉直大夫左辰同弟候选同知左瀛建。嘉庆十五年，赵学铿助谢村湖田一亩四分。（采访册）

关帝庙 在县东七十里，洪村都汪浩潮建。国朝间后裔复建。道光五年，后裔经熚、经赛、学瑜、学慊等重修。（采访册）

关帝庙 在县西八十里，桃花潭东岸。赠承德郎翟思成、赠文林郎翟思杰同建。（采访册）

文昌阁 在县西八十里，桃花潭东岸。凡三层，高七丈三尺五寸，广围十四丈四尺。乾隆三十二年翟氏共建，邑人赵青藜有记，里人翟士吉有序。乾隆五十六年重修，翟绳祖有记。嘉庆四年重修，道光元年又修。监生翟大初裔金培等，将祖遗高峰尖山业捐入阁内，以备续修。知县清善给以『乐义培风』匾额，教谕史炳有记。（采访册）

文昌宫 在洪村都东岸，汪经焜、汪经价等倡首公建。（采访册）

邑人朱琦《新建文昌宫记》曰：

文昌之祭，论者谓肇自元之袁清容，迄今盖五六百年。然《周礼·大宗伯》已称『司命』，郑注云『文昌第四星』。康成大儒，语当可据，惟《祭法》列司命于七祀，不应注中，又以督察三命之小神参错其说。

谨案：《史记·天官书》：『斗魁戴匡六星，曰文昌宫。』近代祀文昌兼祀魁星，作持斗形者，因文昌连斗魁也。且星位隶紫微垣下，有三师三公之职也。北有内阶，天星之陛也，地望尊贵。故世人以为握功名得失之权，竞相崇奉，临上质旁，稽首恐后。

嘉庆中，天子方隆文治，默感庥祐，筑宫京师，并诏天下郡县皆得立，由是山海遐壤，轮奂鼎新。而我邑东岸汪氏遂应时而起，醵资购基，经始十九年之春，越二岁蒇工。

其形势：屏峰列左，笔架支右，浙溪环前，兰水枕后，卜之墨食，用垂永久。规画既成，则大厦耽耽，飞檐𩮀𩮀，庨寥堂皇，岩峉户臬。寝廷供帝君清静之所，灵爽栖迟，昭敬也。廊（注：『廊』原文为『郎』，据光绪重刻本《小万卷斋文集》改。）庑备书舍，师友之来，时术咿唔，兴学也。依宫墙建唐越国公祠，公保障乡里，勋庇后嗣，尊祖以示型也。

顾余独于听事之颜曰：『经训，窃重有念焉。今夫六经之传，如经星丽天，辉光昭灼，亘古不迁，而诂训渐湮。空疏无实之人，辄思弋获，弗获，乃仰祈夫神。神聪明正直，而壹者也。品端学醇，福缘自臻。士子束发读书，早培根本，长而益菑畬经训。宜溯郑君为大宗，贾孔以下，博观约取，得其会通。即制举之文，亦义蕴闳深，铿铿夺席，毋敢苟同。一旦邀神贶，受知于有司，洊擢上第，然后入是宫，而报祀焉。祝史所告，允无愧辞，庶不负父兄辛勤创置之意。』

兹役也，费白金四千有奇。事竣，复鸠族输田若干亩，俾资会课膏火。揆厥首庸，曰经焜、经价。丐余记者，先国桢、今学瑜两茂才。学瑜，经焜之子也。其余襄督人数，俟联缀书名其次。

道光二年嘉平月中浣

汪王庙 在洪村都东岸。嘉庆二十一年，汪浩潮裔孙公建，祀唐汪华。（采访册）

东平王庙 在县西八十里，桃花潭西岸。翟荫缘后裔建，祀唐张巡。（采访册）

公　馆

京师泾县旧馆　在正阳门外鲜鱼口长巷下头条胡同。明万历四十七年建。堂曰奎聚，共三门。前门楼二间，左右房五间，堂之左四楹，后神堂一间，左右房共六间。嘉庆二十二年重修，计第一层门楼，第二层大厅三间，第三层关帝神堂。神堂西首住房三间，东首住房五间又半间，前接灰篷半间。厅东另院横屋五间，两厢各一间，厅西靠墙住房两间。门楼东首住房四间半，东厢半间，门楼西首住房三间。（钱《志》、采访册）

京师泾县新馆　在南横街张相公庙口外路北。门楼一座，西首铺面二间。第一层门堂并住屋一排五间半。第二层大厅三间，东西厢房各二间，厅东耳房一间，对面厨房一间。第三层住屋三间，东西厢房各一间。第四层住房三间，东西厢各二间。第五层文昌宫三间。厅西长巷通花圃，花厅三间，东抱厢五间；厅前有花木，有池；厅后西偏抱耳房半间；花厅后院平房三间，厨房一间，平房东另院住房三间，东偏后抱耳房一间，西偏后厨房一间。又东另院住屋三间，东墙系后门，其余过道、更房、马篷等不计。（采访册）

考棚　在大安寺东。乾隆三十九年，邑贡生马元龙建。嘉庆十八年，重修。（洪《志》、采访册）

桥　梁

世德桥（前《志》已见）　东乡人捐资重建，并筑堤修路。有桥屋一宅，计十二间。管桥人江夏，租字存倡首督造胡先元

家。（采访册）

通济桥 三洞，去县东北五里，通小幕山间道。明万历举人罗定州、知州赵士际建。嘉庆二十二年，裔孙贡生廷琇、监生世荣、庠生良符、举人懋曜等重建。（钱《志》、采访册）

成志桥 在下浪村口，跨榔桥河水，卷石洞三。嘉庆十五年，新丰都洪姓众建。（采访册）

兰水桥 跨洪村都东岸水口，在县东七十五里。汪拱弼同侄元廉合建。（采访册）

继志桥 跨涌溪桐坑诸水总口。嘉庆二十四年，张香都朱文灯裔孙同建。（采访册）

聚星桥 三洞，在县西九十里。厚岸王姓公建，御史赵青藜有记。（采访册）

板山桥 在县西六十里。庠生吴国抡之女惟玉建，并捐田四亩一分八厘于板山庵，为永远修理之资。县令萧宸翰有记。（采访册）

杨山桥 在县西八十里。南昌府同知翟思瀷建。历四十年，屡次修整，费用二千余缗。存有宣邑沚镇市房收租，以为永远修理之资。（采访册）

承志桥 在县南六十里石荡里。吴山捐银一千二百两建。（采访册）

秋阳村崇文桥 道光三年，思齐都凤灵川建。（采访册）

曲水桥 在溪丁都上胡村霞山侧，通宣邑孔道。胡大佳裔孙斗元、天辅等建。嘉庆丙辰，重修。（采访册）

洗马桥 马元泰、元胜，胡世恩、斗元、天辅、林模合建。邑人俞抡文有记。（采访册）

新桥 在溪丁都陈胡村。潘良珙、胡道景，同徐、马、左众姓合建。（采访册）

双龙桥 三洞。在岸前都二图三甲湾里许村门前。嘉庆十二年，许良正建。（采访册）

方村溪桥 上通旌太要道。唐罗建。康熙五十年，捐田二亩，给人经理搭桥工食。嘉庆六年，裔等置方村溪地二亩，为逐年修桥木料，至今百余年勿替。（采访册）

郡东惠济桥 计长四十丈，阔二丈七尺，高四丈二尺。张廷佐捐银数千金，建西首第一洞。（采访册）

案：嘉庆二十三年，署宁国府知府陈叙：『东溪为数郡通衢，一方要道。国初，倡建石桥，工程不固，倾圮至今。近有泾邑绅士张廷佐自愿捐建西岸第一洞，前任欧批示嘉赏。予署莅兹土，捐廉倡率，并劝合郡绅商，同襄利济之功，立解囊橐，乐观厥成。』云云。至道光四年，知府郭又为之记。张廷佐所费数千金，刊载郡东石碑。

津渡

龙潭渡 在县西八十里，为通太平、石埭要道。嘉庆癸酉，里人捐职州同翟永铃置。（采访册）

花林都佘家渡 县西四十里，佘宗祠益保公、荣六公合置。

古迹

彩虹冈 在县西八十里，桃花潭西，右连钓隐台，左对垒玉墩。（采访册）

案：冈上有韭，香味异常。相传李白醉呕所产，名曰太白韭。然冈陡临潭，剪韭者每易失足。盖仙品究未易得也。游人题咏颇多。

凌清阁 在县西八十里，桃花潭东岸。宋府教翟阳建。久圮，里人、长汀县典史翟羲裔八家重建，俗名八家亭。嘉庆壬申，羲七世孙、监生翟金培倡首重修，增设朱栏。八世孙翟漱芳有记。（钱《志》、洪《志》、采访册）

墨香井 在九都蓝麓，红杏山庄之南。澄莹可爱，气极清冽。进士查炳华有记。（采访册）

冢墓

桐乡县知县升刑部主事董铉墓 在田中都震山。（采访册）

浙江绍兴府通判董哲墓 在石堂山。有广东等处承宣布政使司、正奉大夫、正治卿、门人陈性学墓志铭。（采访册）

玉山县知县董漳墓 在县西石堂山。（采访册）

光泽县知县董修墓 在田中都墓冲山。（采访册）

山东谷城县知县董银墓 在桃花潭燕窝里。（采访册）

开化县知县、升钧州同知董珪墓　在茂林都史家垅，狮形。（采访册）

江西丰城县知县汪尚铭墓　在县东七十里荷包冲。（采访册）

内阁中书翟之珽墓　在县西五十里桦树岭。（采访册）

赠登仕郎、怀宁县训导翟时藉墓　在太平县安仁坊。（采访册）

赠修职郎、临兴场盐课大使、增生翟时式墓　在太平县横石滩梁上燕子形。（采访册）

怀宁县训导、改授北城兵马司吏目翟镡墓　在县西百里麻岭坑。（采访册）

举人、截取知县赵昌国墓　在东城外七里店陈家涝。（采访册）

赠通奉大夫、山东布政使司布政使朱武勋墓　在北亭都黄田栗园塝。妻夫人汪氏祔。（采访册）

赠承德郎、湖北黄州府通判朱庆霈墓　在张香都路西冲。妻安人胡氏祔。有庶吉士、同邑胡世琦墓志铭。（采访册）

赠资政大夫、贵州巡抚朱庆霨墓　在张香都路西冲。妻夫人胡氏祔。有给事中、同邑胡承珙墓志铭。（采访册）

赠朝议大夫、户部广西司郎中加一级朱安润墓　在茂林都茅里坑。（采访册）

义冢

北城外罗家冲炮台山义冢一号　监生左鸿图置。（采访册）

里仁都茶冲里坑义冢 山二十亩。**又北城外下马样义冢地二号** 捐职理问赵良泉置。（采访册）

白塔左侧黄栗山义冢一号 朱必务、朱必胜同置。马架贤增置连界原山十亩，以扩义冢之基。（采访册）

刘家门义冢山一业 在县西八十里，桃花潭西岸五里。翟镜孙后裔思惠置。（采访册）

郑家坝义冢山一业 在县西八十里，桃花潭东岸，翟璧昌裔中书之珽置。（采访册）

松茅园义冢 山一亩五分，田十二亩。在县西八十里，桃花潭东岸五里，贡生翟洗心置。（采访册）

田中都小堪山义冢 地五亩三分。董金置。（采访册）

小路口义冢 地二亩八分。**大冲里义冢** 山二亩五分。典史章国楷、监生马廷彩同置。道光三年，蛟洪冲坏无主棺骸，章国楷纠同捐职州同赵魁、监生刘建章马廷彩等，集资掩埋一百二十一具。抚宪陶给以『好义可风』匾额。（采访册）

甘露庵李正棚义冢 地一亩二分。监生赵文彩之曾祖良懿置。道光三年，蛟洪冲坏无主棺骸，赵文彩独力捐资掩埋二百余具。又于冢侧建造一祠，名曰集灵祠。抚宪陶给以『好义可风』匾额。（采访册）

南城外月有山义冢一号，并塘一所 云南江川县知县左瑜置。其弟左瀛于道光五年捐设补助堂棺局，凡随路倒毙、应需棺木者，任地保丐头赴局抬取。（采访册）

翟氏宣城义冢二处 一在陶家山，一在许家冲。捐职州同翟永铃置。（采访册）

吴氏宣城义冢 在湾沚大湖滩，土名欢墩山，象山后。计原山十八亩五分。监生吴邦兆置。（采访册）

江西义冢 在顺化门外十里胡始岗。旁建一大祠，额曰『同仁堂』，嘉庆十九年泾人公置。（采访册）

京师义冢 明天启五年置。在正阳门外正南千儿胡同，东至官道，西至官道，南至仁寿寺香火，北至官道。收册输差，周遭立石为界，仍照旧额，每亩岁取地租若干，供纳粮扫除之费。首事经理赵选、王文诏、左棠芳、万国乐、赵汝辉等，守冢人戴文慧。国朝初年，为旗民侵占。雍正间，举人吴岭等经官复之。嘉庆二十四年，兵部侍郎吴芳培，编修朱琦、吴敬恒，刑部郎中朱德懋，刑部主事翟发宗，候补知县朱一慊、吴鸾，举人包世臣等，清理界址，周围勒石，以杜侵占。（钱《志》、采访册）

《重修义冢碑记》曰：

事济于艰而襄于众，行之以忠厚悱恻之心，则虽或堙其址、挠其谋，而卒无不立。世之义举，大抵为生者设耳。义而冢，泽兼施于死。然情涣多淡忘，地偏少警触，历久易弛，而因循生。无惑乎前人美意日就凌夷，而莫之振也。

吾邑义冢，居先农坛右，前明天启五年始营建，见查行人日俞所撰碑。后更世变，典掌阙人，被侵没，盖入国朝数十年无究诘者。雍正庚戌，孝廉吴君岭独力讼复之，虽得直而精已惫。其西北面未及尽复，北尤甚。今又将百年矣。碑载四境胥有据，而界画混淆，骤不可爬梳。重以车马之蹂，豚犬之搰，土渐颓剥，致使腐胔残骼多暴于沮洳猥秽之区，黄尘如织，青磷不茭。过者尽伤，屡议列树防堤，率中寝。

己卯春，公车麇集，新旧馆规制具备，佥言曰：『乡里往来，幸托庇欢颜。而慭置旅魄为不仁，畏难苟安为不勇。』趣兴役，匝围上下冢二百十有六，培而筑之，宰如也。

逾冢百余武，有高庙峙其北。赵道士者，夙猾黠，悍然尼我成。告之情，弗从；剖以理，弗从；即湖荡瓜分其中央，亦弗从。爰正之有司。初，康熙中，吾邑失业，或指为闲田。四明叶某纠朋侪，离庙三丈余建阁，祀文昌。道士之祖眈睨焉。某惧其并也，特立碑，明阁与庙无所涉。久之，阁圮，道士置豆棚其地，而碑蔽于土梗。寻当庙增堵墙，联属如一。至是，道士疑碑可代券，始称有碑在，命吏拓以呈，则自纳败阙，其覆尽发。道士爽然，语无措，谳遂定。嗟夫！道士岂不欲匿其情，殆司命明神怒而夺之魄，而亦九原数百游魂环而诉者也。

循豆棚而西，皆苇场，与闽之泉郡壤相错。泉人先树石为槷，及吾邑置槷，则欲以新槷一移南数弓。邑中人相度仅咫尺，如其议，成弧三角形，戒守者弗敢抗。

纠纷既靖，工乃讫。费白金五百有奇，并存金若干，俾因时完葺。由是疆域明，茔兆固，坡陀沟渠，屹如酾如，可以永久。嘻！亦艰哉。

同人谓，宜重记事，垂示后来。时在都者，吴云樵少宰位最尊，齿亦最长，而夙夜趋公，摛毫未暇，转属余。余窃谓：吾邑好义之风，于斯可睹矣。资出自馆赢，前之裒聚何其厚。各效厥能，无儳无诿，何其公且奋。道士妄思越畔，但厘阁基归之官，而不毁其室，不驱其人。泉人密迩为邻，且亦冢地，毋歧视，让之以合好。此皆忠厚悱恻之心之所迫而形，而非激于意气，并有所图利徇私而为之也。然则天下之不可已而已，抑可已而不已者，其鲜所取衷矣乎。云樵曰善，同人亦韪之，遂述以为记。董事者，郑君中岳、沈君球、胡君承玢、吴君俊三，例得附书。所请禁示，则树碑冢侧。其断案之文、丈量之数，别列诸馆录。

邑人朱琦撰文，吴芳培书丹。嘉庆二十四年，岁次己卯，夏六月穀旦立。

寺观

水西宝胜寺 康熙十六年，泾县知县邓琪棻置高村、水西二处田地山业为香灯田，通共折实田贰十三亩三分八厘七毫五丝。邓琪棻自有记，洪《志》失载。（采访册）

邓琪棻《置宝胜寺香灯田碑记》曰：

泾邑水西之有宝胜禅院也，统诸佛之慈轮，总万灵之法宝，作镇猷州，散花赏水，由汉唐以迄今，兹其为高人题咏、贤士流连者旧矣。邑中虽有五大寺，余俱赴应，僧自甘委置于五戒外，唯此为真如法界，安禅接众，称大丛林焉。

昔黄檗禅师驻锡于此，唐相国裴公休师事之，法教宏敷，光被震旦。至明初，沕公戾止，黄檗一灯复为骈星丽日，数传而后明灭几希。赖有楚水禅师，源自宝胜，落簪传临济正宗，龙池万公之嗣。泾之檀越，迎主兹山，重兴法教。第末俗衰微，鲜有大总持出为羽翼。

余偶进而瞻礼之，半偈指迷，顿开尘昧，允矣古德尊宿也。由是频相过从，察其清修苦行，护道如救然，济人胜卫己。第堂开众接，十万缁素挂搭投餐，寺无土田耕耨，从何得食？未免香积尘封，云厨爨冷。致使飞锡乘杯之众，来欣去戚，视禅林如桑下；参方问道之徒，倏来迅返，等净域于泥中。且习静逃禅，笠士栖真而寄迹；寻芳览胜，宰官问俗以停骖。曾无润钵之滋，徒说天人献供。不佞见而心动，因捐冰俸，为置折田二十三亩三分，聊为接众饭僧之小助。犹恐以田赋征输累佛弟子，数年正粮，俱不佞代为输纳。鄙意尚欲更扩菑畬，广佐伊蒲，今忽量移云州州守，接淅王程，势弗能矣。未尽之愿，以俟后之君子。每年应占编银，寺僧办纳，至南北二运，以及行月等米，俱援学田例，一概蠲除。山田原券，印付本寺禅堂，世为收执。

尝闻，从来佛法付之国王大臣，不独裴相国之与黄檗已也。宋苏子瞻之与了元辩才，张无尽之与兜率悦诸公，皆当时一代伟人，而乐与方外名衲游，拥护丛林如护头目。后之贤者，积薪居上，知无俟余言为赘也。后之来游者，过宝胜西数武，谒阳明书院，读宣州施愚山先生碑记，则又知余非佞佛者也。是为记。

奉训大夫、云南云州知州、前泾县知县湘源邓琪棻撰。

水西宝胜寺 嘉庆二十三年，僧慧业募众重修。无梁，大殿并殿前新建廊庑十一间，东西新建廊庑十间。道光元年，殿后新建上禅堂门一所。门内东建问竟楼，客堂五楹；西建天奇居，官厅三楹。（采访册）

明贡安国有《水西精舍志》，钱《志》节录于『山川门·水西山下』，洪《志》未载。而国朝萧应斗有《水西志》，叙述颇详，旧志俱未载。今录于此，曰：

敬亭、水西，皆宛郡之名区也。泾邑多奇山水，而水西之名特著。盖以此地在邑西门外，距郭二三里，嶷然对峙，望之老树古刹，郁乎苍苍，而不可蹴至者，为其中长河界断，盈盈一水隔也。

水西山，从九华发脉，望东北迤逦百余里，突起两峰，一为郭山，一为云岭。又十里，微而复起，结狮孤山、栎山。

郭山有洞，旧传为晋郭璞炼丹处。栎山有大宁禅寺，为成化间荆山禅师所建。邑志谓：『古猷州，治在寺前。』此其地也。左有刘王坟，史载汉明帝弟、楚王英葬泾西，意即此与？

从狮孤山东，下起三支。中支为宝胜寺，乃唐黄檗之道场也。元明之际，又有泐季潭，旧号为五松院。寺后横带一峰，其坞结崇庆寺，乃风光太子之潜宫也。溪外结水西寺。三龙齐临水而止。当夫精舍未建，先达来游者，多憩于三寺。

自嘉靖间初泉刘侯倡明理学，而钱绪山、王龙溪、邹东廓诸先生递来主盟，一时从游之士甚盛，歌诵之声遍彻山谷。刘侯以水西为六邑创精舍于会讲之所，堂曰明道，楼曰熙光，而其最高处为阳明祠。至万历初，为朝议所籍，而其会遂废。会邑侯复吾张公毅然自任而鼎新之，是为今书院。堂之后即为祠，旧祠改为熙光亭，近溪罗先生手自扁之者也。最后行吾赵公谓：『有阳明，不可无晦庵。』遂举文公而并俎豆之。今又为朱王两先生祠，而总之为书院云。

书院作于宝胜寺之右，与寺并列。寺之后，今有藏经阁，乃万历年间了心上人所募，施于拙斋公家而构之者也。予祖虚所公亦与有力焉。院之右为浮屠，高可百余丈，规制甚奇，径仄而外转，中可坐酌，游者、酌者两不碍也。中毁于红巾贼，至隆庆间，寺僧募缘重修，而今又圮矣。

崇庆寺旁，旧有风光轩之址，今为藏经阁之沤和寮。昔邹东廓于腊雪时偶诣崇庆寺，见僧壁所题太白之句，读其首尾云：『天宫水西寺，云锦照东郭。何当一来游，惬我雪山诺。』乃叹曰：『事岂偶然哉！』因续云：『来游谁叶雪山诺，素壁高悬对谪仙。童冠拥炉谈往迹，不知云锦是何年。』

又传，唐宣宗微时寓水西寺，李太白亦尝寓此。宣宗诗曰：『大殿连云接赏溪，钟声还与鼓声齐。长安若问江南事，报道风光在水西。』杜牧之诗云：『李白题诗水西寺，古木回岩楼阁风。半醒半醉游三日，红白花开烟雨中。』此其证也。

从水西寺中入一坞，曰水西坑，涧水潺湲，幽深可爱。跨涧瀑流处，架秋霜阁。又下结一亭，曰溅玉亭。左一陇深入，曰白云坑，中有白云寺。寺之墟有茶，自生于高低云坞之中，曰白云茶。其味深厚，其色浅碧，其香胜兰。云坞中相传有楚王英坟，据此则与前所谓刘王坟者，又似有谬。

白云之右曰湖山坑，湖山自麓至顶约一千七百丈，顶有小湖，其水常满，深若无底。山下有桓筒公庙，盖本邑之土主也。庙后有走马龙井泉。

自湖山、白云而左，为响山。山有洞，呼之即应。李太白《九日登巅寄诗于崔侍御》即此处。

白云之麓曰西方院，院外临溪有台，曰刘遗民钓台。遗民，晋人也，入远公社，途经此处，登钓其上，因以此名。台之侧、历石而北，曰漱玉桥，为刘遗民所作。再下有葛仙井，为葛洪炼丹处也。李白诗曰：『闻说神仙晋葛洪，炼丹曾此占云峰。庭前废井今犹在，不见长松见短松。』

山坞有西峰庵，庵后方塔而白，古称白塔清泉。

以此总揽，大势三支，分为三寺。实则宝胜书院屹然居中，二支互相夹辅，则宝胜书院之钟灵，非苟而已也。

水之东，邑居也。环邑皆山。与水西对峙者曰东山，稍南曰天马山，又南曰承流山，东北曰昆山。落晖余照，远映水西。西北曰幕山，昔左王难当与公祏相持于此，故垒宛然。

泾旧有碧鸡，或在水西，或在岩巃，栖止无定，然见则以为瑞。新安颍阳许公有赋：『水西之上流曰上坊，下流曰下坊，中环巨洲。由洲西望，山色青葱如画。由洲东眺，烟云苍茫，城甍鳞比。诚有如昔人所云「云里帝城双凤阙，雨中春树万人家」之类也。』

赏溪亦名泾溪。旧传东山之水流绕邑外，是为赏溪，未知孰是。昔关中有泾渭二水，清浊攸分。此邑诸水皆清，而川独以泾名，不知何所指。然当春水泛涨，浩瀚冲击，势如倒海，浊流滚滚，不异龙门积石之险，或以此得名。则清溪可赏，又当以东山之流为真赏溪也。且俗称邑南郊巷曰赏溪巷，桥曰赏溪桥，是亦一证云。溪之水汇徽祁、石埭、旌、太四邑之水，历三门、六刺、桃花、落星、漆林、岩潭，递经水西、白云、涩滩而去。

泐季潭诗曰：『古木湾头渔艇，夕阳山下人家。风起一溪白浪，秋来满地黄花。』又李太白诗曰：『承君素舸泛泾西，宛似云门对若溪。且从康乐寻山水，何必东游入会稽。』此泾邑山水之大凡也。至如承流积翠、岩潭秋水、水西春色、幕溪晓月、昆山夕照、湖山雪霁、赏溪烟树、秋霜暑雨，种种妙绝之景，水西则兼而有之。是以泾之水西与宣之敬亭，并传不朽，而古今宗工哲匠、骚人墨士，往往寄迹其间，而流连歌咏之诗，亦多可采云。

传灯庵 在县西五十里桦树岭。明内阁中书翟之珽建。庵右为书屋，名流多讲学于此。乾隆间毁于火。裔孙重建茶亭于岭头，夏秋二季，设茶汤以济行人。（采访册）

发祥寺 在县西六十五里，鸿莪山麓。乾隆十四年，翟姓共建。（采访册）

竹林寺 在县西八十里，玉屏山麓鱼龙潭上（鱼龙潭旧名罗浮潭）。翟氏共建。寺前有石门，下有平磴，老树茏葱，可列樽饮。江浦吴梦极隐居于此，以字易米，识者珍之。（采访册）

灵岩寺 在县西八十里灵岩山。厚岸王达亨、王通亨合建。（采访册）

云护庵 在县北二十里。旧名朝阳庵，创建未详。乾隆壬子岁，住持僧普周修佛殿，建方丈，改名云护庵。捐职理问王际昌助有田亩在内。（采访册）

凤山灵宇 在县北二十五里。里人马汝豸建，并置山二号、田十亩，以助香火。（采访册）

集庆庵 在县西北二十里，僧兴赞、隆仪重建。嘉庆十三年，僧可乐、悟真重修。（采访册）

大山庵 在县西八十里，桃花潭东岸。监生翟天和建。（采访册）

卷二

食货 蠲赈、恩赉、户口、积贮

蠲赈

嘉庆十六年，以秋禾被旱，奉上谕：『安省间有被水被旱已未成灾之处，分别蠲缓并赏借口粮籽种。』本年泾县应征新旧丁地钱粮，均缓至来年秋成后启征，以舒民力。（县册）

十九年，以秋被旱灾，详奉按照灾田分别蠲缓赈恤，泾县本年应征新旧丁地钱粮，均着照例停，缓至来年秋后启征。是年，复奉恩旨，于次春发藩库银四千九百二十五两七钱九分五厘，赏给极贫口粮一月。（县册）

二十三年十二月，奉上谕：『二十四年为朕六旬正寿，普免天下，自嘉庆元年起至二十三年止，节年积欠正耗钱粮。』泾县免丁地正银二万二千六两二钱五分八厘、南米七千二百五十四石四斗九升七合三勺。（县册）

二十五年，以秋禾被旱，奉上谕：『查明被水被旱，各州县分别赈恤。』泾县本年应征新旧丁屯等项钱粮并漕粮，缓至来年秋后启征。（县册）

道光三年，夏五月水。奉上谕：『查明安省被水被旱，各属分别蠲缓给赈，并赏给口粮。』泾县本年应征新旧丁地米麦豆折等项并漕粮，俱缓俟来年秋后启征。（县册）

附录补遗

唐

大顺元年八月，免宣州等处逋负。（康熙、乾隆《志》同）

宋

庆元五年，蠲宁国府包认废圩米。（康熙、乾隆《志》同）

嘉定十七年，大水。民流徙甚众，赈粟。（乾隆《府志》）

元

大德五年，大水。以粮赈粜。（《续通考》）

泰定二年四月，赈宁国路饥粮五万余石。（《续通考》）

明

洪武三年，诏免秋粮。（顺治、康熙、乾隆《志》同）

八年，遣使赈饥，并免旱田租。（顺治、康熙、乾隆《志》同）

九年春，免田租。（顺治、康熙、乾隆《志》同）

弘治七年，水。准以存留折银二十万两，兑军米三千万石，分赈江南各属。（《明典汇》）

万历十六年，大荒。发太仆寺马价及南京户部银两赈济。（旧《通志》）

十七年，灾。免本年起运仓米麦十之五，又南粮米兑十之三。（旧《通志》）

天启七年，大水。免本年起存额赋。（旧《通志》）

崇祯十四年，大旱。诏漕米改兑麦折三分。（旧《通志》）

恩赉

嘉庆二十五年，恩诏：『内开年老之人自古所重，满汉七十以上除家奴外给与品级之处，该部查议具奏部议，七十以上者给与九品顶带，八十以上者给与八品顶带，九十以上者给与七品顶带，百岁以上者给与六品顶带。奉旨依议。钦此。』钦遵在案，泾县验报，九十以上者二名，八十以上者一十二名，七十以上者三十六名，并蒙恩赏给冠带。（县册）

户口

嘉庆十一年，户一十万有六，丁二十二万九千九百三十。

十二年，户一十万二百五十，丁二十三万四百九十五。

十三年，户一十万四百九十九，丁二十三万二千二百三十一。

十四年，户一十万六百四十五，丁二十三万二千八百八十五。

十五年，户一十万七百四十四，丁二十三万三千五百五。

十六年，户一十万八百五十二，丁二十三万四千二百七十二。

十七年，户一十万九百七十五，丁二十三万四千九百一十七。

十八年，户一十万一千五十六，丁二十三万五千五百四十一。

十九年，户一十万一千一百一十八，丁二十三万六千一百一十一。

二十年，户一十万一千三百七十四，丁二十三万八千二百六十。

二十一年，户一十万一千三百七十四，丁二十三万八千二百六十。

二十二年，户一十万一千六百二十三，丁二十四万一百四十九。

二十三年，户一十万一千九百八十八，丁二十四万二千六百三十七。

二十四年，户一十万二千三百六十八，丁二十四万四千三百六。

二十五年，户一十万二千七百七十八，丁二十四万五千四百三十七。

道光元年，户一十万三千一百九十九，丁二十四万六千九百。

二年，户一十万三千六百一十八，丁二十四万八千二百七十。

三年，户一十万三千九百九十六，丁二十四万九千五百八十七。

四年，户一十万四千三百七十八，丁二十五万一百六十三。

附录补遗

宋

绍熙大水后，泾邑阛阓之地存者仅五百余家。（旧志）

明

洪武间，泾邑，军户三十四口二百三十三，军官户三口七十二，弩军户一十六口一百五十七，民兵户一千八百三口一万六千六百五十九，民户一万四千三百五十九口六万九千一百一，匠户四百二十二口二千一百四十七，弓兵户五十四口六百五十，铺兵户五十三口五百七十九，站夫户十口一百七十四，医户四口五十六，儒户九口五十二，僧户六十口一百七十七，道士户六口二十。（嘉靖《府志》）

积贮

按：洪《志》『积贮』止载县治仓谷额数，其民间私置义仓别附『仓库』之后。兹奉前抚陶谕饬，各属乡村就近设仓积谷，以赡族党，名曰丰备仓。故先载翟姓一仓，以为继起者劝。

翟氏丰备仓五间，在十一都水东村。道光五年，翟姓公建。诰职翟惟寅，同弟贡生惟清、诰职惟新，捐银三千两，置芜邑澈水圩田二百八十一亩。原任香山黄圃司翟桂，捐银五百两，置本村石垅头市房一区。监生翟懋鹤，捐银一千两，置芜邑宝丰圩田一百三亩。监生翟一璋，捐本邑十二都田四亩九分。职监翟永铃，捐银一千二百两。故职监翟永铨、永鈖，各捐银一千两，合置本邑包村田一百九十二亩。职员翟永钟，捐宣邑招义圩田九十二亩，又续置本圩田八十亩，共值银一千一百九十三两。每年收租贮仓，遇岁歉赈粜翟氏本族。（采访册）

职官表

按：前《志》表，主簿列第五层，巡检附后。乾隆八年，主簿裁，今以巡检按年序入。

	知县	县丞	教谕	训导	巡检	典史
嘉庆十二年	**于联森** 金坛人。举人。议叙署。	**胡松龄** 见前《志》。署。	**黄崇兰** 见前《志》。卒于官。	**郭士桂** 号馥园，见前《志》。卒于官。	**慎承恩** 浙江乌程人。附监。嘉庆九年任。前《志》遗。	**王文烈** 山阴人。监生。
十三年	**李德淦** 号梅岩，见前《志》。解饷回，复任。	**张星灿** 山阴人。由例满考职府经历任。			**杨国楹** 江西清江人。监生。	

	知县	县丞	教谕	训导	巡检	典史
十七年	**徐丰** 会稽人。监生。				**沈友壎** 顺天大兴人。监生。	**胡祖安** 山阴人。监生。代理。
十八年	**孙灵府** 河南内乡人。举人。署。		**吴贺缄** 宿松人。廪贡。署。			
十九年	**清善** 字撰堂，镶黄旗人。举人。敬避御名，下一字改今名。		**史炳** 字恒斋，溧阳人。举人。咸安宫教习。			
二十年				**程湛** 舒城人。廪贡。署。 **潘恩简** 字琴轩，溧阳县人。举人。道光二年，艰去。		**张永德** 山西汾阳人。监生。代理。 **沈骍** 顺天宛平人。吏员，保举升阜阳县丞。
二十一年	**黄光裕** 顺天大兴人。监生。按察司照磨，署帘缺。 **清善** 帘差回任。		**胡翔云** 婺源人。廪贡。前《志》作歙县人，误。署。史炳因志案赴苏，缺。 **史炳** 回任。			**王蔚宗** 江苏娄县人。优贡。署。
二十二年		**朱振霜** 临桂人。附监。署。		**戴正衡** 霍山人。廪贡。署。潘恩简会试，缺。	**杨理** 新城人。监生。代理。	

	知县	县丞	教谕	训导	巡检	典史
二十三年					**王铨** 吴县人。监生。署。 **胡芳年** 山东历城人。监生。	
二十四年	**陈之揆** 江宁县人。监生。候补知州，委署。清善罣误，缺。 **申汝慧** 字南峰，山西灵石人。举人。署。			**郑玿** 怀宁人。廪贡。署。潘恩简会试，缺。		**徐鉴** 山阴人。议叙代理。
二十五年		**华浩** 字湘屏。无锡人。附监。誊录，议叙委署庐江县去。				**何玿** 会稽人。监生。署。
道光元年	**陶登瀛** 号心洲，阳湖人。举人。调天长县去。	**曾政衡** 广东镇平人。监生。署。				
二年		**顾煚** 字春如，顺天大兴人。监生。署。现任。		**徐朝英** 建德人。廪贡。署。 **汪道平** 字澥门，江阴人。举人。现任。	**殷汝舟** 宛平人。监生。代理。 **张承庆** 浙江海宁人。监生。署。	

	知县	县丞	教谕	训导	巡检	典史
三年	**傅怀江** 字乘风，顺天宛平籍，会稽人。监生。以通判署。	**滑鼎** 顺天宛平人。从九品。署。				**宋澍** 仁和人。监生。现任。
四年	**阮文藻** 字侯庭，江西安福人。进士。现任。				**李维福** 上元人。监生。代理。 **胡芳年** 回任。	
五年	**傅怀江** 署。帘缺。 **阮文藻** 帘差回任。	**华浩** 回任，告病回籍。 **顾煛** 复署。				

右知县十一人、县丞七人、教谕四人、训导六人、巡检八人、典史八人。按前《志》，代理官例不备表。今因年近可考，故并录之。

外委城守把总：

唐徐升 见前《志》。

马中骐 宣城人，嘉庆二十四年任，卒于汛。

吕发祥 旌德人，道光三年现任。

泾太分房把总：

孙太 宣城人。见前《志》。

马得贵 宣城人，嘉庆二十年任。

马锦魁 宣城人，嘉庆二十一年任。

马兴邦 宣城人，现任。

选举表 嘉庆十二年至道光五年

进士	乡举	岁贡
嘉庆丁卯	**潘锡恩** 字醇甫，茂林都人。 **朱钟** 字毓臣，张香都人。 **章作舟** 字济川，茂林都人。 **潘思孟** 字绎堂，双浪都人。钦赐举人。戊辰会试，钦赐翰林院检讨。 **翟檥** 字邓林，十一都人。钦赐举人。戊辰会试，钦赐翰林院检讨。 **章翼** 茂林都人。钦赐举人。戊辰会试，钦赐翰林院检讨。 **章珍** 字聘侯，茂林都人。钦赐举人。己巳会试，钦赐翰林院检讨。	**朱宗庆** 字咸中，张香都人。副榜。 **汪湛** 字露涵，宣阳都人。钦赐副榜。

	进士	乡举	岁贡
戊辰恩科	**吴昌龄** 字季卿，茂林都人。吴信中榜，《宦业》有传。 **吴鸾** 字立青，茂林都人。任江西崇义知县，调福建平和知县。	**包世臣** 字慎伯，十一都人。原名世绳。 **董正治** 字近溪，田中都人。现任江苏吴县教谕。 **朱廷魁** 理子。字文度，张香都人。遵例候选府同知。 **胡沛泽** 字翥云，溪头都人。 **吴云程** 字跻青，茂林都人。 **翟梦槐** 字植三，十一都人。由府贡钦赐举人。己巳会试，钦赐国子监学正，仕江苏吴县训导。 **汪湛** 钦赐举人。己巳会试，钦赐翰林院检讨。 **吴翙凤** 字紫庭，茂林都人。钦赐举人。己巳会试，钦赐翰林院检讨。	**朱佑** 字研谷，张香都人。副榜。仕绩溪教谕。 **查际盛** 九都人。钦赐副榜。 **吴佩莲** 字价青，茂林都人。《文苑》有传。
己巳恩科	**朱钟** 洪莹榜，即用知县，分发山东，历署福山、诸城知县，题补新泰知县。		**翟金兰** 字太虚，十一都人。恩贡。乾隆庚子召试二等第七名，甲辰召试二等第一名，俱受恩赏缎匹。 **王卿** 字亦三，茂林都人。府贡。候选训导。《文苑》有传。 **赵绳祖** 字继之，东隅人。
庚午		**吴连枢** 字瓒堂，茂林都人。 **赵学铿** 字韶鸣，东隅人。由岁贡试用训导，署建德教谕，钦赐举人。辛未会试，钦赐国子监学正，历署铜陵、舒城、霍邱教谕。 **章岱** 茂林都人。钦赐举人，辛未会试，钦赐翰林院检讨。	**朱灼** 字俊卿，张香都人。副榜。历署祁门、霍邱训导，无为州、亳州学正。 **吴培德** 字树堂，茂林都人。副榜。试用教谕，历署巢县训导、当涂教谕。 **胡鄂龄** 溪头都人。钦赐副榜。 **吴承暄** 字补堂，茂林都人。优贡。

	进士	乡举	岁贡
辛未	**潘锡恩** 蒋立镛榜，翰林院编修。丁丑会试同考官，戊寅大考钦取一等第一名，擢升翰林院侍读，授广西学政，日讲起居注官教习庶吉士，国史馆总纂兼提调。道光甲申大考钦取一等第五名，现任翰林院侍读学士，前于道光元年覃恩诰授奉政大夫。 **胡世墉** 字崇垣，溪头都人。即用知县，历任江西靖安、吉水知县。		**吴昌言** 字宣甫，茂林都人。《文苑》有传。
壬申			**吴文璧** 字叔宝，茂林都人。府贡。
癸酉		**吴森** 字竹轩，茂林都人。 **赵逵仪** 字羽可，号衢斋，东隅人。 **沈棠** 字芾南，岸前都人。钦赐举人，甲戌会试钦赐国子监学正。 **查际盛** 九都人。钦赐举人。 **王道经** 十都人。由府贡钦赐举人。仕灵璧县训导。 **章梦祥** 茂林都人。钦赐举人。甲戌会试钦赐国子监学正。	**吴嘉言** 字谟臣，茂林都人。府选贡。试用教谕，署和州训导。 **赵文英** 字抡一，东隅人。选贡。候选教谕。 **王森** 字树滋，双浪都人。副榜。 **张光锷** 字剑端，南隅人。钦赐副榜。 **胡俊升** 字圣集，溪丁都人。钦赐副榜。 **董苞** 田中都人。钦赐副榜。 **查杰** 九都人。钦赐副榜。 **查佩鸾** 九都人。钦赐副榜。 **叶应** 字念仁，太平都人。府贡。 **朱望霖** 字泽南，张香都人。

	进士	乡举	岁贡
甲戌	**胡世琦** 字璋臣，溪头都人。龙汝言榜。翰林院庶吉士，散馆改用知县，历任山东费县、曹县知县，加同知衔。 **朱楣** 字藻廷，张香都人。即用知县，前任江西雩都知县，补授进贤知县，现升袁州府同知。		**黄润** 字吉占，丰东都人。府贡。候选训导。
乙亥			**胡书绅** 溪头都人。府贡。 **赵友麟** 字田文，东隅人。
丙子		**朱宝书** 字晋斋，张香都人。五名。 **赵学曾** 字用椝，号沂门。东隅人。 **胡贞幹** 字时栋，溪头都人。《文苑》有传。 **吴世宣** 字浚明，茂林都人。	**郑熊光** 新丰都人。钦赐副榜。 **翟玉珑** 字珍之，十一都人。府贡。 **赵同润** 字怀雨，东隅人。优贡。遵例候选知州。
丁丑	**查耀文** 字纯一，九都人。吴其濬榜。即用知县，改教，现任安庆府教授。 **吴敬恒** 字菱亭，茂林都人。翰林院编修。道光辛巳恩科云南正主考。		**赵季锐** 字梅亭，东隅人。
戊寅恩科		**沈培** 字固之，号植斋，北隅人。 **查炳华** 字含辉，号瑶圃，九都人。	

	进士	乡举	岁贡
己卯恩科	**翟发宗** 字瀫平，十一都人。陈沆榜。现任刑部福建司主事。	**朱俞昌** 字豫占，号荣圃，泉北都人。 **朱份** 字文之，张香都人。历署盱眙训导、歙县教谕。	**朱淮** 字百川，张香都人。府恩贡。 **朱作霖** 字济三，号霁山，张香都人。恩贡。 **左鼎** 字昆吾，西隅人。优贡。现任昭文县训导。
庚辰恩科			**吴澄** 字印清，茂林都人。府恩贡。授州判职。 **查文英** 字佩华，九都人。恩贡。 **赵鸿章** 字含之，东隅人。
道光辛巳恩科		**吴望曾** 字熊侯，茂林都人。 **吴奏言** 字缄鄂，茂林都人。 **潘肇书** 字轩臣，茂林都人。 **胡炳光** 字曜堂，溪头都人。 **包世荣** 字季怀，十一都人。	**吴彭龄** 茂林都人。副榜。 **章焕文** 字东溪，茂林都人。由监生钦赐副榜。按：钦赐例奉嘉庆十九年上谕，以年逾八旬、三场完竣者钦赐副榜，年逾九旬、三场完竣者钦赐举人，至监生年逾八旬、三场完竣者钦赐副榜，由是科始。
壬午			

	进士	乡举	岁贡
	查炳华 十八名，戴兰芬榜。即用知县，分发浙江，历署安吉、萧山知县。	**胡国梁** 字任臣，溪头都人。解元。 **吴欣曾** 字小琴，茂林都人。 **吴浚** 字虞臣，茂林都人。 **朱蓢** 字鼎臣，张香都人。 **吴彭龄** 茂林都人。	**朱鉽** 字鼎甫，张香都人。恩贡。 **吴晋颜** 茂林都人。副榜。 **陈作霖** 字南湖，上连都人。副榜。 **郑国光** 新丰都人。钦赐副榜。 **洪璋** 字礼南，新丰都人。府贡。 **胡承谦** 字莲友，溪头都人。 **朱恺** 字焕文，张香都人。分发训导。 **翟漱芳** 字润之，十一都人。优贡。候选训导。道光元年，举孝廉方正。
甲申			**黄翰** 字屏南，丰东都人。
乙酉		**吴庸熙** 字宅松，十名。茂林都人。 **郑骧** 十六名。南隅人。 **吴承宠** 字吉甫，茂林都人。 **朱崇实** 张香都人。 **胡宝贤** 溪头都人。 **朱秀实** 崇实弟。 **翟惟善** 十一都人。 **翟奎光** 字墨卿，十一都人。 **吴丽泽** 字兑孚，茂林都人。	**吴承宠** 字吉甫，茂林都人。府选贡。 **朱荣实** 字充之，张香都人。选贡。

荐辟

赵绍祖 字琴士，东隅人。由廪贡分发试用训导，历署广德、滁州学正。道光元年，举孝廉方正，巡抚孙考取一等第一名，奏请召用，授六品顶戴。

翟潄芳 字润之，号艺圃，十一都人。道光元年，由府优廪生举孝廉方正，巡抚孙考取二等，授六品顶戴。

赵宪章 字希周，东隅人。道光元年，由县附生举孝廉方正，巡抚孙考取二等，授六品顶戴。

前《志》进士、举人、贡生，升调铨选官职有未详者，补注于后。

吴芳培 乾隆甲辰进士，翰林院编修，累官日讲起居注，官翰林院侍讲学士，嘉庆庚申四川主考，壬戌河南学政，己巳顺天学政，擢内阁学士兼礼部侍郎。辛未武会试总裁，癸酉再任顺天学政，擢兵部右侍郎，转左侍郎。丁丑转吏部右侍郎，戊寅擢都察院左都御史，署吏部尚书，庚辰恩科会试副总裁。《名臣》有传。

朱理 乾隆丁未进士，传胪，翰林院编修。甲寅山西正主考，乙卯会试同考官。历任衢州府知府、兴泉永兵备道，升浙江按察使司，授山东布政使司，转光禄寺卿，旋署都察院左副都御史，擢刑部右侍郎，充武会试副考官。庚午充顺天乡试副考官，壬申授江苏巡抚，癸酉江南乡试监临，乙亥调仓场总督，又授贵州巡抚。《名臣》有传。

朱琦 嘉庆壬戌进士，中式后覆试第一，翰林院编修。历官至翰林院侍讲，充日讲起居注官，尚书房行走，国史馆提调。丁卯科山东副主考，庚辰、壬午二科会试同考官，现任右春坊右赞善。

胡承珙 嘉庆乙丑进士，翰林院编修。掌陕西道监察御史，工科给事中，刑科掌印给事中。庚午广东副主考，乙卯顺天乡试同考官，福建分巡延建邵道，台湾兵备道，兼提督学政，加按察使司衔。

以上四人见洪《志·进士》。

胡青芝　乾隆壬申举人，选常熟教谕。

翟永檀　乾隆庚寅举人，历仕建平、山阳训导。

吴寿昌　乾隆庚子举人，戊辰钦赐国子监学正。

翟琭　乾隆丙午举人，拣发四川，署温江、彭山、大邑、汶川、荣昌知县，又署会理州知州，补大竹县知县。现改教任上海县教谕。

卫珽　乾隆戊申举人，戊辰由钦赐编修赏国子监司业衔。

包干臣　乾隆戊申举人，景山教习，任福建侯官知县。

朱一慊　乾隆己酉举人，任江西东安知县，现任石城知县。

陈宝泉　乾隆己酉举人，任淮安府训导，复仕石埭教谕。《文苑》有传。

赵文标　乾隆壬子举人，仕直隶怀来知县。

胡泽渊　乾隆甲寅举人，现任江浦教谕。

叶必藩　乾隆乙卯举人，戊辰钦赐国子监学正。

朱煊　乾隆乙卯举人，现任滁州学正。

马肇勋　乾隆乙卯北榜举人，景山教习，现任上元教谕。

赵懋曜 嘉庆戊午举人，任和州学正。

吴宝润 嘉庆戊午举人，仕沐阳训导。

朱恒 嘉庆戊午举人，仕太和训导。

吴学洙 嘉庆辛酉举人，仕句容教谕。

吴文炳 嘉庆辛酉举人，前任蒙城教谕，充宝录馆誊录，议叙一等候选知县。

叶芷 乾隆辛酉钦赐举人，戊辰由钦赐编修，赏国子监司业衔。

赵祖庆 嘉庆甲子举人，拣发河南，历署汤阴、延津、安阳知县，现任襄城知县。

吴廷辅 嘉庆甲子举人，试用训导，历署怀远、当涂教谕，广德州学正，宿州训导，丁丑大挑二等，授祁门教谕。

章云路 嘉庆甲子钦赐举人，己巳由钦赐检讨赏编修衔，前于嘉庆元年会举孝廉方正，巡抚朱给『居贤善俗』匾额。

以上二十二人见洪《志·举人》。

左暄 乾隆丁酉选贡，任蒙城教谕。

洪邦萃 乾隆戊申府贡，选青浦训导。

赵春泉 乾隆辛亥岁贡，仕萧山训导。《文苑》有传。

吴瑴 乾隆癸丑府贡，仕滁州训导。《文苑》有传。

张覆元 乾隆癸丑岁贡，任震泽训导。

胡必豪 乾隆乙卯府贡，选来安训导。

吴念恒 嘉庆庚申副贡，仕舒城教谕。

查敦伦 嘉庆甲子岁贡，历署太湖、颍上训导，定远、建平教谕。《文苑》有传。

以上八人见洪《志·贡生》。（又外籍胡高芳，原名张应龙，南陵籍，乾隆乙酉岁贡，仕训导。见采访册。）

例仕

查廷华 字九峰，九都人。任福建福州通判，以靖海氛功，特恩赏戴花翎，迁台湾淡水同知。例选河南南汝光道，署河南按察司，现任陕西凤邠道。

朱格 字寿平。由郎中除四川嘉定府知府，署绥定府知府。

吴斌 字硕臣，茂林都人。附贡生。任江西饶州府知府，捐廉倡修圣庙。

翟慎行 十一都人。附监。现任直隶武强县知县，前署平乡县知县。

吴栻 监生。茂林都人。任四川荣昌县知县。

朱德懋 字予简，张香都人。廪贡。由刑部郎中任广西南宁府知府，护理左江兵备道。《宦业》有传。

朱菁 字谓庭。附贡生。任江西南康府通判，复选湖北黄州府通判。

吴镛 字序东，茂林都人。任刑部云南司员外郎。

吴恕恒 字宝山。贡生。原任云南宾川州知州。

左瑜 字广川。任云南江川知县兼摄河阳县事。《宦业》有传。

沈长庚 字西垣。附贡。北隅人。以理问分发陕西署同州府经历，嘉庆丁卯补授布政司，理问本缺。

朱煐 字题士。廪贡生。由国子监议叙，署宿州学正。《文苑》有传。

朱路 字秀升。太学生。例授江西弋阳县丞，现任铅山县丞，署上犹县事。前《志》载朱校，改今名。

翟震阳 十一都人。署福建龙溪县丞。

朱豫章 字种畦。太学生。实录馆誊录，议叙天津兴国场盐大使，现任济民场盐大使。

赵世珍 东隅人。任浙江杭州府江涨税课司兼管吴山邮政。

章国楷 字润期，茂林都人。直隶平山县典史，前任正定府正定县河厅。

吴枢 监生。茂林都人。主簿。分发浙江。

陈大森 字东园。任江西赣县县丞，历署雩都、龙南、信丰、长宁等县知县。

沈涛 岸前都人。任四川冕宁县丞，署汶川县事。

翟桂 监生。广东韶州府司狱，调香山县黄圃巡检。

朱钰 字声玉。廪贡。署亳州学正，桐城教谕。

吴世铭 监生。茂林都人。任直隶临榆巡检。

章鸿 监生。茂林都人。前任湖北建始县典史，现调汉阳黄陂县典史。

吴乐宝 字鹿坪。附贡生。任河南渑池县典史。

以上二十五人，俱见前《志·例仕》，朱菁并见《荐辟》，因官阶除改，莅任各殊，故复录补，其已见前《志》而未迁除莅任者不录。

吴承棨 茂林都人。刑部陕西司郎中。

吴俊三 字宾门。贡生。任中书科中书，充己卯武闱会试收掌官。

吴承端 字立山。附贡生。山东莒州知州，调补宁海知州。

沈标 字建霞。廪贡。北隅人。试用训导，署铜陵训导。

吴履瀛 字小沧，茂林都人。廪贡。试用训导，历署桐城、望江教谕，舒城、和州训导。

吴文黻 廪贡。试用训导，历署潜山教谕、定远训导。

沈彬 字知三，北隅人。现任云南和西县典史，历署景东厅经历、普洱府分防、威远知事。

吴天泽 字履斋，茂林都人。例授刑部湖广司主事。

吴宽 字栗园。附监生。例授同知，分发江西，署广信、袁州二府同知。

张忠清 字怀贞，南隅人。廪贡。试用训导。历署太湖教谕、建德训导，道光三年保举咨部原班先选。

吴世华 廪贡。茂林都人。试用教谕，署定远教谕。

翟文英 字玉圃，十一都人。分发江西，试用县丞。

查德基 字亦皋，廷华子。例授通判，分发江苏。

后本济 监生。现任江西南安府经历。

吴绍沅 监生。江苏梁垛场盐课大使。

胡起芳 字晖若，溪丁都人。任福建霞浦巡检。《懿行》有传。

翟钟 十一都人。分发四川，历署按察司司狱，仁寿、梁山、阆中三县典史，邛州吏目。

王时中 双浪都人。分发湖北，署保康县典史。

翟因培 监生。十一都人。分发陕西，署鄠县典史。

吴庆元 字春船，茂林都人。分发贵州，试用未入。

翟文锦 字屏山，十一都人。候选知县。

吴炳煊 茂林都人。候选布政司理问。

吴作霖 字雨岩，茂林都人。候选大理寺寺丞。

吴玉衡 茂林都人。候选县丞。

翟善浩 十一都人。候选从九。《懿行》有传。

查崇大 字振元。例授从九，分发直隶，历署满城县典史、张三营巡检。

翟诰 十一都人。现任湖南宝庆府经历兼司狱事。

陈廷泰 字阶平。监生。上连都人。考授吏目，分发四川。

吴世颖 字轶群，茂林都人。候选郎中。

吴应铎 茂林都人。候选兵马司正指挥。

查辅仁 字友成。候选州同知。

吴士骐 字弁甫，茂林都人。贡生。候选县丞。

马国宾 字觐侯，大成都人。由国子监议叙候选训导。

朱銮 字殿飏，张香都人。附贡。候选库大使。

翟履元 字端崖，十一都人。候选从九。

张鹤龄　字翔云，南隅人。候选库大使。

吴兆蓉　茂林都人。候选从九。

王元淦　字商贤。候选从九。

翟一潢　字汉若。候选未入。

吴世诠　候选州吏目。

吴应培　茂林都人。候选未入。

汪焘　曹溪都人。分发云南，试用未入。

吴世荣　茂林都人。候选从九。

吴廷禄　茂林都人。候选从九。

朱琭　字济川，张香都人。候选未入。

陈露滋　上连都人。候选未入。

查廷珍　九都人，廷华弟。候选从九。

翟一烺　十一都人。候选从九。

吏仕后附载庙员

王瑚 字西林，大成都人。议叙从九，军前效力。补四川巴县典史。已见前《志》，后改授广东徐闻县巡检，卒于官。

查辉祖 九都人。议叙现任湖北竹溪县丰溪巡检。

沈英 字兰友，岸前都人。议叙现任山西吉州吏目。

胡彬 议叙现任甘肃甘州府经历

胡世儒 广东崖州乐安巡检。

朱衍庆 字立廷，张香都人。议叙现任陕西泾阳县典史。

胡斌 溪头都人。议叙山东曲阜典史。

吴逢盛 茂林都人。太常寺则例馆，议叙候选府经历。

朱浩 字季瀛，张香都人。兵部则例馆，议叙候选府经历。

吴松年 茂林都人。光禄寺则例馆，议叙候选未入。

吴景洛 盐课大使，至圣庙督理，管勾厅。

查崇理 九都人。詹事府供事，议叙候选，从九。

吴因礼 茂林都人。至圣庙督理，管勾厅。

朱涛 字志先，张香都人。兵部则例馆，议叙分发广西候补府经历。

吴承黼 茂林都人。议叙候选未入。

吴宝纶 监生。充国史馆誊录，议叙以盐课大使用。

吴銮 议叙从九，至圣庙督理，管勾厅。

董炤焮 议叙从九，分发浙江。

吴编 茂林都人。至圣庙平阳屯屯官。

朱宗洵 张香都人。至圣庙诗礼堂启事官。

以上例仕四十八人、吏仕十五人、庙员五人，俱见采访册。

武举人

嘉庆庚午

翟樾 字梅南，十一都人。辛未挑选二等，分发安徽抚标效力，候选千总。

道光辛未

赵同炳 字采臣，东隅人，候选千总。

壬午

赵魁元 东隅人，候选千总。

武职

董世尧 嘉庆元年，在陕西团聚乡勇剿匪有功，赏给六品提军全衔。

董一明 世尧子，赏给七品军功职衔。

以上二人见采访册。

赠封

吴一标 已见前《志》。又以曾孙芳培，貤赠资政大夫、詹事府詹事加三级，晋赠荣禄大夫、光禄大夫、兵部左侍郎加三级。

朱庆霄 已见前《志》。以孙理，累赠通奉大夫，晋赠资政大夫、贵州巡抚。

朱武勋 已见前《志》。又以曾孙理，貤赠通奉大夫、山东布政使。

朱安淮 已见前《志》。以子理，累赠通奉大夫，晋赠资政大夫、贵州巡抚。

朱安沆 即景李理本生父，已见前《志》。以理累赠朝议大夫，晋赠资政大夫、贵州巡抚。

吴蕙田 已见前《志》。又以生子天泽（由刑部湖广司主事加级），赠中议大夫；以子靖衷（由员外郎），赠奉直大夫。

吴豹文 已见前《志》。又以子学道（都察院都事加级），赠中宪大夫；以子竣三（中书科中书加级），赠奉政大夫；以孙世绅（同知加级），驰赠中宪大夫。

胡之棣 原任河南新安县知县。以曾孙承珙，驰赠通议大夫、福建台湾兵备道加按察使衔。

胡远龄 捐职州同。以子承珙，累赠通议大夫、福建台湾兵备道加按察使衔。

吴廷珊 已见前《志》。又以孙天泽（由刑部湖广司主事加级），赠中议大夫。

朱安润 已见前《志》。又以孙格（户部郎中加级），驰赠朝议大夫。

朱安桂 以子琦，赠奉政大夫、翰林院编修加四级。

朱安邦 琦本生父。以琦赠奉政大夫、翰林院编修加四级。

胡兆殷 庠生。以孙承珙，累赠通议大夫、福建台湾兵备道加按察使衔。

胡承琛 庠生。以弟承珙，驰赠中宪大夫、福建分巡延建邵道。

查士达 字玉成。监生。以孙廷华，驰赠朝议大夫。

朱苞 州同。以子格，累赠朝议大夫、户部郎中、四川嘉定府知府。

朱庆彩 已见前《志》。又以孙德懋（工部员外郎加级），赠奉政大夫，累赠朝议大夫，晋赠中宪大夫、刑部福建司郎中加三级。

潘应杰 已见前《志》。以子锡恩，封奉政大夫、翰林院侍读。

吴善诱 已见前《志》。又以曾孙恕恒，貤赠中议大夫、宾川州知州加四级。

吴宗泽 字体仁。以子念恒，封修职郎、舒城县教谕；以子敬恒，赠文林郎、翰林院庶吉士，晋赠承德郎、翰林院编修加二级；以子恕恒，封中议大夫、宾川州知州加四级。

查元亮 字汇泉。监生。以子廷华，赠朝议大夫，晋赠中宪大夫。

朱荪 州同。以侄格，貤赠朝议大夫、四川嘉定府知府。

朱绍陈 已见前《志》。又以子德懋工部员外郎加级，赠奉政大夫，累赠朝议大夫，晋赠中宪大夫，刑部福建司郎中加三级。

吴功 字明试。以孙敬恒，貤赠文林郎、翰林院庶吉士，晋赠承德郎、翰林院编修加二级；以孙承端，赠奉直大夫、莒州知州；以孙恕恒，赠中议大夫、宾川州知州。

吴培麟 字趾仁。以子承端，赠奉直大夫，莒州知州。

吴善谦 以孙廷芳，貤赠中宪大夫、户部河南司员外加三级。

吴天培 以子廷芳，赠中宪大夫、户部河司员外郎加三级。

胡先操 监生。以子世琦（翰林院庶吉士，充国史馆纂修，议叙加四级），赠奉政大夫。

翟大程 以孙发宗（刑部主事加一级），貤赠奉直大夫。

朱怡 歙县训导，遵例授奉直大夫。以弟德懋，赠朝议大夫、刑部福建司郎中加一级。

朱瑶 廪贡生。以堂弟琦，赠奉政大夫、翰林院编修加六级。

朱瑄 理问。以出嗣弟琦，赠奉政大夫、翰林院编修加四级。

吴逊 监生。以孙承枈，貤赠朝议大夫、刑部陕西司郎中加一级。

朱脩 拔贡。以弟格，貤赠朝议大夫、四川嘉定府知府。

胡先抱 世琦本生父。举人。拣选知县。以世琦貤赠文林郎、山东曹州府曹县知县。

翟象曾 以子发宗（刑部主事加一级），赠奉直大夫。

朱恒 以子一座，赠儒林郎、州同；以弟德懋，赠中宪大夫、刑部福建司郎中加三级。

朱琛 理问。以出嗣弟琦，封奉政大夫、翰林院编修加四级。

吴世业 布政司经历。以子承枈，赠朝议大夫、刑部陕西司郎中加一级。

朱一本 以弟格，貤封朝议大夫、户部郎中加一级。

吴一梓 庠生。以孙昌龄，貤赠儒林郎、翰林院庶吉士加一级。

朱庆霈 已见前《志》。又以孙菁（黄州府通判），貤赠承德郎。

朱安衡 以子菁（南康府通判加级），貤封奉直大夫。

吴一㑺 已见前《志》。又以孙涛，赠承德郎、福建兴化府通判；以孙鸿裁，貤赠文林郎、湖北郧县知县。

翟永升 附贡生。以孙树滋，貤赠文林郎、甘肃中卫县知县。

翟念曾 以侄发宗（刑部主事），貤赠承德郎。

胡承咏 已见前《志·副榜》。以孙世墉，貤赠文林郎、江西吉水县知县。

朱安潜 以孙楣，赠文林郎、江西进贤县知县。

查话 贡生。以孙耀文，貤赠文林郎、安庆府教授。

吴孟元 监生。以子昌龄，貤赠修职郎、东台县训导，晋赠儒林郎、翰林院庶吉士加一级。

朱棪 以弟菁（南康府通判加级），貤封奉直大夫。

吴承龙 以子涛，赠承德郎、福建兴化府通判。

吴濬 以子鸿裁，封文林郎、湖北郧县知县。

翟守焘 刑部广西司主事。以子树滋，封文林郎、甘肃中卫县知县。

胡筠 举人，山东郓城县知县。以子世墉，赠文林郎、江西吉水县知县。

朱蒲 以子楣，赠文林郎、江西进贤县知县。

查天叙 监生。以子耀文，赠文林郎、安庆府教授。

朱周 以孙一慊（江西石城县知县加三级），赠奉直大夫。

朱荣 以侄一慊，貤赠文林郎、江西石城县知县。

赵有庆 以孙文标，貤赠文林郎、直隶怀来县知县。

左逢元 贡生。以子瑜，封文林郎、云南江川县知县。

朱苏 以子煊，貤赠修职郎、滁州学正。

赵良符 庠生。以子懋曜，貤赠修职郎、和州学正。

章甫 庠生。以外孙吴檀（工部都水司主事），貤赠承德郎。

朱蕙 已见前《志》。以子佑，貤赠修职郎、绩溪县教谕。

吴彬 以子宝润，貤赠修职郎、江苏沭阳县训导。

吴缙 分发府经历。以子文炳，貤封修职郎、蒙城县训导。

赵良业 岁贡。以子春泉，貤赠修职郎、萧县训导。

朱业 以子一慊，赠文林郎、江苏泰兴县知县。

翟汾 拔贡。以子琭，赠修职郎、江苏上海县教谕。

赵佺 以子文标，赠文林郎、直隶怀来县知县。

赵念飞 庠生。以外孙左瑜，贻赠文林郎、云南江川县知县。

胡承諿 庠生。以侄先联，贻赠修职郎、江苏睢宁县教谕。

胡葆元 以子泽渊，贻赠修职郎、江苏江浦县教谕。

吴圣录 以子学洙，贻赠修职郎、江苏句容县教谕。

吴承云 以侄廷辅，贻赠修职郎、祁门县教谕。

吴百湛 以子彭年，封修职郎、江苏江阴县训导。

吴一治 以子毂，贻赠修职郎、滁州训导。

张崧 庠生。以子履元，贻赠修职郎、江苏震泽县训导。

左瀛 候选府同知。以子鼎，封修职郎、江苏昭文县训导。

朱澄 以子路，贻赠修职郎、江西铅山县县丞。

翟思镕 以子桂，贻赠登仕郎、广东韶州府司狱。

翟日章 以侄桂，贻赠登仕佐郎、广东香山县黄圃司巡检。

王宝君　以子道经，貤赠修职郎、灵璧县训导。

陈明珠　以子大森，貤赠修职郎、江西赣县县丞。

胡先孟　以子世儒，貤赠登仕佐郎、广东陆丰县黄沙坑巡检。

翟枫　已见前《志》。又以子大猷，貤赠登仕佐郎、江西安福县典史。

以上覃恩赠封八十八人，其有前《志》已载，而后又晋赠者，及覃恩而又遵例者，皆据采访册，一并附注于下。

翟奎　以子著，赠文林郎、永福县显现。明隆庆间。

胡其鹤　以子嗣龄，貤赠修职郎、江苏如皋县教谕。乾隆间。

王大德　以子滩，赠威武将军、陕西永昌卫守备。国朝顺治间。

以上覃恩赠封三人，前《志》未载，今据采访册补。

赵廷琇　贡生。以子良泉（理问加四级），赠朝议大夫。

查天行　名思健，以字行。以孙炳华（即用知县加四级），赠奉政大夫。

朱必达　以孙菜（州同加二级），赠奉直大夫。

朱藩　以孙宗雍（州同加二级），貤赠奉直大夫。

朱华　以孙宗檀（州同加四级），貤赠朝议大夫。

朱炽 以侄宗坛（州同加四级），封朝议大夫。

周仁回 以孙如锜（州同加四级），赠朝议大夫。

朱安然 以子平义（州同加二级），赠奉直大夫。

翟惟新 布政司理问。以子廷琛（理问加二级），封奉直大夫。

胡世经 以子泽欢（遵例加级），封奉直大夫。

朱庆霞 以孙蕙（理问加二级），赠奉直大夫。

查玉衡 字侍臣。以子炳华（即用知县加四级），赠奉政大夫。

朱法 以子菜（州同加二级），赠奉直大夫。

朱燡 以子宗雍（州同加二级），封奉直大夫。

朱煋 以子宗坛（州同知四级），封朝议大夫。

朱焘 以侄宗坛（州同加四级），封朝议大夫。

周创贤 以子汝锜（州同加四级），赠朝议大夫。

翟尚嵘 以子思林（州同加二级），赠奉直大夫。

章光裕 以子懋勋（州同加二级），封奉直大夫。

吴景山　以孙国牧（理问加级），赠奉直大夫。

吴邦本　布政司经历。以子国牧（理问加级），赠奉直大夫。

翟永铨　以子嘉乐（州同加二级），貤赠奉直大夫。

吴学诗　字怀棠。州同。以子世绅（同知加级），封中宪大夫。

吴学礼　字立夫。监生。以出继子烒（由布政司经历加级），赠朝议大夫。

吴殿一　以子烒（布政司经历加级），赠朝议大夫。

朱安池　以孙镀（州同加四级），貤赠朝议大夫。

朱庆朗　以孙算（州同），赠儒林郎。

朱本　以子锦章（理问），赠儒林郎；以孙凝杰（州同加二级），赠奉直大夫。

洪爵五　以子干城（州同加二级），赠奉直大夫。

翟思瓇　以孙嘉乐（州同加二级），貤赠奉直大夫。

吴鸿图　字羲文。贡生。大理寺丞。以子铭（由府同知加级），赠朝议大夫；以孙嘉谟（由州同加级），赠奉直大夫。

吴镛　字序东。贡生。刑部云南司员外。以子嘉谟（由州同加级），赠奉直大夫。

吴让恒　郡廪生。以子渭来（理问），赠奉直大夫加二级。

朱芝 以子镀（州同加四级），赠朝议大夫。

朱安昶 以子算（州同），赠儒林郎；以孙解祥（州同加二级），赠奉直大夫。

洪礼中 以孙干城（州同加二级），貤赠奉直大夫。

洪邦冒 以出继子干城（州同加二级），貤封奉直大夫。

朱武鋕 以孙安桓（州同加二级），赠奉直大夫。

朱安栗 以子凝韬（州同加二级），封奉直大夫。

朱安桢 以子凝赐（州同加二级），赠奉直大夫。

李元桃 以孙庆恩（州同加二级），赠奉直大夫。

吴光显 以孙国俊（由州同加级），赠奉直大夫。

查世俶 字载南。以孙辅仁，貤赠奉直大夫。

王永悌 字申之。以孙际隆（州同加二级），赠奉直大夫。

章必特 以子重光（州同加二级），封奉直大夫。

郑天授 以子启恬（州同加二级），赠奉直大夫。

朱栋 以子宗烋（理问加二级），赠奉直大夫。

潘成部　以子元礼（州同），赠儒林郎。

朱庆濡　以子安桓（州同加二级），赠奉直大夫。

朱采藻　以孙凝赐（州同加二级），赠奉直大夫。

朱庆润　以子安柿（州同加四级），赠朝议大夫。

李廷泽　太学生。以子庆恩（州同加二级），赠奉直大夫。

吴启斌　监生。以子国俊（州同加级），赠奉直大夫。

查慎行　字士可，国学生。以子辅仁，赠奉直大夫。

王承佐　字辅仁。以子际隆（州同加二级），封奉直大夫。

郑明鋹　以孙启恬（州同加二级），貤赠奉直大夫。

朱葶　以孙宗烋（理问加二级），貤赠奉直大夫。

潘廷补　以孙元礼（州同），赠儒林郎。

吴善蒽　布政司理问。以子以璋，赠儒林郎、布政司经历。

吴畇　附贡生。以子世禄（试用训导），封修职佐郎。

朱安瑾　以子平浚（州同），赠儒林郎。

陈显荣 以子文炳，遵例赠儒林郎。

吴守兴 监生。以子祈诰（理问），赠儒林郎。

吴元灯 以孙承浓，貤赠儒林郎、布政司理问。

吴兆鳌 监生。以孙承波（州同），赠儒林郎。

吴崇礼 字汉文，监生。以孙世恭，貤赠儒林郎、布政司理问。

吴季材 字培之，邑庠生。以子庸谨，貤赠登仕郎、府知事。

吴百稠 以子世品（布政司理问），赠儒林郎。

朱庆校 监生。以子安炳（州同），赠儒林郎。

朱球 以子凝顺（州同），赠儒林郎。

朱庆院 以孙平浚（州同），赠儒林郎。

陈明珠 以孙文炳，遵例貤赠儒林郎。

吴德赞 监生。以孙祈诰（理问），貤赠儒林郎。

吴一焕 字彩文。以孙以璋，貤赠儒林郎、布政司经历。

吴大志 监生。以子承浓，封儒林郎、布政司理问。

吴世态 监生。以子承波（州同），赠儒林郎。

吴义方 字燕山。监生。以子世恭，封儒林郎、布政司理问。

吴善炀 以孙世品（布政司理问），貤赠儒林郎。

朱武沛 理问。以孙安炳（州同），貤赠儒林郎。

朱椿 以孙凝顺（州同），貤赠儒林郎。

洪举贤 监生。以孙宦祥（州同），貤赠儒林郎。

洪吉泰 监生。以子宦祥（州同），封儒林郎。

郑文兰 以孙启烈（州同），貤封儒林郎。

朱庆科 以孙宁五（州同），貤赠儒林郎。

吴斯盛 以子应琮，赠登仕佐郎。

汪文扬 以子振翰（候选未入流），貤赠登仕佐郎。

翟集成 监生。以子旌阳（州同），封儒林郎。

郑名瑗 以子启烈（州同），封儒林郎。

朱必务 以子宁五（州同），封儒林郎。

董世魁　以子一选，赠登仕佐郎。

朱安溥　从九品。以子衡宣（理问），赠儒林郎。

以上遵例赠封九十一人，其已见前《志》，而后又遵例加赠者，一并附载。见采访册。

荫　袭

吴檀　以父芳培（兵部侍郎），荫工部都水司主事。

以上一人见采访册。

卷三

人物名臣、宦业、忠节、孝友、儒林、文苑、武功

名臣

赵青藜 字然乙，号星阁。生而颖异，九岁能文。乾隆元年，举会试第一，选庶吉士，散馆授编修。戊午、辛酉，浙江主试，改补江西道监察御史，值内艰归。服阕，补山东道监察御史。丁卯，主湖南试。凡三掌文衡，所得多知名士。在台中前后五年，有直声，而能持大体，不为激切之语。章疏凡数十上，如请清屯田以归运丁，请弛米禁以济民食，请仍耗羡归公，请兴西北水利，皆有关利病。又劾总督高斌、侍郎周学健奏开捐例，谓：『此风一开将见言利之徒接踵而起，为害甚大。』上嘉其有所见。其合纠协办大学士彭维新夺情议尤侃侃。十三年，奉命查赈山东，还京以耳疾乞休。上南巡，伏迓道左，蒙存问者再。年八十二卒。

生平以不欺为主，接人外和而内严，不可干以私。为古文，受义法于桐城方苞，故风格似之。苞称：『及门有所祈，向而可信，其操行之终不迷者，惟青藜为最。』诗宗杜甫，晚乃归于韩愈。性喜游，往来黄山白岳间，见诸歌咏，萧然自适。著有《漱芳居文集》十六卷、《诗集》三十二卷。青藜学尤长于史，所作《读左管窥》二卷，于二百四十二年，鳞次栉比，穿穴甚深。

子良震，庚午举人；良霖，丁卯举人；良霈，诸生；良霨，乙卯进士，内阁中书；良霦，增生。

吴芳培　字霁菲，号云樵。幼颖敏好学，能文。乾隆己亥举人，甲辰登进士，授庶吉士，丁未散馆授编修。

嘉庆四年，迁詹事府赞善，晋中允翰林院侍读，充四川乡试正考官。时教匪蔓延秦蜀间。行次沔县，贼犯城，县令马允刚仓皇报警，遂留驻沔县。浃旬，为令画守城事甚具，与副考官魏元煜率众登陴，横刀鼓角，坚壁以俟。贼骇遁。迨讫事复命，仁宗睿皇帝垂问匪形，一一具奏，上加褒谕，深悯劳荩。

六年八月，奉旨督学豫省。上曰：『汝两次考差，俱取前列，旧岁典试入蜀，道途受警，今特简放河南，去京较近，离汝安徽亦不远。汝其勉之。』九年，秩满入都。十年，迁右庶子。旋迁侍讲学士。十二年，转侍读学士，稽察觉罗官学。十三年，擢詹事府詹事，与三品以上大员同考试差。奖谕写作俱佳，可云好学，同列荣之。十四年五月，简任顺天学政，厘奸剔弊，如在中州时。十一月，擢内阁学士兼礼部侍郎。十六年，会试知贡举。十八年，再任顺天学政，擢兵部右侍郎，转左侍郎，仍入兵部视事。九月十五日，逆贼林清匪党百余人突入禁城，事起仓卒。芳培督本兵与王大臣，率众擒捕，贼尽歼焉。二十一年，授吏部右侍郎。二十二年正月，与重华宫茶宴联句。二十三年，擢都察院左都御史，署吏部尚书，左迁兵部左侍郎。二十四年，补吏部右侍郎，复署都察院左都御史。

二十五年，充庚辰恩科会试副总裁，得陈继昌三元，继钱棨之后。御制诗有『景运两三元』之句，诚科名盛事也。寻调兵部左侍郎。七月十八日，扈跸滦河。忽于二十五日，睿皇帝龙驭上宾，与扈从诸臣攀号莫及。前二日，上问：『汝前患臂痛，痊后运掉如常否？』对曰：『如常。』维时圣体有臂痛之患，是以询及。旋护奉梓宫还京，臂复加痛。恭逢圣皇御宇，励精图治，眷念老臣，虽筋力衰迈，不敢少萌退志。

道光二年正月，恩予休致，跪聆圣谕，感激涕零。缮折泥谢，具言：『奉职三朝，服官四十载，终始保全，生还乡土。从此偃仰林泉，优游暮齿。乐升平之岁月，感高厚之鸿恩。尚期报称。』云云。归里甫两月，卒。年七十。

平生性耽吟咏，著有《云樵诗笺》四卷。子五：棫，庚申举人；栻，任四川荣昌县知县；枢，浙江试用主簿；檀，荫生，工部都水司主事；楠，监生。

朱理 字燮臣，号静斋，张香都人。乾隆丁未二甲一名进士，改庶吉士，散馆授编修，京察一等。

嘉庆元年，授浙江衢州府知府。初下车，裁革陋规，与民休息。廉知土豪叶荣耀横行不法状，即收系，坐遣戍。愚民王某，食斋敛钱，营弁欲以获教匪邀功。理研鞫，但科本罪，全活甚众。迁福建兴泉永道，驻厦门。有艇匪六舟突至，时汛兵半随提督往剿贼，存者单弱。理急募乡勇守御，发炮击破二船，擒六七十人，余始遁。进浙江按察使，将行，值龙溪、南靖水。理往勘，详请蠲赈灾黎。获苏、两浙洋盗，往往有良民被胁者，理推验多所矜释。温州庄以莅，因抗粮聚众殴县令，势张甚。理驰往缚治，合邑帖然。擢山东布政使，入觐，上以品正守廉褒之。未匝月，内转光禄寺卿，署都察院左副都御史，超擢刑部右侍郎转左。屡奉命往谳直隶、河南参奏各案，及豫民部控事，皆得实。

理既受主知深，十七年，遂有江苏巡抚之命。先是，前抚臣章煦密陈江苏亏帑事，理上言：『综核得实，惟在截流以清源。』上嘉其一语包括。寻酌筹条法，期可以除民之积欠，祛吏之积蠹，弥官之积亏者，厘其目有七。奏入，诏如议。又以民赋因灾缓积压，恳请展限四年，以纾民力。从之。疏请清厘积案，略言：『控案蚤结一日，即百姓少受一日之累。』语皆切当。海门厅向隶通州，崇明应试，涉历重洋，寒畯裹足。理请专立学校，设额数。海门立学，自此始。又，尝疏浚安东一帆河，镇洋刘河，筑靖江碎石坡，修睢宁东西堰，宣泄捍卫，胥利赖焉。淮扬以北多水患，每有闻，即轻装履勘，奏请蠲缓，给籽种口粮。

抚吴二载，召入为内阁学士，旋授刑部右侍郎，调仓场侍郎。甘肃亏帑事觉，使往治其狱，甄实入奏，上以公正嘉焉。旋酌拟章程五，上韪之。未还朝，复授刑部右侍郎。理至是凡三为刑部，前后部有谳问，必与同官虚衷商榷。虽重案，祗务得情而止。寻授贵州巡抚。黔地民苗错处，抚绥弗善，或滋事。理一镇以静，上下安之。苗弁遗缺，无可充稔，其向化安业，循旧章裁汰，前后凡九人。奸民鬻妇女于楚蜀，时有迷诱，最为闾害。理饬属严诇，甚者置诸法，风少戢。二十四年，卒于官。

理性简约，自初出守及为大吏，使他邦，绝不苛责所司供具，履洁饮水，终始一节。所至常以振文教、树士范为先。于浙，复新正谊书院，清还宋赵清献抃茔地；于吴，重葺苏州府学，修理明杨礼部循吉祠墓。尝一阅召试卷，两主乡试，充乡、会试同考官各一，所得皆知名士。乙卯，分校礼闱，鼎甲三人，两出其门，一时诧为盛事。子四。廷魁，戊辰举人，候选府同知。廷黼，廪贡生。

宦 业

吴昌龄 字季卿。优贡生。由教习授东台训导，中乾隆乙酉举人。在东台三任，整饬学校，前后预荐辟登贤书者，皆素所奖励士。嘉庆乙丑、丙寅，县境被水，承办赈务，监粥厂，俱实心经理，查勘户口，民沾实惠。中丞汪保荐送部引见，以知县用。离任日，结彩焚香，饥民跪送于途者不绝。旋中嘉庆戊辰进士，授翰林院庶吉士，散馆改吏部稽勋司主事，兼文选司，题升文选司员外郎。积劳成疾，卒于官。著有《以鸣编》四卷、《勘灾诗》二卷、《藤花书屋赋存》二卷。东台《名宦》有传。

朱德懋 字予简。廪贡生。少沉静好学。嘉庆七年，遵例捐员外，隶工部营缮司，补虞衡司与则例馆纂修，升刑部福建司郎中。二十四年冬，俸满引见，记名特授广西南宁府知府。裁陋规，清积案，禁银票易货折阅之弊。商民戴德，阖邑绅士奉堂额一，曰『善教民爱』；牌二，曰『官清民乐』，曰『北海复来』。先是，南宁大盗李姓者，号二百五，被获解审，复翻供。德懋奉委覆讯，时到任甫月余。善言开导，盗俯首服。县令问盗：『尔何不早供？』对曰：『青天在上，实不忍欺也。』其诚信如此。中又护理左江兵备道二次，皆能其职。道光四年，卒于官，年五十有三。丧归，囊橐萧然，父老皆为流涕。

吴濬 字禹功。乾隆己亥举人，四库馆议叙知县，分发福建。初任邵武县，剔弊除奸，振兴文教。性刚直不阿，时为拒报社长盐商，为太守所不许。邵武本系冲途，上下往来，供张甚费。濬不肯以差役累民，而遂致亏公。濒行时，士民力为补苴，且为绘《琴鹤图》，赠言累轴，比之赵清献公。及任罗源，奉宪采买仓谷，毫不累民，合邑称之。后任松溪，任永定，咸得民心焉。甲寅，充同考官，得人称盛淮海道，梁公章钜，其最著也。乞休归，以诱掖后进为事。夫妇八十齐眉，卒时年八十六。子廷辅、鸿裁，皆举人；作舟，附贡生。孙奏言，举人。皆同堂亲见。

赵雷生 字孟侯，东隅人。以乾隆己酉拔贡，考充正白旗教习，拣发贵州，历署开泰、青溪、遵义知县。甫莅遵义，淹狱百余人，不半月，剖决殆尽，狱几空。考棚倾圮，向例苛派民间承办。雷生捐俸修理，并置坐号千余，于嘉庆七年造册详报，为持久计。时巡抚初彭龄、藩司百龄，深器重之。其治遵义，以廉能贞劲自将，不肯为郡守屈，守尝挠其治，几获谴。雷生缕陈方伯，方伯集讯独直之。旋请代去遵义，民具呈保留者千余人。方伯问：『赵令到任裁数月，何德及尔曹而至此？』皆对曰：『清正严明，六十年无此好官矣！』后移署镇宁州知州。以母老，引疾归，卒。著有《省斋诗钞》四卷。子学曾，丙子科举人。

吴蕙田 字伯劳。少有文名，试辄冠军。官中书。文章典雅，忠慎自矢。刘石庵相国亟称之。以父老乞归，筑紫荆园，积书以教子孙。孙斌，任江西饶州知府，下车日，即捐廉倡修文庙，葺芝阳书院，优膏火以奖寒畯，所拔识多知名士；为政尚宽平，以廉洁表率僚属，为克绳祖武云。蕙田以子天泽赠中议大夫，子运枢、庸熙皆举人。

吴鸿裁 字衡堂，濬第三子。由廪贡举顺天乡榜。实录馆议叙，授湖北郧县知县。时陕西小丑扰乱郧故接壤，裁甫到任，力请上宪防堵。提镇道府驻郧月余，多方设法，寇警遂息。大宪极器重之。其治绩多本父训，决狱如流。邑大堂有匾曰『泽被郧乡』，颂德政也。充戊辰同考官，得士多通籍者。尝捐廉三百金，倡修文庙。会大宪以裁办公明干，奏请探办滇铜事，遂寝。旋束装就道，受瘴疠，病卒滇南，年四十有四。子克继，孙迎眷，并游庠。

吴豹文 字蔚南。任云南大理通判，弭盗有法，境内肃然。弥渡数水灾，为筑堤以资捍御，得膏腴数千顷。摄禄丰事厅，断称神明。归里日，士民怀之。子学书，廪贡，官工部屯田主事，历员外郎，勤慎不苟，仕不忘学，能以清白世其家。子俊三，中书科中书。孙士骐，县丞；云程，举人，颍上训导。

胡士程 字云九。乾隆乙酉举人，拣发直隶。历任九州县，案无留狱，政宽刑简，廉明最著。初任行唐，值岁饥，捐廉设粥助赈，全活无数。任阜城，差务殷繁，牛驴车辆，俱出民间。捐俸造车，以备运送，勒石记事，人称为『胡公车』。因病告归，卒年八十四。子世德，由廪贡生署安庆府教授。

王起元 字晋三，大成都人，附贡生。任四川开县，浙江东阳、缙云知县。乾隆二十六年，开县水灾，捐俸五百余金，抚恤邑民。又捐俸百余金，修理盛山书院。后任东阳、缙云县事，士民戴德，制绣旗锦盖送之，曰以志爱也。因老告归，振兴文会，乡里咸敬重之。

吴廷芳 字树芬。嘉庆戊辰，任河南司员外郎。出为严州知府，察吏安民，风化大振。衢州苦旱，廷芳奉札查勘，不辞劳瘁。故严、衢二属，颂德政者，口碑载道。后竟以劳成疾，卒于省。

吴涛 字淳夫。嘉庆丙寅，由监生选授福建兴化府通判。恺悌严肃，吏惕民怀。莆中大旱，屡祷不应。涛斋戒虔祈，早设坛而午大雨，人谓之『吴公雨』。观风课士，擢取五人，登贤书者四。逾岁，成士者三，郭尚先其尤也。莅任八月，勤慎廉能。上台委办军硝，备尽劳瘁。差竣，乞假回籍调理。抚军张公师诚惜其才，固请之，始允。生平天性纯笃，言笑不苟，尤乐善好施。值岁歉，辄捐所积以颁贫者。年七十一卒。

吴徵休 字个园。由举人任陕西长武县知县。性慈和，抚民若子。邑有豪猾，惩以法，民畏而爱之。年四十五，以疾卒于官。舆榇归里，宦橐萧然，古书、残帖、诗稿数卷而已。

左瑜 字广川，东隅人。州同。嘉庆十一年，遵例授云南江川知县，兼摄和阳县知县。兴利除弊，化洽民心。在任三载，告归。捐田四十余亩、市房二所，创兴西白文会，以为科岁乡、会试盘费，邑人赵良霨有记。嘉庆十九年，捐银一千二百两，以赈贫族，载县册。助南城外月有山，以为义冢。乡里咸敬重之。

翟永机 号秋浦。国学生。由四库馆誊录议叙，选云南南安州吏目，署东川府经厅。精明练达，历有惠政，为富制府纲所器。属文敏捷，字法精工，凡制府有大奏议，咸出其手。将保举升职，而以疾卒于官，年四十八。制府深惜之。

胡元淦 字宝泉。由附监生遵例分发广东，署曲江县丞。嘉庆乙丑，韶州兵变。元淦星夜逾城，抚以温语解散去。抚军重之，擢署翁源（注：『源』原文为『元』，据翁源地名改。）县事。以勤劳卒于公署。

吴成琢 字玉章。乾隆己亥举人，授溧水训导。启迪士子，多所成就。时值公出诸生，以讼事株连，将获谴。督学刘素器重琢，力为申辩，事得寝。邑西门秦淮桥年久倾圮，尝捐俸创率绅士修造，民咸德之。年五十四，卒于官。

忠节

明

朱仪 字象先。崇祯丙子科举人，庚辰特用进士，出知四川嘉定府。以课最行取，将入都。会流寇张献忠拥众入蜀，分兵四掠。或劝仪遁去，仪曰：『我去，谁与守？』乃率众登陴。已而贼大至，环攻，援不至，城将陷。仪语其子命锡曰：『士生贵大节耳。事急矣，岂可为不义屈！』仪妻胡氏在旁，奋然曰：『为国死忠也，为夫死节也，妾请先！』即以簪刺喉，血如注。少苏，复自以手抉之，乃绝。仪北面再拜，命家人举火，与子命锡及胡氏尸同燔焉。家人多从死者。同族其柱，字宇石，时为仪署西席，亦同殉节。仪卒年五十三。事载国朝府县志。道光三年，题旌祀忠孝祠。（旧志《忠节》有传）

朱命锡 仪子，性至孝。仪将之官，世父汝亨谓命锡曰：『川中寇氛甚急，汝毋偕往。』对曰：『父母远行，命锡不往侍，谁当往者？』随至任。值张献忠分兵围州城，力屈，城将陷，仪谓命锡曰：『语汝无他，但勿为不义屈。』命锡唯唯，举家自焚死，语具《仪传》。国朝道光三年，题旌祀忠孝祠。（旧志《忠节》附《朱仪传》）

孝友

王百顺 大成都人。十四岁丧父，即随母守墓数月。稍长，学为攻皮之工，资以养母。母晚年病痪，尝药侍食，积数年如常。及母寿终，百顺苫寝墓侧，族邻感其笃孝，争送薪米，义不多受，麻衣啜粥，在墓者三年。嘉庆十四年，题旌祀孝子祠。

潘周岱 幼随父成和习为竹工，父佣艺人家，周岱自食，往为任重。家居，亲食然后食。及长，益孝谨。岁歉，自咽糟糠，而奉亲以甘旨。母吕病，思饮铜山泉。周岱立往汲，往返四十余里，进饮之，病立愈。及母卒，哀毁庐墓。有大蛇出其旁，驯不为害。三年，父又卒，仍庐墓侧。时岁歉，邻里劝出庐，执艺谋食，夜必归庐。如是者亦三年。自后，无论晴雨，每夜必至墓所。嘉庆二十四年，题旌。

马谦尊 字思亭，东隅人。佾生。七岁时，闻塾师讲《孝经》，便欣然乐听。父时彦任余姚巡检，病署内。谦方应试，闻即星驰至署，虔祷愿以身代病。稍痊，请告归就医，朝夕服侍，衣不解带者数年。家中落，父命分爨。谦不敢违，以美田庐归昆弟。父卒，水浆不入口，母谕之，始日餐一粥。及母赵氏继卒，哀毁如之。殡后，庐墓三年。服除，合族劝归，谦泣辞墓，犹朝夕往省。后疾革，曰：『死必葬我于先人墓侧。』扶病往墓，展拜，昏仆在地。舁归，次日遂卒，年五十三。（采访册）

周汝甘 宣阳都人。秉性纯孝，少孤，奉慈命出外贸易，以资养生。一夕，忽梦母抱沉疴，号泣趋归，果见病状如梦。自是采樵就养，除鬻柴籴米外，不出户庭数十载，竭力侍奉，曲体亲心。母卒，哀毁骨立。后合葬庐侧，朝夕进奠，一如事生之礼。道光四年，学宪张以『孝行是式』旌之。（采访册）

翟守熥 字应理，沨孙，十一都人。服贾养亲，婉容愉色，出以至性。父疯疾十年，躬侍汤药，衣不解带。居丧之日，哀毁骨立。有弟二人，同居共食，身任其重数十载，内外无间言。（见旧志《懿行·翟沨传》）

潘懋顺 茂林都人。少孤，采樵供母。十五岁，出佣腐店。越三年，母染疾，顺辞归，躬樵贩以给饔飧。其后，母成痈疾，顺日侍，不避垢秽，涤器、洗腧，绝无倦色，如是者十有六年。母卒，哀毁骨立。殡葬后，露宿柩旁。乡人怜之，代为创棚焉。（采访册）

查世祝 九都人，业农。天性纯孝，负薪作苦，事父母极孝，兄弟俱蚤逝。年十八，父卒，祝哀毁几不欲生。每入山采樵，必纡道墓侧，擗踊呼号。母汪氏，又得瘫疾，出入须扶持，痛痒须抑搔。母病甚，先后割左右股以进。及卒，结庐其侧，朝夕进

馔，事之如生。嘉庆二十五年，学宪胡以『宗族同称』匾额旌之。（采访册）

吴廷璸 字文玉，茂林都人。父洞，治家最严。璸少有至性，尝刲股以疗父病，事嫡母赵氏、生母阮氏，均以孝闻。（采访册）

吴渭谋 字熊占，茂林都人。邑增生。三岁失怙，母徐氏，苦志守贞。渭谋事母至孝，母病，焚香祝天，刲股和药以进，病获痊。卒年五十九。（采访册）

董矍圣 北隅人。父俊患痿痹疾，手足不举。矍圣服勤不倦，医药罔效，遂刲股和丸以进，病随痊。矍圣务农为业，积产千余金，与同父兄弟均分，人咸义之。（采访册）

王添球 厚岸人。性至厚。年十二，父病，奉侍汤药，衣不解带。母相继而病，医药无效，割股和丸以进，母病渐痊。事兄尤笃，兄蚤丧，抚犹子成立。道光四年，学宪张以『孝义是式』旌之。（采访册）

孝友补遗

明

吴伯权 字东溪，茂林都人。孝事父母，居母丧，极其哀毁。父亨宗，居秋村庄，夜有盗入室，父被重伤。伯权偕弟伯斐，以身受刃，出父于难，盗感其诚，遂解去。兄弟躬亲医药，衣不解带者三月，父疮始复。子助善、极善，均笃于天性。极善由郡

掾升河南王府长史，闻助善卒，弃官归。（采访册）

儒林

赵良霨 字肃徵，东隅人。侍御青藜第四子。自幼举止端悫，有成人风，青藜最爱之，而服勤不怠，凛如严师。乾隆辛卯，举于乡。时有国器之目，公车九上不获第。至乙卯会试，遇窦阁学光鼎主试，以第三人捷南宫，人谓为一家沆瀣，廷试授中书。嘉庆戊午，为广东主考官，尽心搜罗，所得多知名士而久屈于遇者。既复命，以年老引疾南归。董中丞诰坚留之不得，谓诸同列曰：『赵君，当今学者，去可惜也。』于嘉庆四年旋里，留意经传百家，勤心考究，连岁掌教书院，四方从学者日益众，无不勖以名谊。所著有《读诗》四卷、《读礼记》十二卷、《读春秋》二卷、《肖岩文钞》四卷、《诗钞》十二卷行世。卒年七十有四。（采访册）

文苑

翟士吉 字维效。性嗜学，豪爽不群。时赵青藜掌教震山书院，尝与往来桃花潭上，把酒吟诗，纵论史事，至数日，娓娓不倦。平生殚精诗古文，著有《海桑园集》。（采访册）

沈行泰 字硕来，北隅人。幼颖悟，七岁能文，父佳甚器之。未冠，入邑庠，学使郑江奇其才。后屡困场屋，坎坷无聊，益自放浪。故生平著作，往往散佚。赵友广《兰石诗钞》、赵绍祖《兰言集》选其诗。侄孙长庚检其剩稿《破窗吟》一册付梓，吉光片羽，可觇其概云。（采访册）

赵友广 字颖存。增监生。东隅人。夙负文名，屡试不遇，三十后，绝意名场，而专精于诗。其为诗，摆落尘氛，含咀山水，初不见忧愁憔悴之意，尝注选诗《倾液录》以训后学，又汇国朝泾人诗为《兰石诗钞》八卷，以续《里音》《赏音》后而精严过之。著有《懒云诗钞》三卷，叔良霌为之序。卒年八十。（载府志《文苑补遗》）

陈宝泉 字凤石，上连都人。乾隆己酉举人。祖槐，邑诸生。旧志《懿行》有传。宝泉品行端直，笃志好学，自《十三经注疏》以及史传百家，皆手录成帙。嘉庆丙辰会试，总裁赏其文，拟置前列，以额满见遗，深为惋惜。讲授朱氏培风阁，从游多知名士。进士朱楣、举人朱份等，皆其弟子。著有《毛诗述闻》三十卷、《周易广义》三十二卷、《礼书旁通》十二卷、《路史补笺》十二卷、《粹经堂丛书》六十种二百五十六卷。洪太史亮吉题曰『闲窗日课』，名流题词甚伙。又《孟子时事考征》四卷，歙邑凌廷堪、同邑赵良霌序而行之。任淮安训导，复任石埭教谕。年六十一，卒于官。（采访册）

朱瑶 字贻哲，廪贡生，张香都人。少失恃，事继母，以孝闻。性方严，人有不可，辄义形辞色。疾俗尚靡，酌婚丧宾祭仪，去缛返朴。好施与，尤敦师友谊。业师某耄而病狂，瑶事之谨，岁时存问，终其身。居乡教授数十年，惩偷警惰，子弟闻謦欬声即帖然起敬，故所成就尤多。弟理、琸，侄楣、煊等，及胡庶常世琦，皆称高第。为文有前明大家风格，诗戛戛无俗韵，多散佚。弟赞善琸采入《紫阳家塾诗钞》。年六十七卒，以琸阶，赠奉政大夫。（采访册）

吴世旃 字通帛，茂林都人。嘉庆辛酉举人。攻苦力学，博通今古，为文戛戛生新，不袭陈言。屡试高等。年逾五十，始领乡荐。遂慨计偕，慨然以著述为事者。有《四书参要》三十六卷、《韵学辨讹》八卷、《广广事类赋》三十二卷行世。（采访册）

朱佩 字衷度。廪贡生。张香都人。力学强记，弱冠补诸生。与兄脩友爱尤笃。脩賡选拔，蚤卒。佩悲悒无聊，由是绝意进取，键户读书。于汉唐说经诸家，皆能参考得失。尤熟史事，上下数千年典故人物，了如指掌。父苞有善行，以孝义旌。佩踵其志，岁遗族里孤寒凡数百金，率以为常。其他以困乏告贷者，必量其人佽助之。弟格，官蜀。子在家病剧，一夜数视。时比之第五伦。与兄脩合著有《棣鄂居诗文集》。卒年六十三。（采访册）

吴昌言 字宣甫。岁贡生。茂林都人。性伉爽豪迈，工诗赋，试辄冠军。诗各体俱纯粹，七律尤锤炼典雅。学使汪廷珍亟赏之。著有《忍冬藤斋集》八卷、《安吴志余》一卷，又与族弟奎同著《听雨楼诗钞》。弟怀恩，庠生，著《卧云轩诗集》。（采访册）

翟翚 字仪仲。诸生。十一都人。性耿介，不涉时趋，善属文，书法王大令。从兄进士绳祖序其文谓：『探微抉奥，沉思独往，而一出于矜贵，故知之者绝少。』督学秦潮尝器重之，著有《南溪遗集》及《声调谱拾遗》，南汇吴省兰采入《艺海珠尘续集》。卒年四十。（采访册）

朱脩 字德甫，张香都人。幼明敏，好读书，长尤刻厉，夜恒至漏尽不寝。为文好深湛之思，不落时趋。喜作书，购古今石墨真迹，手自临摹，无不神似。乾隆己酉，以选贡赴省试学，使者先期招脩及同邑赵雷生至姑孰，使肄业同舍。脩病疟，医

误投剂，遂不起。年三十有二。平居，与弟佩共相切劘，著有《棣鄂居诗、文集》，以弟格官，貤赠奉直大夫。（采访册）

赵春泉 字脉塘。岁贡生。东隅人。性恬淡寡欲，究心理学。乡里咸敬重之，而不敢干以私。尝掌教水西书院，一时能文笃行之士，多出其门。嘉庆二十三年，选授萧县训导。年八十四，卒于官。（采访册）

翟骝 原名爽林，字垲臣。诸生。十一都人。父士洪，旧志有传。骝性耿直，未尝妄与人交。工诗赋，兼精行草八分书。喜阅史事，所评《朱子纲目》《名臣言行录》，皆中窾会。著有《石农诗草》上下卷。年七十九卒。（采访册）

吴大昌 字世其，茂林都人。由廪贡生入国子监，肄业，司成法式善序其诗，谓：『《励学》六篇，生平之心力见焉。』试用训导，署和州学正。年五十四卒。所著有《四书通诂》十卷、《周易纂诂》四卷、《北萝诗草》一卷、《北萝赋存》一卷、《历阳集》一卷、《老蠹丛谈》二十余卷。（采访册）

王秉伦 字彝仲，茂林都人。岁贡生。幼敏慧能文，见赏于观学使保后，三荐棘闱不售，以明经终。生平好览群书，尤精于易。所著有《周易本义会纂》六卷，府教授汪佑煌序之谓『于本义字栉句梳，令人开卷了然。又集诸家之说参以己见，而一以御纂折中为归，用心为至勤』云。又有《雪窗余墨》五卷、《医意》六卷。年七十六卒。（采访册）

吴彀 字连璧，茂林都人。岁贡生。任滁州训导，工诗文，试辄冠军。屡挫省闱，遂留心著述，考究经传，手自抄录。著有《春秋世系图考》二卷、《氏族通考》一卷、《重校竹书纪年》二卷。年八十三卒。（采访册）

朱煐 字禔士。廪贡生。试用训导。张香都人。善属文，少与季父理齐名，邑宰颜璹试第一。入庠，屡踬省门不遇。入都隶上舍，彭文勤元瑞特器之。一时贤士，多与之游。比归，与纂县志，为主修洪亮吉所推重。司训宿州，勤课士。州灾，大吏檄散赈，得暍疾，或劝少休，曰：『官虽微，拯灾，职也。奈何以己病隔视民瘼乎？』不逾日，卒，年五十三。著有《酌雅堂稿》《璞园诗钞》。子宗，嘉庆丁卯副榜，以瘵疾蚤卒，著有《耕道山房稿》。（采访册）

左俊 字凡处。诸生。东隅人。性恬静，不尚时趋，诗古文皆取法最上。尝云：『苏子瞻谓「六朝无文章」，至今遂觉黯然无色。』其胸次可知矣。屡困场屋，终于不遇。所选本朝文评，学者宗之。（采访册）

朱鑚 字锡章。廪贡生。张香都人。笃学能文，尤工书法。既食饩，遵例候选知县。嘉庆甲子，应京兆试，以额溢抑置副车，郁郁不得志。遍历名区，抒磊块一发诸诗。所著《养泉遗草》六卷，同邑赵舍人良霨评以『轻清圆朗，方驾钱刘五古，尤与小谢为近』。（采访册）

吴佩莲 字价青。岁贡生。茂林都人。蚤岁工文，与叔昌龄并蜚声庠序间。试屡冠军，颠踬棘闱，白首未遇。课徒之暇，常留意吟咏，以抒胸中磊块。著有《鸳湖诗存》四卷。（采访册）

翟象曾 字敷文。诸生。进士大程子，十一都人。蚤岁工诗、古文，与弟念曾同受知于朱学使筠，笃志嗜学，至老不辍，训迪后进，以行为先。年六十卒。著有《种秫斋古文》《学易轩集》。子发宗，嘉庆己卯进士，官刑部主事；瑞宗，庠生。（采访册）

朱若水 字澹泉。暨弟森桂，字立堂，俱邑庠生。张香都人。好学工诗。若水性质直，不事雕饰，才情敏练。客扬州鹾幕数十年，鹾务多倚以办。及老，荐森桂自代。森桂性高迈，才器一如其兄。合著有《埙篪集》《西峰唱和诗》。森桂又有《夜识轩和陶诗集》。（采访册）

朱成 字韶九。邑增生。张香都人。潜心经义，发前人所未及，为文宗金海阳，得其神似。教授数十年，门生数百，成达甚多。凡讲论课程，寒暑不辍，常以敦行立品相策励。经义择精语详，直阐宋儒堂奥。塾中矩范最严。及葬，生徒号哭送之。弟苏，字蜀三。郡庠生。少从成学，亦能敦品植行，淹通经史，尤笃力于诗。所著有《眉峰集》，族弟赞善琦选入《紫阳诗钞》，称其『以清新之作，力追开府』。其讲学一秉兄矩，一时门下相与竞爽。先成卒。子尔宠，廪生，文行克嗣先业，蚤卒。孙彦声，增生。成孙钺，庠生。（采访册）

翟慕庚 字小兰。诸生。十一都人。家贫，笃志勤学，工诗赋、骈体文，洒洒千言，手不停缀。著有《花间草堂集》十八卷。年四十九卒。（采访册）

查敦伦 字敷五。岁贡生。九都人。为文俊爽不群，历署太湖、颍上训导，定远、建平教谕。勤课士，娓娓不倦。嘉庆甲戌，奉委查赈定邑，民获其惠，上宪优奖，绅士赠诗有『谈经须令文士服，散赈惟恐饥民伤』之句。著有《周官串说》《三垣星考》《曲阳学署诗草》。卒年六十八。（采访册）

赵台 字兰书，东隅人。戊午科钦赐举人。少失恃，事继母孝。聪慧能文，弱冠补诸生，岁科试屡列前茅。博通经籍，有质疑者无不得所闻以去。著有《雪莎诗钞》。子学铿，由岁贡赐举人，国子监学正，历署建德、舒城、霍邱教谕。（采访册）

王卿 字亦三。岁贡生。茂林都人。少工诗文，以郡试冠军入庠。屡试高等，而偃蹇场屋，竟以不遇终。尝讲学舒邑，弟子成就甚众，有掇巍科者。著有《宜乐堂诗集》四卷。（采访册）

朱廷黼 字素涛，理次子。廪贡生。少承家学，性颖异，人有小坡之目。长益肆力词章，尤善为诗，南北闱屡荐不售。嘉庆丙子科，仅挑誊录。年未五十而卒，闻者惜之。著有《味庄诗稿》四卷，胡庶常世琦为之序。（采访册）

翟永枢 字仲拨。廪贡生。十一都人。岁贡士鳌之孙，诸生蔼之子。士鳌、蔼，旧志《文苑》皆有传。永枢克世其业，读书目下数行，九岁能文，人以神童目之。屡困名场，学使赵佑、汪廷珍赏其文，有老宿之称。所著有《讷斋诗文集》《承翼堂制艺》。（采访册）

潘仲素 字应庵。邑诸生。茂林都人。秉性孝友，博学多闻，教授生徒，必以名节道义相摩励。生平无疾言遽色。居乡，遇岁歉，辄率族人捐金赈困，并解囊倡建支祠及图南书塾，督课后进。晚年益潜心经史，著有《纪传辑略》六卷。子云谷，诸生。（采访册）

左旋 字顺之。邑增生。东隅人。家贫，刻志读书，善属文。嘉庆辛酉，膺荐不售，愈自奋勉。县令清善延请为义学师。卒年七十四。著有《尺木居诗钞》。长子庚，出继，廪贡生。（采访册）

吴让恒 字立言。郡廪生。茂林都人。幼聪慧能文，未成童游庠食饩，学使者秦得其卷，疑为老宿。后忽患瘿疾，缠绵数年，惟养疴一室，作诗自遣，名曰《消忧草》。年二十四卒。（采访册）

翟廷魁 字芝三。诸生。十一都人。善为文，兼工书画。受业赵星阁侍御，尝称赏之。屡困场屋。著有《虚益斋遗集》。（采访册）

文苑补遗

沈龙卜 字元素，岸前都人。康熙丙午副榜，缘家贫未赴朝考，以诸生终。笃学能文，尤精于《易》。著有《雪霁斋周易解》。（采访册）

胡贞幹 字时栋。举人。溪头都人。沉潜好学，精熟选理，诗、古文及骈语皆能追溯前贤，不同流俗。年二十六卒。著有《杏轩集》八卷、《俪选》四卷。

武　功

国朝顺治初，土寇金非锡等横掠石埭、青阳、太平、泾四县。泾之水东村诸生翟士怡及族弟中书之珽，奉操江檄团练乡勇，结寨固守五年。戊子闰四月，贼至水东，伏发杀贼无数。士怡赋《却寇吟》七律十二首，《雅又余集》四言十二篇纪事。是役也，士怡画策应变，之珽倡助兵粮，二人之功为最。其同时率众助义者，尚有进士翟翼，举人翟皓，武举人翟习、翟文佐，县丞翟可昌，贡生翟之焕、翟之则、翟尚孝、翟偕，庠生翟廷佾、翟尚忠、翟文槚、翟宰、翟文楠、翟士元、翟翕、翟兰、翟禹臣、翟光绶、翟震、翟世槐等七十人。贼退，四境获安。十一年甲午正月，遗孽复兴，劫掠泾之茂林、永定等处。士怡复邀同查村乡勇，雪天追剿，大破之。操江李日芃、郡司马白宝珩给匾以奖。十六年己亥秋，海氛自闽历饶、歙闯入泾境，士怡复合泾阳、龙门、震山三乡乡勇，歼厥渠魁。兵备道颁赏银牌，欲上荐之，士怡力辞。（采访册）

卷四

人物 懿行

懿行

翟镜孙 字永昌，号震峰，十一都人。宽厚好善，常积资以备水旱，造桥数处，不存姓名。嘉庆甲戌岁歉，子姓体祖遗意，散给亲族，费银七百余两。县令清奉、藩司韩给『义行传家』匾额。（采访册）

吴福缘 字仲文，茂林都人。博闻强记，留心经史，性质直温恭。从侄子孝尝叙为《逸人传》。吴宗谱三罹回禄，福缘于煨烬之余，搜辑成帙，并口授子孝，俾终厥志。子孝序赞及乡先达查铎序文，备详之。今子孙蕃衍，代有杰士焉。（采访册）

胡尚 字思山，溪丁都人。性好善，乐施予。遇岁歉，常捐资赒急。明季，县令钟以『急公坻积』旌之。临终遗命：『凡里中义举，务踊跃捐输。』后嗣于乾隆乙巳、嘉庆甲戌、道光癸未，屡捐资赈饥，平粜盖有自也。（采访册）

吴济昌 字永澜。性慷慨好义，尝积资以备旱涝，训子孙世敦恤睦。乾隆乙巳，岁大饥，以遗资五千六百两，赡恤族里。抚军书给匾额，以旌其闾。（采访册）

翟士怡 字子黎，号志平，为诸生。以经济自任，善壬遁术。顺治初，土寇蜂起，横掠泾、太、青、石间。士怡与族弟之珽奉操江札，简练乡勇，结寨栅。戊子闰四月，贼至，设伏掩杀，斩首二千余级。甲午正月，余孽蔓延永定、茂林二都，士怡复助官兵剿捕殆尽。操江李日芃给『梁甫遗风』匾额。己亥秋，海氛自闽历饶、歙，闯入泾境，势獗甚。士怡合泾阳、龙门、震山三乡灶丁，歼厥渠魁，一方安堵。兵宪颁赏银牌，当事有上荐者，力辞不就。常携琴剑，啸傲山水间。生平博览群书，尤精于《易》。所著有《易象图说》《上茗山庄遗集》，多散佚。六世侄孙潄芳为搜辑之。之珽，字廷玉，明末助饷，曾授中书舍人，弃职归。（府县志、《桃花潭文征》、采访册）

朱快 字乐吾，张香都人。少孤，事母以孝谨闻。性敦厚好义，邑郭外五里，上方渡当孔道，行旅病涉，快倡建渡船，往来称便。他如设义仓、襄赈粜、修城垣、创馆舍，率踊跃乐输。今子孙犹遵守之。卒年七十一。（采访册）

董钟 字子厚。郡庠生。田中都人。友恭好义。季弟远出数十年，钟涉千里寻与偕归，分己产与之。有姊年老无子，迎养终身。尝在南陵分界山，焚券数十纸，子母约数百金，曰：『惧贻子孙累也。』邻姓有贷钱娶妻者，既完婚，遂还其券。卒年七十七。子四。长锡爵，庠生；次朋，康熙戊子举人。钟以朋官，赠修职郎、海州学正。（采访册）

吴虹 字云若。诸生。尝购琴溪北萝园，就隐其间，延金坛王步青，课子若孙。身自督农，所获率赈贫济乏。自号琴川散人。易箦前，检远近负券数千金，尽还之。尝客弋江，捐渡船田十亩三分，又捐西来庵香灯田一亩六分。其好义类如此。年六十三卒。长子岭，举于乡；次子东望、三子宗岱，俱著文名；元孙丽泽，乙酉举于乡。（采访册）

董文魁 字斗生，田中都人。庠生。少贫，以勤俭致丰裕。性慷慨好施，死无槥者予之棺，贫无衣者给以棉。尝买土名店官山为义冢。康熙丙申，近里新兴寺圮，独力建修；又修蓝岑里八店路，凡费数百金，并助田入寺，为永远修理之资。乡里德

之。（采访册）

吴一㒒 字茂先，茂林都人。六岁失怙，事母孝。家贫乏，与兄一儋、一儒食力承欢。两兄与族争吉地葬父，㒒甫八岁，私与母党谋，将父棺另祔祖茔先葬，然后告兄、族，争遂息。尝曰：『吾不信堪舆家言，以谋吉也。』及长，外贸，家渐裕。里党贫窘者，周恤之；无力完娶者，捐助无少吝。卒年八十一。子承龙、承云，均邀封赠。濬，举人，官永定知县。曾、元百二十余人，多列仕版登科第者。（采访册）

吴百垦 字经野。贡生。茂林都人。雍正乙卯，里中饥，与兄百填合力捐赈。乾隆辛未，亦如之。填卒，抚二侄如己出。少与铜邑张某善，某卒，出四百余金偿其夙负，携其孙归，代为教育。丁亥，侨居濡须粤龙镇，值水灾，骸骨漂流，买地上元寺侧，检葬千余具，士人号为白骨冢。庚寅复大水，又检埋六百余具。今繁邑三山江口，有碑曰『幽聚冢』，即其处。壬辰，举乡饮大宾。以子廷彦仕荷泽县知县，封如其官。卒年七十二。嘉庆十七年奉旨旌表，建乐善好施坊，题名忠义孝弟祠。（洪《志》、采访册）

朱武烈 张香都人。太学生。父早卒，事母孝，抚侄如子。侄业儒，别给私室二间，劝之勤读。生平勇于为义，尝以耆寿，恩赐冠带。卒年八十。曾孙士奇有干才，有鬻缶者遗钱数千，察其情，如数给偿。某小肆不戒于火，器具灰烬，解囊助之。其好施如此。（采访册）

朱庆霞 字炳章。监生。张香都人。性醇厚，兄弟友爱最笃。好义疏财，凡蠲输赈贷诸事，无不竭力为之。见族人之贫

无告者，尤恻然悯恤。里中建义仓，遂罄所藏，捐银一千两以襄善举。卒年七十八。（采访册）

赵应芳 字兰若。太学生。东隅人。好义急公。乾隆三十七年，捐建云龙书院；四十三年，捐修琴溪石桥。嘉庆十九年，其子助赈捐银五百两，县册署名，盖承先人志也。（采访册）

吴功 字明试。布政司理问。十一失怙，依祖膝下，祖深器之。稍长，克承厥志。叔善默早逝，弟元出嗣叔。后元复中逝，功奉婶如母，抚侄如子。表弟王光宗、甥王令秉皆失怙恃，功奉祖及母命招与同居，教育成立。戊子己丑，客繁昌，值岁歉，出金远籴平粜，获全者甚众。甲午亦如之。剩有余金，嘱子宗泽等量岁捐输。嘉庆甲戌，繁邑被旱，米价腾贵，宗泽等遵遗命，将所存一千一百余金尽数捐赈。前抚咨奏，奉旨纪录二次。卒年六十三。孙承暄，候选教谕；承端，莒州知州；敬恒，丁丑进士，官编修；念恒，舒城教谕；恕恒，宾川州知州。曾孙望曾、欣曾，俱举人。（洪《志》、采访册）

翟时普 字德成。幼失怙，家贫，事母孝谨。侍疾经年，不解衣带，割股疗治得痊。服贾辛勤，家稍振。高祖下贫乏者，岁时馈米三十余年。祖父下不能营葬，俱为安葬。买置三世祖墓来龙墓地文笔峰，鸠工修整，独任其力；培筑四世祖茔二次，不以费计。嘉庆庚申，出千金籴米赡族人，受粜者不存其名，面祖焚册。又置义田一百二十余亩于宗祠，名曰『绥我庄』。前丙辰岁，石埭县水灾，漂尸无算，雇船沿捞，买棺瘗埋。他如修桥修路，不一而足。卒年八十三。辛未，后裔遵遗命，复捐千余金，增置本邑包村、木犀园等处田四十三亩二分，名曰『绥我新庄』。嘉庆十九年，奉旨旌表，建乐善好施坊，题名忠义孝弟祠。以子尚昆，赠奉直大夫。（洪《志》、采访册）

朱庆彩 字景文。少贫，辛勤起家，自奉俭约，恒节省以襄公举。及殁，子绍陈承遗命，倡建龙潭桥，捐一千八百金；又修郡学，捐一千二百金。绍陈，字义园，性孝友。父殁，事叔维谨，抚有群从，分金授室，婚丧必周。族立义仓，独捐千余金。又独力购助郡城试寓费，凡二千金。岁祲，平粜四次，捐至二千余金，穷冬散米百余石。近里东西桥圮，复捐一千八百金。琴溪桥圮，亦从邑众踊跃捐输。其敦行好义如此。孙怡，歙县训导；德懋，刑部郎中、广西南宁府知府。曾孙鼒，道光壬午举人。庆彩、绍陈，俱以德懋官累赠中宪大夫。（府县志、采访册）

沈朝钠 字飞麟。太学生。北隅人。性孝义刚直，族里多敬重之。幼清贫，与兄轮等经营，家小康。凡邑中义举，无不与焉。尝以读书积善训子孙，其子亦克承父志。乾隆乙巳岁歉，首倡捐资赡给宗族。孙晶焜、国麟俱入邑庠。三子廷雍，字体元，监生，慷慨好义，族兴文会，首捐银一百二十两为倡。雍次子大骥，明敏，工书法，性和平，待人忠厚，与兄煜友恭尤笃，早卒。大骥子培，嘉庆戊寅举人。（采访册）

赵廷琇 字抒中。由贡生赠朝议大夫。少失恃，事继母张克孝。自奉俭约，而好施与。乾隆乙巳岁歉，捐资助赈，所全无算。兼修建小幕山通济桥，捐银四百八十两。建支祠，兴文会，捐银五百两。里党贫不能敛者，助以棺。城中武庙久倾圮，意欲图新而不及，临终以为嘱。子捐职理问良泉，于嘉庆甲戌，捐银五百四十两赈给族邻；庚辰，倡捐银五百两，纠族捐资，共建武庙正殿。皆其遗命也。良泉又独建后殿，以祀关圣先代，凡费银三千四百余两。道光三年题旌建坊。（采访册）

赵琛 字献其。贡生。孝友端方，少失怙，母翟氏八十余，事之如一日。兄獬，丙子举人。平生不苟言笑，不轻然诺，族

举为祠长，公事赖以整理，且慷慨好施。乾隆五十年，散赈乐输银两，事载前《志》。故为里党所推重。（采访册）

朱庆霔 字宇清，张香都人。性好善，凡葺黉舍、建桥梁、创义庄、立家塾、赈恤宗族、施惠行旅，所费自数百金以至千金者，不一而足。其季子安衡，字调元，州同衔，善承父志，遵循弗怠。母年九十余，奉事惟谨。凡乡里义举，无不慷慨乐输，戚族多待以举火者。庆霔以孙菁官黄州府通判，赠承德郎。安衡以子菁官加级封奉直大夫。（采访册）

翟思琼 字树玉，十一都人。性孝友。乾隆乙巳岁歉，捐银五百两以赈亲族。卒时，谆谆以急公尚义垂训。子永铨、永铃、永鈐，克承父志。嘉庆壬戌、甲戌，两次捐赈银九百两。巡抚胡给『施济仁风』匾额。戊辰，永铃捐银一千二百两。己巳，永鈐捐银一千两。壬申，永铨捐银一千两，合置本邑包村庄田一百九十二亩，助入本族义仓。永铃又捐银二百五十两，置宣邑翟氏义冢；捐钱三百千，造本村鱼龙潭渡舟。乙亥，捐千金以兴宗祠文会，置宣邑鳜鱼坝田六十八亩，捐五百金以兴六世祖下文会。永鈐又捐钱五百千于支祠，以增祭资；捐六百千于义塾，以助膏火。皆思琼贻训也。思琼以孙嘉乐，赠奉直大夫。（采访册）

马元龙 字羲图。贡生。东隅人，居北乡陶窑村。性端方好善，不取乡曲浮誉。弟元麟早卒，子日恒方周岁，元龙抚养过于所生。乾隆壬辰，捐白金三百六十两，创兴族中文会。甲午，独力建县试考棚，凡费万余金，邑人赵青藜有记。又倡捐修琴溪桥，独造萧家、吴家、刘家桥，开丁溪山路数十里，建琴溪茶亭，置田三亩为煮茶费。乙巳岁歉，捐钱六百千，散给乡族。嘉庆甲戌，复捐资赈给。卒年八十余，吏部侍郎王引之铭其墓。三子肇勋，乾隆乙卯举人，现任上元县教谕。（采访册）

朱苞 字翔亭。暨弟莍，字又荃，俱州同知。张香都人。性孝友好施与。族起义仓，苞首捐二千金为倡，众议设宝善堂义贮，复与莍共捐银三千三百两。乾隆乙巳大旱，癸丑大水，赈贫周急，所全无算。尤喜造就后学，买书数万卷，藏培风阁家塾，资子弟观览。莍事兄谨，同心无间。尝董造高村龙潭湖坡诸桥，又修茹麻岭、江子山路数十里。筑湖坡坝，以资灌溉。躬自经营，不避寒暑。晚述苞前命，以余村街田百二十四亩入敬亭书院，又以谢湖村田八十余亩入云龙书院，为郡县诸生膏火费。嘉庆六年，县建文昌宫，后裔复共捐五百金，以襄盛举。十五年，奉旨旌表，合建乐善好施坊，题名忠义孝弟祠。苞以子格官户部郎中、四川嘉定府知府，累赠朝议大夫。莍以侄格官，貤赠朝议大夫。子份，嘉庆己卯举人。（府县志、采访册）

潘我生 邑庠生，茂林都人。性好义，尝独力捐造彩虹桥，并修要路数十里。岁歉，捐金输粟，共用银一千九百余两。远近义之。（采访册）

翟思球 字笏玉。少贫，以勤俭致丰裕。乾隆戊子、己丑岁歉，独力平粜二次，每次不下数千金。在泄镇，施槥材数十年，费千余金。亲属贫乏者，岁时馈米。卒年八十三。长子永镛，通判，历署均州知州。次子钟，历署按司狱邛州吏目，遵遗命，以宣城田一百七十余亩助归翟氏义仓。思球以永镛加级赠奉直大夫。（采访册）

陈光迥 字万超。邑庠生。尚义好施，尝捐田三十亩入族义仓。丰岁助教育，歉岁资赈给。其孙曾体其意，嘉庆甲戌岁，各输银五百两散赈，恩赏议叙九品职。又各输银四百两，重建义仓。乡里称之。（采访册）

陈际云 字澈山，上连都人。贡生。孝友尚义，尝捐助学田十亩一分、修路费五百余金。乾隆乙巳、嘉庆甲戌两次助赈，捐银二百二十两。子景良，继其志，复别捐银一千两，赈济族邻，蒙恩赐职。孙之才，独兴书润堂文会，置买庄田八十亩有奇，凡费银二千二百余两，以为永远考课之资。族士赖之。（采访册）

赵良符 庠生。端方正直，足迹不履公庭。尤好义举。乾隆乙巳岁歉捐赈，嘉庆甲戌亦如之。他如建支祠、兴文会，俱为首倡。里有贫乏不能敛者，辄助以棺。以次子懋曜官和州学正，赠修职郎。长子懋昭、孙家修，俱廪生。孙荷庥、家仁，俱庠生；家俭，监生。（采访册）

王大宾 字华封。州同。性朴直，见义必为。乾隆乙巳岁歉，捐银助赈。亲族极贫者，多分斗石赠之。邑令蔡奖以『义敦桑梓』匾额。长子肇基，理问，好施与，鳏者助之婚，丧者为之殡，力有不给，辄称贷以应，虽负债不为意。次子铭，庠生。（采访册）

翟思瑟 字琴仲，十一都人。性质直宽宏，喜排解，尚气节。友有托孤者，抚如己子。族有宿负者，还券不较。家稍振，岁馈亲属银米，率以为常，或助之葬。乾隆庚子岁歉，独力捐赈八世祖以下贫乏者，面众焚册，不欲令子孙知。孙漱芳，道光辛巳举孝廉方正，给六品顶戴；壬午优贡，候选训导。曾孙鸣銮，庠生。（采访册）

翟思昙 十一都人。慷慨好义。乾隆四十七年，助宣邑湾沚镇市房价五百千于四世祖祠，以给祭胙，并士子考试之资。其子又于嘉庆十九年，复助宣邑湾沚镇市房价五百千。合之共千金。可谓能继承父志矣。（采访册）

吴葆孙 号竹坪。福建候补通判。茂林都人。少失怙恃，抚两弟，以友爱闻。捐资倡文会，奖励后进。寒士中苦读者贷以资，弗受券，但令抄书一卷，俾受者弗伤廉而已。尝买太邑邵氏子，既长，还其契，给资，使归葬其母。邵氏子孙至今德之。性爱竹，耽吟咏，筑篆竹山房以课子孙。著有《竹坪诗草》。长子筠，诸生；次子台，附贡生，官长沙府通判。（采访册）

吴宗泽 功子，字体仁。布政司理问。善承父志。乾隆戊戌，捐学田十余亩。丁未，捐资倡修郡学。嘉庆戊辰，捐置郡学田二十余亩。村北合建文武庙，倡捐银一千四百五十两。旧戚王氏家贫，子孙皆远出，棺暴露者十余具，为出资葬之，并置祭田四亩。有同族某被灾，首倡资助，得一庐以蔽风雨。又某幼孤，按月给米赡之，并为葬其三世祖骸。乾隆丙午，嘉庆壬戌、甲戌，岁歉，竭力捐赈。道光癸未，繁昌水灾，捐银二百三十余两助赈。抚宪陶以『义重乡邦』旌之。其仗义好施多类是。卒年七十一。子敬恒、念恒、恕恒，孙望曾、欣曾，已见《功传》。（采访册）

朱玺 字蓝田，丁溪都人。贡生。少贫，以勤俭起家。遇岁歉，常出粟数百石，赈济族党。每年终，减价平粜，无力者更赠钱米。尝督造九里岭石桥，竭力捐输终始，皆赖其力；又建茶亭岭上，以便行旅。嘉庆壬申，独力捐二千五百余金，重建义学，邑人赵良澍有记，邑宰徐为详请题旌。卒年八十六。以次子徵，遵例赠儒林郎。（采访册）

张希元 字抡一，南隅人。由国学生赠儒林郎。善事父母，尤礼重读书士。有族弟某，质美，少遭颠沛，希元招至家塾，多方诱掖，遂鼓励入庠。性好施予，每逢岁歉，族邻贫者必密为补助，弗令人知。凡桥梁道路诸义举，靡不乐输。今子孙犹能恪遵先志焉。（采访册）

查玉衡 字侍臣。监生。九都人。父天行，懿行载前《志》。玉衡好善乐施，乡邑数遇偏灾，极力赒恤，先后费数千金。

有族人负太邑课者数百家，积算有千余金，追呼甚急，慨然出资，代为输纳，闾里安帖。太平邑侯曹赠以『善行可风』匾额。济阳家塾孝徵堂，为朔望课文之地，捐千金，分贮以资膏火。以子炳华即用知县，遵例加级封奉政大夫。（采访册）

翟永课　字巡五。监生。少贫困，以服贾起家，敦行义举。由桃花潭南至董家桥，由九里潭东至欧家坞，均为泾太孔道，崎岖泥泞，甃石以便行人，约费千金。村有东园渡，行旅络绎，嘉庆庚申夏，捐修大小二舟，以资利涉。复捐银一千一百十两，买宣邑沚镇市屋，益以钱二百缗，岁收其息，以为补造之资。远近称之。（采访册）

赵朝煦　东隅人。理问。尚义急公。乾隆五十年助赈，事载前《志》，又助族中文会，以店屋二所使收其息。凡借贷不能偿者，遂焚其券，约计银三千有奇。其捐修烟雨亭，并重建圆功亭，及出云庵、关圣庙，输银不下数百两。年五十七卒。子桂烶，州同。（采访册）

吴山　号筠谷。封奉直大夫。少失怙，及长，读书能知大义。于宗祠捐银助田，以供岁修时祭之资。又尝捐银二千五百余两，修敬亭书院。郡守白有碑记。又建造石荡里承志桥，捐银一千二百余两。其好义如此。（采访册）

吴寿昌　字仁山，茂林都人。由举人授内阁中书，仕灵璧训导。和平正直，治家有法。尝语人曰：『当为造物留其有余。』性好学，七旬外，犹自作文，以示孙曾。嘉庆戊寅，舒邑梅河大水，倡捐七六钱二千二百六十七两有奇，以筑堤埂。逾年损坏，复捐修七六钱一千一百一十六两有奇。地方攸赖。至其在乡里间，赈贫济乏，义举尤多。寿昌年六十六，五世同堂，人丁繁衍。卒年七十九。其父善政，年六十八，五世同堂。今其长子金绅，亦五世同堂。（采访册）

翟梦绶 字熙五。孝友好义。从侄槐未馆选时，多补助，冀成立。尝捐田三百亩于宗祠，名曰胥乐庄，备祭祀给胙、乡会馈赆之需。遇穷困，推解无吝色。乡里重之。绶卒后，继妻王氏年七十，复捐所存养膳萧家坝田四十八亩，尽助入宗祠，以终夫志。（采访册）

赵世荣 字阜庵。国学生。少读书，至老不倦，孜孜为善。尝见东北大路桥梁损坏，命子国栋捐资重修，共用银三千余两。邑中武庙倾圮，又命国栋捐银千有余两，倡首建造。嘉庆二十五年，奉旨旌表，给银建坊，题名忠义孝弟祠。卒年七十九。（采访册）

张金台 字士延。附贡生。南隅人。秉性孝友，家无私积。父希元病目，金台访医调治未效，遂废读习医，精其术。远近患目疾治愈者无算，又制眼科诸丹散以济人。有贫苦者并周之。嘉庆间，尝助琴溪小坝田十亩，为文昌后殿修葺之资。子忠清，廪贡生，历署太湖教谕、建德训导；国桢，监生。孙锦荣，庠生。（采访册）

王煊 字韵庭。监生。少读书，不慕荣利，寡言笑，慎蹈履，即遇横逆，恬不为意。嘉庆甲戌大祲，承其祖志，捐银一千两为倡，以赒族邻，巡抚胡奏请授县主簿议叙。自曾祖下，五世同爨。同祖弟煐，布经历；弟焕，监生。祖遗田十二亩有奇，市房一所，助入宗祠，特设寒食祭，永垂弗替。（采访册）

翟惟寅 字纪南。监生。弟惟清，字钜川，贡生；惟新，字西涯，理问。十一都人。兄弟孝友，敦本睦族。嘉庆壬申，捐银三千两，首建翟氏义仓。置芜邑澈水圩义田二百八十一亩，收租积贮，遇歉赈粜。惟清卒，子监生佩兰谨承父志，凡有义举，悉从伯叔协力共襄。嘉庆二十一年，奉旨旌表乐善好施，题名忠义孝弟祠。惟寅以子守棋，遵例封儒林郎；惟新以子廷琛，遵例封奉直大夫。（采访册）

翟善浩 十一都人。候选从九。尝捐千余金，置田助入宗祠，以给祭胙及乡、会试费。族众称为景范公，为之勒碑。（采访册）

陈振声 字天木。从九。嘉庆甲戌岁歉，捐银五百两，以赡里族，抚宪胡旌以『熙朝德望』匾额。卒年六十。（采访册）

陈文炳 字蔚占。州同。上连都人。性乐为善，凡遇亲友困乏及夫妇离析者，必力为周恤之。尝置义田三十余亩，收谷贮仓，以备凶年、给考费。族建支祠，首助银一千两。他如江宁修周郎桥、南邑修通济桥，皆捐资无吝云。（采访册）

朱文灯 张香都人。慷慨好义。所居平山村，上游为涌溪、桐坑诸水所汇，波流激湍，徛彴倾仄，往来骇叹。文灯欲建石桥以利涉，力未逮，因贮金他所，权其岁入之赢以益之。灯既卒，后嗣鸠工营建。嘉庆己卯，桥成，用白金一千有奇。灯本志也，爰名曰继志桥。行旅便之。（采访册）

朱武钦 字天若，张香都人。性耿介而好施予。乾隆癸酉，捐义田二十亩，以给里中老幼之无依者。乙亥，又捐祭田十八亩，以为春秋祭祀之资，俾量入为出，垂之永久。人咸义之。（采访册）

吴学道 字鞠人，茂林都人。都察院都事，前太常寺博士。性诚朴，乐施与。嘉庆十九年，客濡须，岁饥，捐资襄赈，奉旨纪录二次。（采访册）

王祥 字源盛。太学生。大成都人。性廉介，而好施予，无力者恒资其惠。乾隆癸亥，尝输谷赈贫，事详旧志。他如建桥修路，一切义举，无不竭力佽助。子三，长尚元，贡生。（采访册）

吴承龙 字琢臣。候选州同知。茂林都人。孝事继母，抚幼弟。友爱里中贫乏者，婚丧辄助之。乾隆乙巳岁歉，捐银六百两，赈济族人。卒年八十二。以子涛，赠福建兴化府通判。（采访册）

胡先元 字善长，溪头都人。纯笃好施。尝捐百金，倡建世德桥。又捐百金，设义塾，并助义仓，置义冢地。有同贸客胡云者，家贫，无期功亲，子祥四岁，云病革，以孤托元。元为教养成家，视如己子。及元卒时，祥已三十，生二子，犹惓惓嘱其子善视之云。邑举乡饮。卒年八十三。（采访册）

吴廷珊 字佩玉，茂林都人。贡生。性慷慨，遇有义举，捐资不吝。子二：长蕙田，官中书，以勤慎著；次豹文，官大理通判，有循声。俱好义，有父风。乾隆乙巳、嘉庆甲戌，屡捐千金以赡宗族。道光癸未水灾，捐赈五千余金，无为、宣城、芜湖等处，借以全活者无算。道光五年题旌。（采访册）

翟檑 字采山。庠生。性孝友，工文。乾隆庚寅科膺荐，不售。居母丧，哀毁骨立，旋卒。妻刘氏，青年矢志，抚夫兄模子廷枢为嗣，名列黉宫，亦早卒。氏尝体夫志，捐千金于宗祠，以为族中乡、会试费。同族绳祖有记。（采访册）

董廷柱 字印石。监生。田中都人。纯笃好义。乾隆乙巳岁歉，捐赈银八十两，邑侯蔡奖以『为国行仁』匾额。临终，嘱其子曰：『汝曹务继吾志。』年八十卒。后，嘉庆辛酉岁歉，捐谷一百石。甲戌，捐银三百五十两。癸未大水，捐银一百两以

周贫族。乡里称其世德云。（采访册）

董仙洲 字景瀛，田中都人。贡生。性孝友，勤俭成家。乾隆乙巳岁祲，捐赈银一百三十两。嘉庆甲戌，又捐赈银一百五十两。族贫窭者，多赖其惠。建家塾于本村云龙山，延师训子，恪恭尽礼。卒年七十五。三子正治，嘉庆戊辰举人，现任吴县教谕。（采访册）

沈大炳 字虎文。理问。北隅人。祖轮，父廷雄，前《志·懿行》俱有传。大炳克承先志，尝捐银百两，偕邑人修幕山桥，又修城北侧近路。甲戌岁歉，捐银一千二百两，赈给族党。巡抚胡具奏，恩诏纪录二次，旌以『乐善好施』匾额。（采访册）

张中泰 字圣言。监生。九都人。兄铛早逝，父疾笃，弟、侄俱幼，母忧之。其父慰曰：『有中泰在，无忧也。』后抚弟、侄成立，事寡嫂尤加敬礼。尝客余邑，有张某者将投县作吏，泰以非长策，劝勿就，予以金，俾他营。张有子颇慧，泰资之，使读，遂获乡荐。至建祖庙，筑书舍，赈贫济困，义举尤多。督学张奖给『六行克勉』匾额，兰坡朱琦有传。（采访册）

萧青云 字汝登，田中都人。监生。少即励志自立，先人遗产，悉让昆弟。从兄某，远出无音耗，觅归，助以成家。宗祠坏，倡族人修之，助田地十四亩有奇、银三十两，补设二至之祭。又捐银八十两，倡兴文会。乾隆甲辰，捐银一百二十两，入重振堂，为永远祭扫之资。乙巳岁歉，捐银助赈，邑侯蔡给『谊敦古处』匾额。卒年八十四。（采访册）

胡师恩 字覃锡，溪丁都人。庠生。性端直。事孀母，色养备至。兄早逝，抚其幼孤天辅，教育成立，一如己出。遇岁歉，赈贫救乏，里党重之。乾隆癸未，尝与马蕃公合建洗马石桥。以孙麟祚，赠儒林郎。卒年八十一。（采访册）

张中和 字致斋。监生。九都人。年十一，父卒，哀毁过成人。客江右，距家七百余里，闻母疾，三昼夜驰归，侍养不懈。姊家贫，早寡，岁给衣食终其身。乾隆乙巳岁歉，散谷百余石，父老欲为请额邑侯，中和止之曰：『此分内事也，敢为干誉计哉！』客江埠，见行人争济有堕水死者，即捐资增造渡船，给舟人工食。约同志，建凌云书屋，延师训读，族中赖之。学宪张奖以『孝友是式』匾额，兰坡朱琦有传。（采访册）

赵良淮 字耿南。贡生。捐职州同。兄良佳，早逝，抚侄逾于所生，事嫂尤谨。姊家贫，寡无依，迎养终身。俱为吁请，得旌如制。与弟良泉友爱最笃，凡有善行，无不赞成。卒年六十。子宪章，优附生，举孝廉方正，给六品顶戴。（采访册）

朱备 字顺百。太学生。张香都人。少孤，事母及庶母谨。字庶弟，友爱无间。家贫，客汉阳，师名医姚某，尽传其学。比归，为人治病，应手愈。贫者不受酬，更资给之，兼施药。前后凡数十年，岁费不赀，举家啜粥以济。平居无疾言遽色，时出片语解纷，人皆悦服，族钦其德。少得养生诀，老犹童颜。性好学，善鼓琴，所著《听松楼琴操》，赵侍御青藜尝为之序。卒年七十六。（采访册）

朱庆洙 字南山，张香都人。遵例授朝议大夫。性孝友好义，尝独力创设义仓，捐银七百两，以赡贫乏。倡兴文会，躬自经理数十年。建义学，置试寓，给考费，凡用三千余金，仍存银千余金为课文费。又捐修大通镇广济桥银一百二十两，捐助大岭栖云庵茶田三亩有奇。乡里义举，咸乐成之。孙珍，邑廪生。（采访册）

查寅亮 字利川。邑庠生。家仅中资。尝因谷贵，独力平粜，计费五百余金。事竣，即于祠内焚册，不存其名。族长以事

呈请，学宪周给『任恤醇风』、邑侯李给『善行可风』匾额。所著有《中庸讲略》。卒年八十九。（采访册）

陈洪范 字尧封。按察司照磨。尝捐资以修庙宇，助田以兴文会。嘉庆甲戌岁歉，首倡捐银百两，并劝族众乐输，共得银数千两，以济乡里，全活甚众。藩宪康给『尚义慨输』，抚宪胡给『谊敦任恤』匾额。（采访册）

朱庆霈 字钟水，张香都人。性好义。嘉庆丙寅，倡立义仓，捐银三百两。又马渡桥大路倒塌，行旅不便，庆霈独力修之。（采访册）

朱必务 乡饮宾，附见前《志》。暨弟必胜，太学生。张香都人。兄弟同敦善行，尝过琴溪白塔山，见遗骸暴露，恻然悯之，即左侧购为义冢，至今不废。黄金塔河当孔道，人病涉，捐千金建石桥，士人名曰紫阳桥。岁饥，乡民掘蕨根充食，苦无具，务置锄散给，民得利用。尝游楚，同乡某负客金被系，务召客代完其逋，遂脱狱。有艾姓者鬻妻偿债，子甚幼，务捐金代偿之，母子获全。胜治家有法。里贫死者予以棺，亲族无后者，为营葬之。有鬻其子他姓者，俾赎而归。子蔚、芳，俱惇厚好善。芳尝捐银一百七十两，以赈族人。务子绂，钦赐检讨。（采访册）

朱棻 字太初。附贡生。张香都人。性孝友，善承先志，周急恤贫，行之弗怠。族有不能娶者，资以聘财。后举子成立，常诵其德。生平以正服人，同居闻履声，咸起敬。晚岁以篇章自娱，襟抱洒落，诗格亦似之。卒年六十七。子务，孙泽、润，俱庠生；鹤书，邑廪生。（采访册）

洪吉宝 新丰都人。少贫尚义。客汉江，有堂叔某被诬，宝为剖雪至囊空，力竭不悔。乾隆乙巳岁歉，自负债数十金，以赈族人。族有久客不归者，数世祖骸，悉为择葬。尝偕里人建成志桥，捐银七百两。修通藤溪市路，捐银百五十两。义仓、义学，捐银一百二十两。遇寒畯读书者，尤加存恤焉。卒年七十一。子璋，岁贡生；瑜，庠生。（采访册）

唐廷楷 字以时。监生。北亭都人。性质直，好施与。自乾隆乙巳迄道光甲申，五次灾祲，共捐银一千五百余两，平粜以济贫乏。穷冬苦雪，按户给米，岁以为常。尝客临湖，捐百金，倡置义冢，收瘗白骨。他善举多类是。卒年七十九。次子际虞，邑廪生。（采访册）

万宗熠 十一都人。孝友好义。乾隆乙巳，岁饥，死者无算。宗熠亲行掩埋，并设立规条，周济乡里。每至岁暮，给棉袄，散钱米，人高其义。尝为其父卜葬地，堪舆家谓：『利于少，不利于长。』宗熠曰：『果得吉壤，弟利即吾利也。』遂葬焉。其能悉大义如此。（采访册）

张应龙 贡生。九都人。乾隆乙巳岁歉，捐金及谷，周济贫乏，邑令蔡旃以『积而能散』匾额。尝创建祠堂，捐资设祭。又建树德亭，施茶以便行旅。又兴文会，课子弟，给士人考费，及寒畯读书者膏火资。族中鳏寡及婚丧无力者，周之，无德色。人钦其义。（采访册）

万宗曾 太学生。十一都人。性好义，常于岁暮制棉衣给族中贫者。自乾隆庚子至嘉庆戊午、甲戌，施棺木凡数百具。他如本村石路及近里木桥，俱一人独修，乡人至今赖之。晚年家渐落，遇有义举，犹时以力薄为恨云。（采访册）

胡承武 字舜华，溪头都人。少孤贫，事母孝。尝客楚，忽心悸，亟归省，而母已病，不一月卒。自以服贾觅养，奉侍未

亲，哀泣终身，不能稍释。后年逾九十，五世一堂，称人瑞焉。孙士俊，庠生。（采访册）

朱昷 字晓山，张香都人。性谨厚好义。里设义仓，捐银三百两；兴文会，捐银一百五十两；前后赈饥凡捐银百七十两。一切善举，靡不与焉。子淮，恩贡，候选教谕；孙衢中，庠生。（采访册）

朱安渭 字圣遇，监生，张香都人。少孤，事母孝。客豫章时，有外商窃肆银五十两，众欲发之。渭力遏乃止，阴解己囊以补，群称其德。长戚某氏早寡，延至家供养完节，逮亡具衾棺葬之。其子远游觅归，为授室焉。（采访册）

胡天辅 字惟德。理问。溪丁都人。性好义。有姊字汪，未婚守节，为吁请得旌如制。从子麟祚早丧，抚其遗孤成立，置业授室无不周备。同族某孤贫，亦为完娶焉。尝捐资兴文会。创义仓督建琴溪桥二次及洗马桥。辛酉甲戌，屡捐赈平粜，里党赖之。子元润，附贡生，候选兵马司正指挥；元淦，县丞。（采访册）

马日恒 字立方。郡庠生。授州同知。幼孤，事母孝。有某某负债鬻妻，为解橐全之，俱得生子。尝开修中保里山路数十里，建小双坑石桥一洞，造昷山东溪渡船，并置田亩给工食。嘉庆庚申，捐银二百两，督修琴溪桥。甲戌岁歉，捐银三百两，以赈贫族。凡邑中义举，无不竭力勷助。著有《莲心诗草》二卷。（采访册）

王文炳 字精一。监生。双浪都人。伉直好义，尤重师儒。尝纠合族创兴文会，士人攸赖。又倡首捐资建造洪村坝石桥，族党重之。长子森，癸酉副榜。（采访册）

查思美 字朝玉。监生。九都人。母患疯疾，昼夜护视弗倦。乾隆乙巳岁歉，捐资赈贫。有贷不能偿者，焚其券，更资给之。又尝捐资掩埋枯骨数十家。邑侯李旌以『克敦善行』匾额。嘉庆壬申，倡捐银一百五十两，纠族合捐三千余两，岁设腊祭，以追远祖。甲戌岁歉，族中贫乏者六百余口，按日赈给口粮，乡人德之。卒年八十八。（采访册）

马卓贤 字台臣。太学生。东隅人。幼孤，事母孝。性好施。尝焚券，不责人偿；田庐被占，不与校。设药局以给贫病，倡兴文会，修建桥路。里中义举，无不与焉。子溥治，监生；次子清，长孙象乾，庠生：并孝友任恤，有父祖遗风。（采访册）

马檠贤 字仲方，东隅人。常劝人弗食牛肉，锄田遇古墓，遂荒其田，不治。增助白塔东垅山十亩为义冢。乙巳岁祲，捐赈银五拾两，并给散籽种十石。余如造渡舟、修桥路，类多义举云。（采访册）

查崇汉 监生。居岕荻山，距村七里许。性孝友。母氏守志，崇汉色养备至。尝语族人曰：『吾先祖因庐墓故家此，凡我子孙，慎无忘前人孝思。』于是，经营公项垂二十年，倡建祖祠三所，以其余资赈恤凶荒，又竭力修成支谱，兼贷人修理祖墓至数十所。族人感化，多务笃行焉。（采访册）

查思镐 字绍岐，九都人。乾隆乙巳岁大饥，输粟银五百两，太守孙旌以『立达同人』匾额。常劝人勿溺女，贫者给以资，俾克抚育，遂倡捐为育婴费。一时贫民棺木之资，亦出其中。其存心敦厚如此。卒九十。子汾，庠生。（采访册）

张光锷 字剑端。钦赐副榜。南隅人。事孀母惟谨，与兄绍源友爱。母患瘓疾，起居必兄弟扶持，汤药靡不亲尝，坐寐不离者二十余载。邑中义举，无不踊跃争先。尝捐资助建文昌后殿。县令详请咨部邀旌。（采访册）

陈文辉 字集云。监生。曾祖光迥、父显浩，自有传。辉善承先志，见义必为。尝捐银一百两入义仓。其外兄某贫甚，辉

周恤备至，更买地以葬其先。又为表弟某婚娶成家，戚族称之。（采访册）

陈士魁 监生。性孝友。兄弟早卒，士魁主家政，抚诸侄成立，分产，无异所生。后兄子继卒，家业荡然，士魁又为侄孙婚娶，给以田宅。嘉庆甲戌，捐银百两散赈，人咸义之。（采访册）

陈其宗 字潮元。赠儒林郎。慷慨好义。族有旁支，仅存一线，其宗为之置室成家。乾隆辛未，散谷五百余石。乙巳，散足钱二百一十千。乡里德之。（采访册）

马天篚 字元宇，大成都人。勤俭好施，临终以银二百余嘱其子存公生息，作随时济急之资，后裔奉行唯谨。道光三年岁祲，尽所存银散给族人，全活甚众。孙学鳌，字士登，监生，性和厚，为人解纷，无不输服。又尝兴家塾文会，延师训迪后进。有借贷不能偿者，多焚其券。曾孙钺，庠生。（采访册）

周创贤 字继绪。理问，遵例授朝议大夫。性厚重寡言，率诸子侄以俭。尝捐田数十亩，为宗祠祭费。至建桥梁、修道路，以及乡里义举，靡不慷慨解囊为助。卒年七十四，台州教授某为作传。（采访册）

马焕章 字尧文。郡增生。南隅人。尝创兴文会，诱掖后进，多所成就。族中贫不能从师者，诲之读，并助之资。每逢岁歉，周济穷乏，弗使人知。历年施药济人无算。（采访册）

胡先满 一名士元。国学生。溪头都人。事母孝敬备至，重然诺，好施与，乡里称为善士。尤尚读书，延名师课后昆。孙沛泽，嘉庆戊辰举人。（采访册）

徐必协 字伯和，永定都人。性正直，里闾争讼，以理劝谕，无不听从。尝倡首建造鲤潭石桥，勒碑告竣，人咸称道焉。卒年八十。子侗，邑庠生。（采访册）

曹良遴 字廷选。性朴诚，为善如不及。见棺墓之无主而近水者，移置之。骸骨暴露者，瘗埋之。穷苦疾病者，顾恤之。尝曰：『吾家无资产，非能大利于人，但力可及者，当勉为之耳。』子世瑾，郡廪生，前《志》有传。孙梦鸾，邑庠生。（采访册）

朱文科 张香都人。幼贫，贸易景镇。居心仁厚，尝捐银五十两，助为义冢。又捐银五十两，入同仁堂。尝买一小仆数年，闻其兄死、母老无依，即给银米遣之归，后得成室生子。人称其德。（采访册）

朱本 字万源，张香都人。幼失恃，事继母谨。家贫，服贾以养，诚信待人，遇所得为必尽力，有负者亦弗与较。岁饥，族有乏绝者，为减飧济之。又尝倡设同善堂义贮，以赒三党。游寓西江，邑商议置义冢，以费繁中止，亟解橐赞成之。其好义多类是。（采访册）

朱安迎 监生。张香都人。家故不丰，每以好施为愿。乡里贫苦者，冬雪给之薪米，死则助木以殓，人咸德之。尝于小溪坑口、屏山村口建桥，以通来往。蠢岭系泾旌交界，山路前后十数里无炊烟，迎于山腰创建茶亭，行旅憩息，至今称『迎公亭』云。（采访册）

许黉 字松田。贡生。大成都人。少能文，尤喜为诗。敦友谊，重然诺，天性慷慨，不与世之厚殖者同。尝创建许氏宗祠，助田百余亩，以为祭祀、修理之资。乾隆三十六年，独建学宫前石栏东面，邑人赵青藜有记。三十七年，独修名宦祠，县令

江恂有记。又尝倡首捐金，兴复石山书院。晚岁，家渐替，犹孜孜好义不倦云。（采访册）

张松岩 字文茂。监生。九都人。性孝义好善。尝倡设春祭，以享先灵。筑书舍，兴文会，以励后进。乾隆乙巳岁歉，捐银百两以赈贫乏。客江右余干县，遇岁祲，亦捐资平粜数次，复买山十余亩为义冢。余邑木樨湾，为水陆通津，渡者络绎，尝因人多船覆，亟令渔舟：『拯一人，给银贰两。』全活者十余人。遂捐五百金，增设二渡，更迭往来，以济行人。并置田若干，收其岁入，以给舟人工食及永远修补之资。远近德之。（采访册）

马良煐 字煦林。附贡生。东隅人。循谨寡言，好施与。甲戌岁歉，捐资平粜。里有义举，皆竭力为之。女幼字辰州知府胡承壂之子先敷，承壂卒，先敷幼，良焕延至家塾课读，抚如己子。后先敷生子，早卒，复抚外孙，授室成立，并给与田亩、屋宇。乡里称焉。（采访册）

卷五

人物

懿行

张道佈 字蒲亭。善事父兄，孝恭无间。从子观顺，幼孤露，佈教养无异己子。后早卒，遗腹生子，复抚字之。有妇失偿债银，将投水，佈解囊如数予之。乾隆乙巳岁歉，鬻田获百金，赈贫乏者。尝欲出私地建祠宇，议未决，疾笃，命家人曰：『祠议获成，汝辈必以吾基输之。』殁后，其子承父志，输基建祠，族人赖焉。学宪张奖给『力敦六行』匾额。（采访册）

查维吉 监生。少外贸，见义必为。尝倡修青邑山路、河桥。客无为州，又独建周家桥，事载州志。后遇水冲坏，其子声远，复出数百金修理。道光癸未岁歉，施粥数月，就食者日百余人，乡里赖之。（采访册）

汪铉 字衷一。贡生。宣阳都人。性好施，乡里义举，无不踊跃为倡。尝捐田入祠，为祭祀资。又捐田创兴文会，以励后进。既殁，后裔建文昌宫于村口，亦其遗命也。铉妻父赵仲方，著有《濯晖斋遗稿》，赵侍御青藜有序，铉为刊以问世。卒年七十。（采访册）

朱希尹 名任，以字行。监生。张香都人。性孝友。年十四，随父智侯客豫章时，有从祖某卒衡阳，棺寄旅舍久且朽。希尹亲往敛归，资斧屡断，不言其瘁。及壮，客汉江，尤尚义侠，排难解纷，施而不德。有讼者，私解己囊代息，券积辄焚之。时佽助朋旧，或不足，则转贷于人，历数十年，多负债，卒孳孳不倦，盖其天性也。子铨，庠生；锺，己巳进士，宰山左，迎养官署，常以『清廉勤慎』垂训。卒年七十二。（采访册）

朱蒲 字星倬。州同。张香都人。少孤，事母孝，既长，服贾佐养，后以节孝吁请得旌。平居恂恂，不与一人忤，遇不可则义形于色。自奉俭约，及拯困穷，倾囊不吝。从弟芸与同志，凡捐赈育婴，及义仓、义学诸举，蒲所为，芸必力赞成之。蒲子楣，嘉庆甲戌进士，官江西袁州府同知。芸子宝书，丙子举人。（采访册）

胡承补 溪头都人。少客汉阳，性和厚，与人无忤。长兄早卒，抚其孤如己出，卒赖以成立。居乡，好行其德，族有义举，率先捐助。殁后，继妻洪氏尝捐银一千二百两，助入族所建励善堂，置田谷以赡孤寡，体夫志也。（采访册）

胡承镄 溪头都人。少习贾，中岁弃业归，侍其母数十年，色养备至。与人交，有终始。或同财利者负之，亦不较。晚岁家稍窘，遇有义举，尚解橐无所吝惜焉。（采访册）

朱廷惬 字乐侯。太学生。张香都人。性孝友，服贾养亲，克新堂构。居无私财，与伯仲均之，视诸侄如己出。侄读书者，别为营膏火资。生平慷慨急公，遇有义举，辄乐输无吝色。族中公项，惬为经理，常获倍称之息。凡文会、义学、义仓，诸役咸赖其力。子汝霖，庠生，早卒。（采访册）

查士杰 字国荣。监生。少出继，事孀母王氏至孝，后以节吁请得旌。尝客铜陵、青阳，修筑桥路，先后共捐银四百余两。乾隆丙午岁歉，邑侯蔡劝输平粜，士杰独私自赈恤，不报县闻，曰：『我不欲以此干誉也！』又尝瘗无嗣骸骨十余处，嘱子孙修

理焉。卒年四十七。（采访册）

朱寿春 太学生。张香都人。性好义，里中议设义仓，首捐三百金为倡，劝众输助。身任经理，赢至数千金。公置家塾，复助百数十金。倡立文会，教子弟读书，多所成就。既没，家中落，其妻胡氏积纺织银五十两，亦捐助义仓，以继夫志。（采访册）

董德诏 字玉书。从九衔。田中都人。性孝友。教子孙，严而有法。家非饶足，遇岁饥，辄捐谷赈贫。凡族中义举，无不慷慨乐输。卒年八十四。（采访册）

陈德易 字尚平。监生。性质直，制行不苟。与弟庠生寅，友爱最笃。乾隆乙巳岁歉，捐金济贫，邻里美之。（采访册）

汪崇格 字廷兰。监生。洪村都人。慷慨尚义，族建文昌宫，及兴文会、起义仓，俱倡首捐助，协力赞成。又尝于江西省城，倡设泾川义冢，以瘗旅骨。素精医，求治者辄获奇效，未尝受酬，远近德之。（采访册）

万善采 字亮臣。勤俭起家，自以少未尝学问，构书舍，延师课其侄森。森入学食饩，皆采之力。又尝以皂家坞山二亩、大坑横山五分，捐为义冢。远近称之。（采访册）

徐必慄 太学生，永定都人。性端厚。乾隆丙午，创造榧岭茶亭，费银百余两。又尝倡建鲤潭石桥及文武庙宇，共捐银五百余两。有筲箕坞山，任人埋葬，不禁闾里，称为长者。子倌，邑庠生。（采访册）

查崇烽 字靖安。慷慨好义。尝修松岭路，捐银一百两；幕山路，捐银四十两。又客青邑，倡修万峻岭路，捐银一百五十

两，并建济阳亭，以憩行人。铜邑广济桥久圮，捐银一百五十两，倡首董造，至今行旅便之。（采访册）

朱蕙 字春圃，张香都人。幼失恃，事继母谨。弟早卒，抚侄如子。凡里中义举，悉解橐无吝。所识某，为孙娶妇，操券求贷，助之金，而还其券。病革，遗命捐银一千有奇，入族中义仓，以济穷乏。子佑，戊辰副榜，官绩溪教谕。（采访册）

朱著 字功一。太学生。张香都人。性好义，族建义仓、设祭田，无不踊跃乐输。外舅没，家贫子幼，丧葬皆代经理。又抚其甥成立，饮食教诲，视如己出。子廷栋、廷模，俱庠生。（采访册）

翟本瑯 字树西。幼孤露，弱冠能文，尤善书法。卒年三十三。临终，延族长，将父遗宣邑沚镇市房四所，输入宗祠，为文会资；又将沚镇市房二所，输入支祠，为时祭资。共值银千两。里人义之。（采访册）

陈文淮 字桐川。贡生。性耿介，言笑不苟，家不丰而好施予，乡里多被其德。子康璘、维镛，俱庠生，亦善承先志云。（采访册）

江企忠 字公望。监生。慷慨好义，凡族党争论，常出己资调停，迄济乃已。以故，数十年乡里无涉讼者。乾隆辛未岁歉，输谷赈济。邑侯唐维安、颜璹，俱给有匾额。卒年八十五。（采访册）

董献 字庶一，田中都人。邑庠生。制行耿介，不尚时趋，独好成就后学。其气度冲和，常令人蔼然可亲。卒年六十七。（采访册）

朱伯沧 字朝宗。少失怙，事母谨。性质实，不事浮靡。尝率族创建宗祠，俾春秋祭祀有赖。外舅姑年高乏嗣，奉养、葬

祭，始终尽礼。他如助修普济、宝胜、崇庆诸寺，率慷慨捐输，不一而足。邑侯许赠以『孝义从心』匾额。（采访册）

朱华 字岳西。监生。张香都人。幼聪颖，过目辄晓。及长，服贾养亲。恢宏世业，广行善事，无德色焉。尤礼遇文士，诸侄读书者，皆为力营膏火资。及没，继室汪氏，尝助银五百两入族义仓，岁冬备棉衣，以周穷乏。体夫志也。子灼，嘉庆庚午副榜，试用训导；逢吉，庠生。（采访册）

朱茂 字如松。理问。张香都人。祖必达，父法，世理祠事。茂继之，夙夜忘私，不避寒暑。族立义仓，议置恒产，躬亲履勘，购田若干亩。备历劳瘁，积贮遂盈。及殁，族人醵资设祭，以酬其功。时论荣之。（采访册）

赵良宠 字锡三。太学生。东隅人。六岁失怙，家贫，事母尽孝，竭力谋养，日渐裕。堂侄某贫，不能自赡，为营生授室。及侄殁，又抚其子，亦如之。嘉庆甲戌岁歉，捐赈恤族。县令清给以『敦睦尚义』匾额。又捐银二百两，助建武庙。凡事关义举，无不踊跃乐输。卒年七十八。（采访册）

左廷桂 字林一。诸生。东隅人。性慷爽乐善。嘉庆甲戌岁饥，劝族众捐数千金，以济贫乏。自宋元来祖墓，无不为之清理修整。至于一邑公事，如修县志、建文昌宫，皆殚心竭力，身任其劳。卒年七十四。（采访册）

翟永楩 字北林。幼失怙恃，依兄永楫成立，事之唯谨。家非素封，而好义不倦。乾隆乙巳，捐钱一百千，助族平粜。嘉庆庚申，又捐钱五十千，倡兴文会。类皆体父兄遗意。歙邑凌廷堪赠诗有『客到情中千尺水，人居乐地一家春』之句。卒年六十三。（采访册）

查世俶 字载南。敦厚好义，遇歉岁，率先捐赈，以济贫乏。族合建六世祖祠，俶分任寝室四分之一，费四百金。尝捐租谷三十石入培英会，以为课文之资。又于霍邑塔儿河、麒麟河两处建立桥渡，并捐田亩山场，以为久远修理之费。事详《霍山县志》。（采访册）

王承超 字南山，东隅人。太学生。克敦孝友，兄弟五人，四弟俱出继。承超贸易泗州，家业尚薄，独力经营。置田产、建房屋，并与弟等均分，毫无私积。族人以为义。又于泗州魏家嘴置有义冢，地方官奖以『好善可嘉』。岁歉，饥者给谷，寒者给衣。乡里德之。卒年七十二。（采访册）

吴如璠 字奂若。庠生。事继母，人无间言。性正直慷慨，尝建东溪老埂，以捍一村水患。每遇岁歉，必捐资劝赈。乡党咸敬重之。（采访册）

陈显涌 字洪源。监生。节俭自持，少业儒，后弃去，服贾江北。勇于为义，凡乡邻戚友诣之者，无不得所愿以去，今已占籍亳州。子文杰、孙诗，并于颍州府入学食饩。显涌以耆寿，恩膺冠带。卒年九十六。（采访册）

汪学安 字星尧，洪村都人。客浙江，闻父殁，号泣奔丧，一日夜驰三百余里。后复梦母病，急还，病果笃，不数日卒。其至性如此。时有寄籍者，负欠莫偿，携妻逃。学安遇诸途，其人泣以实告，遂还其券，仍赠之，使归。有陈某年五十余，鬻妻偿债，慨然解橐金，全其夫妇。乾隆戊申岁饥，散谷赈族。嘉庆丁巳，捐银并田地五亩，入里中清辉亭，为施茶费。卒年七十二。（采访册）

赵楷 字端书。理问。孝友好施，尝倡修回龙桥，又与堂弟绍祖建修学宫、洗心亭。凡有兴造，必踊跃乐输。岁饥，捐银赈恤。有负债不能偿者，辄焚其券。常董理宗祠族中公事，赖以振兴。少业儒，著有《柳荫诗草》。卒年七十。（采访册）

张映兰 字瑞珍。监生。九都人。性孝友，事二叔如父。兄弟早世，抚孤侄逾所生，有所获，悉与共，同居内外无违言。姊适包，早寡，贫甚，给衣食以全其节。姊没，甥甫六龄，携至家教育之，及长，为完娶焉。族建祖庙，同事者后先继亡，映兰慨然独任，三寒暑勿倦。凡有义举，俱为首倡。学宪张给『乐于为善』匾额。（采访册）

王士召 茂林都人。七岁丧父，母董氏家贫，士召昼析薪，夜随母纺绩。后数年，母患瘫疾，纫箴浣濯皆亲焉。常为人佣，得酒肉，必留归奉母。族建安吴书院，母恨无力捐输，士召即请助工作，以佣直为捐资。人称其能体母志。（采访册）

王尚铚 字至金。监生。丁坦人。勤俭好义。嘉庆甲戌，捐银百两，助祠平粜。又将南邑田十五亩八分，及本邑田二亩七分，助入宗祠，以修祀事。（采访册）

朱怡 字亦周，张香都人。廪贡生。笃学工文，屡荐未售，由国史馆议叙选歙县训导。父绍陈，好义。既殁，怡遵循弗怠，见义必为，前后无虑数千金，皆归善于亲。秉歙铎数年，奖励人材，洁清自矢。尝举某生优行，以贫辞，怡力推毂，俾与高选。有老儒某，裁一面识，其子应童子试，怡为延誉，遂获隽。其乐成人美如此。引疾归，卒年六十。以弟德懋，貤赠朝议大夫。子吉祥，郡庠生，亦能文，蚤卒。（采访册）

朱忻 字闿甫，怡季弟。捐职州同。少聪颖善读，后以父老废业，祗服其劳，克承先志。尝创设义塾，延师以课族寒素子弟。忻独主其馆谷二十余年，费累数千金，子弟多赖以成就。平居轻财好施，里巷窭乏者，量馈钱米，岁以为常。疾亟，闻里中义仓经费缺，即遗命捐三百金为助。子鼐，道光壬午举人。（采访册）

胡国振 监生。大成都人。少贫苦，勤俭起家。兄弟友爱，绝无间言。嘉庆甲戌岁饥，捐银一百两，散给贫族。道光癸未，又捐银二百两。乡里德之。（采访册）

汪经章 监生。洪村都人。贾吉安，有寄籍族人，年五十，贫不能婚，助之娶，后举三子。弟经贤，事亲承顺。尝过江冲山，见世德桥倾圮，因忆父在时尝欲修此桥，有志未逮，适乾隆四十九年众议重建，兄弟输银百两，勒碑仍署父崇甘名，表父志也。（采访册）

陈明礼 字进伯。赠儒林郎。少贫，习贸。及壮，尚未婚，积有余资，先为兄完娶。后家渐裕，课子读书，又好解推，至老不懈。长子显荣、三子显仕，俱尚义。四子大森，江西赣县县丞。（采访册）

查思诵 字成若。监生。七岁失恃，事继母孝。父患疯疾，有所欲，辄先意承奉。凡兴文会、建祖祠，俱倡首捐助。又独力造祠内神龛，以安先灵。每岁杪，备谷及薪炭，视窘乏者给之。（采访册）

汪崇秋 洪村都人。七岁失恃，继母多病，秋奉侍汤药，数十年如一日。有祖遗仆俞姓者，年老无嗣，秋焚契，俾回籍继嗣承祧。及卒，五子同爨十余年，不忍析居。族人义之。（采访册）

汪湛 字露涵，宣阳都人。庠生。嘉庆己巳，钦赐翰林院检讨。性好义。乾隆乙巳岁歉，捐资赈恤。又建亭舍，备义浆以

济渴。捐田数十亩振兴文会，以训子侄。昆季五人，同居数十载无间言。乡里贤之。殁后，族人设祭，公请入祠。（采访册）

赵昀 字近岩，东隅人。监生。性孝义，侍母疾，昼夜不寝者数月。生平持己以俭，待物以宽，有忤之者不较，其人每退而自惭。嘉庆十九年大旱，设粥于路，以待饿者。人多啧啧称之云。（采访册）

查润之 监生。秉性仁厚。九都下滩河深径险，往来者苦之，修筑高阔，至今利赖。输租谷十石于寺僧，以为施茶助。又输租十石、钱百贯，修如松岭路，皆有碑记。在高淳县东坝买山一业，助为义冢。族人有忿争至讼者，解已囊以释之，不使两造知也。（采访册）

赵其畅 字琴和，东隅人。附贡生。性孝友，好学，兼精医。常施药济人，求医者不受酬。乾隆乙巳岁歉，捐银一百两，给散邻里。有汪姓者，尝负债将鬻妻以偿。其畅闻之，焚旧券，更贷钱四十千，安其室家。其人后得生子，愈感其德焉。（采访册）

赵堂 字跻之，东隅人。国学生。幼失恃，善事继母，爱敬兼至。与弟析产，辞多受少。弟应联，乙卯恩科获隽，堂厚助之。族有贫乏者，不时周恤。每逢歉岁，倾囊赈给。性嗜诗书，遇寒士，加意优恤。乡里推为长者。卒年七十三。孙涑年，庠生。（采访册）

赵曙辉 字庭参。国学生。东隅人。有远族，年近四十，贫不能娶，为资助以成其室。又外戚某，五十余，无子，亦助之完娶。后俱生子承祧。乾隆五十年，捐银助赈，载县册。卒年六十。（采访册）

陈显鳌 字震泽。监生。性孝友。兄于襄，举人；弟羲元，庠生：皆勤苦读书。显鳌独力经营，俾不以家计为累。平生好义乐施。既卒，其后裔捐银四百两，助入义仓。嘉庆甲戌岁祲，输银百两散赈。承先志也。（采访册）

陈继聚 字本仁。监生。少孤贫，有侄鬻于外，本仁刻苦傭工，稍获余资，即赎侄回。后业微饶，遂为完娶成家。嘉庆十九年岁祲，捐银五十两赈饥，邑宰奖以『慕义乐施』匾额。（采访册）

朱进立 字有容。监生。南隅人。秉性纯笃，族中有贫不能婚葬者，常资助之。甲戌岁歉，捐谷赈给族人。又输银二百两为祭祀、读书之资；输钱百贯，倡设济婴堂。卒年六十八。其子奉遗命，助学田十二亩二分，以成先志。（采访册）

查廷彩 字陶元。监生。性好义，族有不能婚葬者，量力周恤。尤精岐黄术，惟以济人为务，不计利，不惮劳。贫者兼赠以药。青邑王春甫尚书，与之善，尝为额其座隅曰『四时常春』。（采访册）

陈大缙 字楚材。理问衔。生平多义举。子肇泰，州同；肇熊，监生。善承父志。嘉庆甲戌岁歉，捐银五百两散赈，乡里德之。（采访册）

潘叠祥 字震若。监生。茂林都人。勤俭立家，尝造桥修路，施棺散赈，见急必周，始终不倦，乡人称为义门。（采访册）

张汝霖 字润苍，南隅人。庠生。性孝友。家故不丰，凡乡里义举，必勉力为之。尝修南城外大路数十丈，并建石桥一所，又倡修双桥一洞。卒年五十二。（采访册）

朱凝纶 字元音。监生。张香都人。性豪爽好义，族设义仓，尝捐千金为助。侨居汉上，遇纷难事，毕力排解，迄济乃已。

合邑义冢废弛久，偕同人清旧趾，修复之。敬礼文士，赠遗加厚，后或腾达，终不干以私。忠恕堂公项，为族士人游寓者馈赆之需。司理多年，钩稽勤慎，积有赢余，即商添助文会，并给考费。族人咸推重焉。子富龄，郡廪生。（采访册）

朱琛 暨弟琯，俱布政司理问。张香都人。少孤，事母谨，友恭尤笃。琛才气闳达，琯性浑厚。共资其出嗣弟琦读书，比官京师，率区画，不使窘乏。同祖兄理守衢州时，琛佐治，多所补济。居乡值公举，往往创议。又尝贷木棉与贫户，教之纺织，仍增其值。在嘉定，兴复育婴堂，曩苦官役，琛争诸有司，获免。苏城外埠头扰布商致讼，亦琛坚吁，弊遂革。其随地勇义，多类是。琯亦好义，于族姻喜施振。偕兄立舅嗣，谋佽生计。异母姊适胡，早寡，门户单弱，代筹徙宅，训诸甥有成。琛、琯并以琦翰林阶，邀封赠焉。（采访册）

胡起芳 字辉若，溪丁都人。居家孝友，抚孤侄如己出，闾里咸称长者。嘉庆壬戌，与兄超芳合建府学崇圣宫。后仕福建霞浦县巡检，卒于官。（采访册）

胡清瑞 州同。大成都人。性谦退，不与人校，尤好施予。嘉庆十九年岁祲，捐赈银二百两。道光三年，又捐赈银二百两。族称其义。又尝助田二十亩，兴毓材堂文会，以为族士入课文考试之资。其敦行不怠如此。（采访册）

陈济美 字体仁，上连都人。例授县丞。乾隆乙巳岁歉，为粥以食饿者。嘉庆甲戌岁祲，捐银五十两助赈。邑宰蔡尝旌以『慕义乐施』匾额。（采访册）

翟守昇 字贻缵。监生，恩赐九品冠带。敦本好义，尝建六世祖支祠旁屋，复捐百金，以备修理之费。每遇岁歉，屡捐资

平粜。嘉庆十九年，巡抚胡给『厚德存心』匾额。（采访册）

徐鹏飞 捐职州同。永定都人。乾隆元年，创造鲤潭义学，捐银三百两，扶持亲族孤苦，俱得成立。负债不能还者，悉焚其券。里人称之。（采访册）

胡先镜 字月潭，溪头都人。郡增生。性孝友。弱冠失怙，弟元士尚幼，贫无立锥，抚养婚娶，躬亲教读，早岁补弟子员，寻卒，又抚其幼孤，俾成立焉。同族炎照，一名元交，字海渔，为人端方好义，精楷隶，工篆刻，王梦楼、洪稚存两先生尝称之。（采访册）

朱偕 字志和，张香都人。少服贾，事父母谨，养生送死，皆出己资，弗苛兄弟。侄艰于婚，代为完娶。戚友以贫乏告贷，无弗应；度不能偿，辄废券。又倡购吉地，葬高祖以下四世，经画悉具。性质直，无城府，乡里称之。（采访册）

朱安松 字廷秀，张香都人。性好义。族设义仓，助银三百金。文会，助银百金。约同人立奖贤堂，首捐百金给士子考费。又倡立庆泽堂，捐百金买义冢、施棺木。凡贫苦亲邻，多所赒恤云。（采访册）

徐必洲 字瀛门。太学生。永定都人。性好义。榧岭坑路通徽旌，洲即纸棚设茶，四时不绝，行人德之。尝倡造鲤潭文武庙宇，输银四百余两。又捐资创建鲤潭石桥，俱勒碑记。卒年六十三。子步蟾，郡增生。（采访册）

徐必惇 字绍川，永定都人。贡生。性和易，尤好义举。尝首兴希贤堂文会，以课子弟，给试费，督理四十余年。族修宗祠，躬亲督率。又倡建文武庙宇，捐银二百两；鲤潭石桥，捐银五十八两。族人称之。子廷缵，郡庠生。（采访册）

周汝焯 字景秋，宣阳都人。诸生。生平潜心性理诸书。有女弟适翟氏，早寡，衣食不继，资助完节。里有无资从师者，辄诲导之，多赖成立。又倡兴文会，以励后进焉。（采访册）

查思祺 字吉亭。监生。性浑厚，兄弟友爱尤笃。里有忿争，必竭诚排解，无不悦服。嘉庆甲戌、道光癸未，捐金平粜，尽其力所得为，毫无吝惜。卒年六十。（采访册）

左廷禄 字其中。贡生。东隅人。性乐易近人，尤能仗义。嘉庆甲戌岁歉，捐赈银五十两，以济贫族，载县册。新渡、永兴二桥，数十年来，同众捐修，并助田亩，以为永远经营、修理之费，至今人无病涉焉。（采访册）

张锦南 字丽川。监生。其父尝欲纠族人合祠始祖，有志未逮。父既殁，锦南倡置祭田，每岁仲秋，合族人行禋祀礼，以成父志。生平事母尤谨，母多疾，终身不肯远离，饮食汤药必亲奉之。族中孤寡及无力婚娶者，周之无德色。合族推其孝义云。（采访册）

郑越 字轩臣。居家孝友，析爨后，屡将己财分给兄弟。乾隆乙巳岁饥，亲族贫乏者，人给数金，鳏寡倍之，戚友亦然。又买市房值数百金，助入宗祠，每年收租，以为读书者考试之费。凡义举，无不量力捐助焉。（采访册）

左鸿图 字殿臣。监生。东隅人。慷慨好施，尝修桑坑镇路及丁溪都路数里，并助北城外罗家冲炮台山一业为义冢。既殁，后裔助市房一所，以为宗祠照墙基地，遵遗命也。（采访册）

董文佩 字仲玉。贡生。田中都人。少孤，以勤俭起家。母王氏，孀居五十余年，敬事无倦色，后以节孝吁请得旌，乡里

咸称其孝。总角时，尝拾遗金，候其人而还之。其至性诚笃如此。卒年七十。（采访册）

董宗取 字逢年。监生。田中都人。贫而好施，常称贷以济人急。嘉庆甲戌岁祲，捐银一百两助赈。里人称之。（采访册）

查廷瑶 字景湖。监生。九都人。性好义，凡建造祠庙，必倡首捐输。每遇岁歉，捐资赈济，排难解纷，里闾倾服。生平雅重诗书，子孙亦多成立焉。（采访册）

张定南 监生。三岁失怙，事母孝，母病噎，定南每食泣曰：『母食不下咽，吾何忍食！』有刘某负百余金，值岁歉，拟鬻产以偿。定南止之曰：『若产尽，如仰事俯育何？』焚其券，仍时周恤之。其仁厚如此。（采访册）

汪士斡 字荆南。郡庠生。洪村都人。性严谨。少失怙恃，三弟俱幼，延师训迪，长为完娶，家资均析无私。姊适胡，贫寡，按月给粟，抚甥成立。乾隆乙巳岁歉，倡首捐赈。督宪书给以『尚义输财』匾额。又倡兴文会，以启后学。纠族置义济渡，以便行旅，里人重之。年六十一卒。（采访册）

倪善珰 字献南，洪村都人。庠生。父友先，倡建书院，兴文会。及殁，善珰继之，经理周详，克承先志。嘉庆甲戌岁歉，捐银三百两，以济族人。卒年六十四。（采访册）

陈文栋 字廷佐。监生。六岁失怙，与兄文乐友爱并笃。兄没，侄德绍年十二，抚如己子。及文栋卒，子德绥甫三龄，绍亦抚育备至。族人推为孝友之家。嘉庆甲戌，捐银助赈，里党赖之。（采访册）

董斡 字伯绪。监生。田中都人。性端谨，排难解纷，听者冰释。族建宗祠，斡与董理，备历劳瘁。尝综理公私文会，经

营会计，使士子会课考费无缺。里有婚丧不给者，必多方赒恤之。卒年七十四。（采访册）

陈显升 字阶升。监生。上连都人。少贫，辛勤不倦。母病，侍奉汤药，六载不怠。次子文按，克承父志，兄亡，抚侄成家，视如己子。嘉庆十九年岁歉，捐资倡赈，以济族人，县令孙给有匾额。（采访册）

陈文艺 字游圃。监生。事继母，以孝闻。为人正直和平，尤好义举。遇乡党忿争，必多方劝释，时出己囊解之，不使成讼。后家渐替，嘉庆甲戌，值岁祲，犹鬻田以赒饿者。卒年七十二。（采访册）

陈元吉 字履旋。嘉庆己未，钦赐翰林院检讨。性醇谨，尤笃友恭，与兄分居，尝辞多取少，人称其义。嘉庆甲戌，捐银助赈，县令奖之。（采访册）

徐可久 字昆山，永定都人。性宽厚，轻财利。族有贫乏者，必竭力赒恤之。尝倡建鲤潭石桥，输银百余两。又尝捐资修榧岭三湾大路，以便行旅。卒年七十。（采访册）

陈嘉会 字礼庄，上连都人。邑庠生。性醇谨，至老手不释卷。嘉庆甲戌岁祲，捐银助赈，县令旌以『慕义乐施』匾额。（采访册）

胡承鳌 字驾山，溪头都人。邑庠生。至性孝友，精岐黄术，不受谢。为乡里排难解纷，片言冰释。卒年九十。（采访册）

沈大鉴 字清可，宣阳都人。少读书，工医术，济人无数。有贫乏者，不受谢。乡里敬之。四代一堂，凡六十余人。年九十五，夫妇偕老，时以为难。（采访册）

陈显达 字裕兴。事亲孝，家贫，甘旨不缺。子文泮、文沧、文泾，兄弟友爱，至老不分居，乡邻称其孝友。嘉庆甲戌，捐银助赈，县令尝奖与之。（采访册）

陈文实 字容若。监生。上连都人。性纯朴，勤俭起家。兄文贯无子，实为立嗣完娶，所置财产不私诸己。与弟文宝，友爱亦笃。嘉庆甲戌岁祲，捐银五百两散赈，巡抚胡以『谊敦任恤』旌之。（采访册）

管仪问 字审功。监生。浙南都人。性宽厚，好施与。乾隆乙巳、道光癸未岁歉，捐赈族党共银三百金。又倡修桥路，独力施棺，费二百余金。素精医，为人治病不受酬，兼施药。乞刀圭者相踵，应之不倦，积数十年费不下二千金。又尝创兴文会，以教子弟读书。卒年八十。（采访册）

汪经贵 监生，洪村都人。幼孤贫，奉事孀母，以勤苦起家。乾隆乙巳岁歉，捐银三十两赈济族邻。嘉庆壬戌、甲戌，两次捐赈，共银三百两。族人德之。（采访册）

陶宏铭 字述章，青东都人。监生。性好义举，遇贫乏者，辄加赈恤。嘉庆甲戌岁歉，输粟百石为倡，散给乡党。临卒，所负积欠，悉焚其券。道光三年，族建宗祠，其后裔承志独造享堂。合族赖之。（采访册）

陶宏钦 字敬章，青东都人。慷慨好义，不私己财。凡里中忿争事，无不劝息。尝延师课侄辈读书，馆谷、束脩皆身独任。其侄镕，后入邑庠。乡里义之。（采访册）

懿行补遗

吴符祥 字复初，茂林都人。举乡饮大宾，乐善好施。明时修建水西精舍，捐资勷事。有方村竹冲遗庄，嘱助义举。后裔于雍正十三年岁歉，输谷赈贫，以成先志。工吟咏，著有《环翠斋诗集》。《青虹阁诗评》谓复初诗如『柳枝高拂，袅娜迎人』，其推许如此。（采访册）

卷六

人物

尚义

嘉庆十九年助赈

王源长 十都人，捐银壹千柒百两。

王祖福 双浪都人，银壹千伍百两。

王宗文 银壹千伍百两。

王碧峰 十都人。

王前溪

杨良栋 岸前都人。候选直隶州知州。

以上俱银壹千叁百两。

左瑜 东隅人。江川知县。

沈大炳 北隅人。理问。

以上俱银壹千贰百两。

陈景良 上连都人。贡生。

王煊 大成都人。监生。

王竟成 双浪都人。

以上俱银壹千两。

翟镜孙 十一都人。曾造麻溪、桃花潭西岸两处桥。

卫坦初 宣阳都人。

王永平 双浪都人。

以上俱银柒百两。

翟惟休 十一都人。银陆百柒拾两。

左廷杰 东隅人。

查节华 九都人。

王龙川 十都人。

以上俱银陆百两。

翟思琼 十一都人。银伍百陆拾两。

赵良泉 东隅人。州同。银伍百肆拾两。

陈振声 上连都人。从九。

陈显浩 监生。

陈文实 监生。

陈文俊 监生。

陈大缙 理问。

陈观光 州同。

赵应芳 东隅人。监生。

以上俱银伍百两。

翟永谦 十一都人。银肆百捌拾两。

查臻庆 九都人。

查玉衡

以上俱银肆百伍拾两。

黄源林 丰东都人。

朱玺 丁溪都人。

查文炳 九都人。庠生。

倪本兴 洪村都人。

以上俱银肆百两。

董九裔 田中都人。州同。

董廷桂

以上俱银叁百伍拾两。

翟华新 十一都人。银叁百零肆两。

翟岳孙 十一都人。

查尚金 九都人。

查绍芳 监生。

查汉才 监生。

倪善珰 洪村都人。庠生。

马日恒　东隅人。州同。

马良燮　贡生。

以上俱银叁百两。

王子灵　十都人。银贰百肆拾两。

翟焕新　十一都人。银贰百叁拾两。

查继堡　九都人。监生。

查德耀　监生。

以上俱银贰百贰拾两。

胡静先　溪头都人。州同。银贰百壹拾两。

王必显　大成都人。贡生。银贰百余两，又捐修府厅银叁百两。

陈际云　上连都人。贡生。

王发新　大成都人。监生。

胡茂春

翟伦安　十一都人。

王景祥 双浪都人。庠生。

舒富 十都人。

舒大元

王甦宗

马元龙 东隅人。贡生。

赵时英 千总。

以上俱银贰百两。

翟熿新 十一都人。银壹百玖拾伍两。

查荣兴 九都人。监生。

查思悦

以上俱银壹百捌拾两。

查文谟 银壹百柒拾两。

翟汝文 十一都人。银壹百陆拾两。

翟东泉

翟荃孙

倪善璔　洪村都人。监生。

王时中　双浪都人。从九。

王通亨　十都人。

董增华　田中都人。

董仙洲

以上俱银壹百伍拾两。

查崇仁　九都人。监生。

查崇审

查崇万

查书三

查我衡

查玹童

查朋三　监生。

查继产

查世澍

查世起

查慎吾 乡宾。

查世楸 监生。

以上俱银壹百肆拾两。

董廷飏 田中都人。贡生。

董廷伊 州同。

以上俱银壹百叁拾两。

翟守昇 十一都人。监生。壹百贰拾叁两。

翟炟新

查朝喜 九都人。

查天怀

查崇锋

查继邴

卫善介 宣阳都人。

以上俱银壹百贰拾两。

董志善 田中都人。银壹百壹拾两。

陈洪范 上连都人。候选按照磨。

陈士魁 监生。

陈国宾 州同。

陈德森 监生。

陈明悌 监生。

陈显彦 监生。

王尚铚 大成都人。监生。

王作谟 监生。

董崇浩 田中都人。监生。

董宗取 监生。

董万良

查士轩　九都人。

查关祥

查思美

查显达

查景南

查思铜　监生。

卫岱　宣阳都人。

卫彤

卫数

王朝茂　双浪都人。

王上宗祠　大成都。

王承亨

王思德

胡寿怡

胡国振

胡国柱

以上俱银壹百两。

赵銮居 东隅人。监生。

查国榦 九都人。监生。

以上俱银玖拾两。

王泰安 双浪都人。

赵良符 东隅人。庠生。

赵良宠 监生。

赵友广 增监生。

马廷彩 南隅人。监生。

以上俱银捌拾两。

查致道 九都人。

查正左

查万贡　乡宾。

查世透

查思锳

查崇涂

查永镜

查光斗　庠生。

查世臣　监生。

查崇连　监生。

查崇留　监生。

查之屏　监生。

查文耀　庠生。

查崇洽

查舜如

查德权

查思攀

查崇琬

查志泉

查天题

以上俱银柒拾两。

翟子玉　十一都人。

查魁　九都人。

查三畏

查炎宗

查兆龙　监生。

查志周

查崇礼　监生。

查廷士　监生。

查德焘　监生。

查思珺　监生。

赵堂　东隅人。监生。

王百祥　双浪都人。监生。

杨良敦　岸前都人。监生。

董桂实　田中都人。

以上俱银陆拾两。

赵昌祥　东隅人。监生。银伍拾柒两。

赵瑁　增生。银伍拾陆两。

倪善琛　洪村都人。理问。

王廷臣　双浪都人。庠生。

查德清　九都人。

查世惠

查世琼

查崇灏 监生。

翟云台 十一都人。

董郁文 田中都人。

董永涛

董襄 监生。

董镕 从九。

董周祚 监生。

左源 东隅人。州同。

左元 东隅人。庠生。

左廷禄 贡生。

陈文御 上连都人。监生。

陈济美 例授县丞。

陈继聚 监生。

王尚添 大成都人。

王国华　监生。

以上俱银伍拾两。

查致昂　九都人。

查炳南

查梗先

查德邦

查思锜　监生。

查崇性　监生。

以上俱银肆拾伍两。

查炳

查崇勉

查云翔

查葆光

查汝炽　从九。

查崇湘　监生。

查崇和　监生。

查崇霸

查崇瑞　监生。

查崇加

查作霖　监生。

查德囤　从九。

查德肖

查士杰　监生。

查守道　监生。

查思楠

查思淑

卫德朋　宣阳都人。

舒四　十都人。

胡安轶 大成都人。

杨瑗 岸前都人。贡生。

以上俱银肆拾两。

王儒 大成都人。

胡元景

以上俱银叁拾陆两。

左景公 东隅人。银叁拾伍两。

左东泉

左濬 庠生。

左邦训 监生。

陈禹州 上连都人。贡生。

陈嘉会 庠生。

陈廷秀 监生。

陈德琴 监生。

董德科　田中都人。

董德鸾　州同。

董德诏　从九。

董崇贵

赵学铿　东隅人。试用教职。

赵之璧

翟善浩　十一都人。

翟旌阳

查锷　九都人。

查继朝

查世晨

查崇治

查世镐

查含辉

查世依

查条

查丹山

查士俊

查思听

查采亮

查思义

查崇烽

查崇榖

查崇尧

查秉礼

查岁年

查瑞龙

查志瀛

查晋侯

查德派　监生。

查大郡

查光烁

查崇遣

查崇淮

查崇楷

赵曹氏　东隅人。

以上俱银叁拾两。

卫道燧　宣阳都人。银贰拾陆两。

查作梅　九都人。监生。

查宪邦　监生。

查锜

查有

查缘

查天廷

查天焘

查森桂

查浃

查德孚　监生。

查恳

查崇润

查尚善

查谦

马良栋　南隅人。

马良荷

以上俱银贰拾伍两。

胡钏公　溪头都人。银贰拾肆两。

董大金　田中都人。银贰拾壹两。

左美公　东隅人。

左常公

左珆　监生。

左文德　监生。

陈代公　上连都人。

陈显达

陈显愿　监生。

陈德襄　监生。

陈德湘　监生。

陈德校　监生。

陈德浚　监生。

陈奏勋　监生。

陈继铣

陈明佳
王道万　大成都人。
王希载
王永祖
王耳顺
董海若　田中都人。监生。
董其祥
董辅仁　监生。
查继好　九都人。
查继慎　监生。
胡尚沐　大成都人。
胡庆星
赵良麟　东隅人。
董晖　田中都人。监生。

董国贞　监生。

董文佩　监生。

董于民

董德念

董崇枝

董礼彩

董襄林

董天钦　监生。

马玉芳公

以上俱银贰拾两。

道光四年助赈

丁廷秀　长乐都人。监生。捐银壹千陆百玖拾两。

丁仙洲　监生。

丁廷元　共银捌百柒拾两。

张芝山 州同。银贰百两。

程名志 礼辞都人。银壹百壹拾两。

翟惟寅 十一都人。州同。

翟惟清 贡生。

翟惟新 州同。

翟应鹤 监生。

翟一璋 监生。

以上共散前存义仓谷肆百石，计银陆百肆拾两。

程名柜 礼辞都人。银柒拾两。

胡庆祥 溪头都人。州同。

胡宗语

胡以烜 庠生。

胡荣庆 监生。

以上俱银伍拾两。

程殿元 礼辞都人。贡生。

程培元 监生。

程名德 监生。

程名亨

以上俱银肆拾两。

董天钢 田中都人。捐谷贰拾石。

程天锡 礼辞都人。监生。银叁拾两。

张守铭 长乐都人。

程盘龙 礼辞都人。

程六

程定安

程名谦

以上俱银贰拾两。

案：旧志云，遇岁大歉，捐银、谷以助赈者，县册汇而载之。虽捐止一二两，亦有名存焉。今因其繁不胜载，故只取二十两以上者登之。兹自嘉庆十九年至道光四年，捐赈二十两以上者悉登其名。其人又有他行可纪，亦附注于其下，从旧志之例也。

五世同堂

马元龙 字羲图。贡生。东隅人。嘉庆十八年，详报五世同堂，题请旌表。子良熥，捐职同知；孙在之；曾孙代銮；元孙成洛。元配郑氏齐眉，俱八十余岁，时以为瑞。见《懿行》传。

徐必慄 监生。永定都人。现年八十一岁，暨妻洪氏年八十二岁。亲见七代，夫妇齐眉，五世同堂。祖鹏飞，州同。父如珣，男廷魁，监生。孙合芳，曾孙贞一，元孙国祥。道光四年，题请旌表。

赵氏 太学生、赠奉政大夫朱安邦继配，慈惠闻乡里。长子琛，布政司理问；孙坤元、第元，俱太学生；曾孙休徵、绥之、鹏飞；元孙祐成、祄成、集成。生元孙时，琛已前殁，而有出嗣子琦。五代一堂。琦官翰林，自投牒请，掌院大学士据奏得旨旌表。年八十有三，以琦阶封太宜人。

吴鸿图 字羲文，茂林都人。官大理寺左寺丞。敦孝友，居官勤谨。子镛，刑部云南司员外郎；孙世盛，中书科中书；曾孙作霖，候选大理寺寺丞；元孙祖福。五世同堂。嘉庆二十年旌。

吴金绅 字诚齐。监生。茂林都人。举人寿昌长子。子起，元孙邦彦，曾孙贺祐，元孙报功。五世同堂。以孙邦彦布政司经历，貤赠儒林郎。自祖善政、父寿昌迄金绅，三代五世同堂。嘉庆二十四年旌。

吴尔勤 茂林都人。布政司经历。与配章氏寿俱逾八旬。子应璁，监生；孙锜，庠生，森，癸酉科举人；曾孙守己；元孙志广。五世同堂。嘉庆二十三年旌。

赵氏悦容 九都查崇浣继配。逮事舅姑，孝养维勤，训迪子孙，家规整肃。男德醲，监生；孙嘉会，监生；曾孙宗祀；元孙富渊。五世同堂。道光四年，题请旌表。年满百岁，无疾而逝。

徐氏财桂 丰东都王永悌妻。长男道耀，孙际秋，曾孙世海，元孙良瑛。五世同堂。三男承佑、孙炳垣，监生；曾孙大文、元孙元琢，俱五世同堂。徐氏以年满百岁，嘉庆二十三年旌。卒年一百有六岁。

凤氏 州同唐廷赞妻。男四，长男长标，监生；孙日宣，监生；曾孙良玉；元孙佩金。五世同堂。道光五年请旌。凤氏现年八十四岁。

翟永橹 字仲儒，十一都人。德安府经历，多惠政。乾隆乙巳、道光癸未岁歉，捐资赈恤亲族。子守勋，监生；孙奎尧，监生；曾孙本道；元孙兰庆。五世同堂。卒年八十二，王氏卒年八十三。（采访册）

朱琛龄 字廷珍。监生。张香都人。祖庆祚，乡宾；父安政，从九；子尔恂，监生；孙宗源；曾孙震川；元孙大侃。琛龄亲见七代，五世同堂。卒年七十六。琛龄母胡氏，年八十七岁，卒时元孙震川方五岁，亦五世同堂。（采访册）

潘廷誉 字永叔，茂林都人。立家勤俭，族有义举，无不与焉。子崇修，孙拱辰，曾孙璐，元孙阿珠。五世同堂。目见七

代，现年百岁。（采访册）

潘懋修 茂林都人。邑庠生。子廷旦，貤赠儒林郎；孙成钧，布政使司经历；曾孙周祜；元孙正茂。五世同堂。（采访册）

吴景元 茂林都人。监生。为人长厚，以孝友闻。祖福祐，父应诏，《懿行》有传。子同书，庠生；孙世谦，监生；曾孙承榜；元孙道敏。五世同堂。亲见七代。景元现年八十二。（采访册）

赵台 字兰书。庠生。钦赐举人。东隅人。曾祖崇泽，庠生；祖维翰，监生；父昌国，举人；子銮居，监生；孙同淳，州同；曾孙廷枢，监生；元孙允腾。亲见八代，五世同堂。（采访册）

吴薰士 字洁存。候选州同知。茂林都人。子廷采，监生；孙秉直，监生；曾孙敬时；元孙寅宾。五世同堂。薰士卒年八十一。（采访册）

陈希说 字正言。长子良玮；孙光仙，庠生；曾孙明鳌，庠生；元孙显忠。五世同堂。卒年八十六岁。（采访册）

李氏 茂林都吴善玑妻，貤封孺人。子景濂，广德州训导；孙世铎，广东镇平县典史；曾孙承祖；元孙守骍。五世同堂。李氏卒年八十六岁。（采访册）

朱氏 东隅赵必倩妻，赠儒林郎朱庆霨之女。秉性温和，持家勤俭。子三：凤鸣、待聘、廷璋。廷璋名源泉，从九，精岐黄术。孙怀雅，监生；曾孙培根，业儒；元孙同伦。五世同堂。现年八十四岁。（采访册）

百岁

章云路 字逵九，茂林都人。嘉庆甲子科钦赐举人，乙丑会试钦赐翰林院检讨，己巳赏编修。卒年一百有一岁。

朱绂 字簪圃，张香都人。嘉庆甲子科钦赐举人，乙丑会试钦赐翰林院检讨。道光四年，以年满百岁旌。

毕友锦 九都人。年百有三岁。嘉庆二十三年旌，钦赐『升平人瑞』四字。

汪一夔 字虞飏，宣阳都人。嘉庆甲子科钦赐举人，乙丑会试钦赐翰林院检讨。年一百有三岁。

董一录 田中都人。年百有二岁。

章岱 字松亭，茂林都人。嘉庆庚午科钦赐举人，辛未会试钦赐翰林院检讨。卒年一百岁。

潘廷誉 字永叔，茂林都人。诰封奉直大夫，五世同堂。现年百岁。道光五年现在，请旌。

沈士朝 字拱臣，宣阳都人。乾隆五十四年，邑宰胡以『百龄寿民』匾额赠之。卒年一百有三岁。

王秉锞 十都人。节俭好善，年百岁。

张理中 南隅人。年百岁，恩赐八品冠带。

万一鹇 十一都人。年百岁。

章珍 茂林都人。嘉庆丁卯科钦赐举人，己巳恩科会试钦赐翰林院检讨。年九十七岁。

翟绎 字克由，十一都人。庠生。与弟岁贡绂俱能文，年九十四，叠膺恩赉。

董迨 田中都人。年九十三岁，恩赐八品冠带。

董宣 田中都人。年九十三岁，恩赐八品冠带。

董德枢 田中都人。年九十岁，恩赐八品冠带。

翟岷山 字汉一，十一都人。贡生。年九十岁。

以上俱见采访册。

案：旧志取年满百岁者登其名，而年九十以上者，亦附载焉。盖以蒙恩例授冠带者，不胜书也。兹自百岁至九十者登其名，其人又有他行可纪，亦附记于其下。皆从旧志之例云。

隐　逸

吴永旭 字伯高，茂林都人。岁贡，明布政使尚默之孙。博学能文，工诗善草书。鼎革后，闭门下帷，日以著书自娱。或讽之仕，不答。所著有《知还集》《水空堂杂录》《淡园诗草》。子惟闾，亦岁贡，著有《燕台吟》一卷。（采访册）

萧春生 字兰若，号等闲人。少负异禀，工诗善书。以父文仲耽石隐，守其训不出，萧然物外，视人世荣利泊如也。居乡讲授，弟子多进取者。凡六经、诸子百家及先正语录，讲学诸书，皆拳拳服膺，手写成帙。晚精岐黄术，务以施药济人。殁后，所著散佚，仅存《等闲偶言》二卷、《等闲吟》一卷，藏于家。（采访册）

张泮 字月潭。庠生。性绝纷华，尝以敦人伦、培风俗为己任。鼎革后，伏处不出，优游山水，得养生诀。年七十，颜若少，犹日事诗书，讲学弗懈。与查志成、包旭之等相友善，无不钦服。志成为作序，述其生平，书法劲峭，子孙犹世宝之。（采访册）

朱月庭 字旬初，张香都人。性淡泊，不习举子业。尝曰：『读书明性，分内事也，奚用求名为？』闲居耽吟咏，所著有《屏山诗草》《咏史百首》及《集古作考镜咏》上下平韵三十首。族赞善琦选入《紫阳诗钞》，以为啸歌自娱，时见逸致云。（采访册）

艺 术

明

吴彦高 号东泉，茂林都人。少业儒，尤精医，识太素脉。洪武三年，部移各省求精通方脉者，郡守以彦高闻，征至京，授官太医院，见上以疾喻治，宠遇日加。十七年，以老告归。子随庆，世其业，李一鹗举荐，亦授官太医院。（采访册）

国朝

朱元孟 字崇佳，南隅人。品相端方，习岐黄学，精痘科，著有《痘症指要》，中书赵良霨序之。子天章，世其术，尤得心法，小儿就医者，全活无算，时有『佛心仙手』之称。（采访册）

吴迁　字松乔。刑部司狱司。茂林都人。福建建宁府同知。聂之长子，天资颖悟，工行草，善摹孙过庭、祝枝山法迹，尤精岐黄学，就治者获全无算，尝刊张会卿所著《传忠录》三卷，并《新方八阵》一卷。进士翟绳祖有诗酬之。卒年七十一。（采访册）

翟聃　字宛仙。监生。性孝友。兄弟五人，聃最少。家贫，客姑孰，精于医业，居乡城间，为人治病不取钱，全活无算。二兄一贯蚤卒，事嫂抚孤，数十载无间言。与四兄绳祖同居，无子，以绳祖四子奎光为嗣。卒年六十九。（采访册）

寓贤

南唐

吴文举　一名举，汉长沙王吴芮之后。五代初，避兵至建康，仕南唐。曹彬下江南，遣使徇郡县，众欲以城降。举责以大义，杀使者固守，攻城三月不下，城陷被执不屈，隐宣州之泾邑，遂家焉。今为茂林吴氏始祖。九江、池州并崇祀名宦祠。（《吴氏家乘》、薛居正《旧史》、《江南通志》、《江西通志》）

宋

朱纬　一名中孚，世居婺源，于徽国文公熹为伯曾祖。历官于淮，归过泾，寓邑东城山，爱其山水明秀，遂家焉，因号城山。建炎三年卒，年七十二。今为张香朱氏始迁之祖。孙兴、曾孙祺，俱登第。兴仕至评事，祺历任仁和、诸暨尉。葬本里大

山下铁炉冲，向有爱敬道院，今废。国朝嘉庆中，裔孙理始建神道坊。（《朱氏家乘》、采访册）

明

汪伟 字长源，休宁人，上元籍。明季翰林，李自成陷京师，与妻耿氏同殉节，谥文烈。尝因举人翟皓、进士翟翼等招游，来泾西桃花潭，访白云茶、甘泉井，有《桃花潭茗记》。（采访册）

吴梦极 字星乡，江浦人。明季官翰林，鼎革后隐于桃花潭之南山，以字易米，识者珍之。与庠生翟廷脩、翟士怡等友善，相与论文，赋诗为乐。（《桃花潭文征》）

仙释

宋

浚清阁仙 不知何许人，宋府教翟阳建浚清阁于桃花潭东岸。太平兴国二年，风雪中一人飘然而至，凌虚飞步。阳知为神仙中人，与之饮，问其姓氏，不答而去。后于阁间见有赠句云：『踏遍山川过几回，欢逢贤士笑传杯。多君问我何人氏，冒雪前村去折梅。』俗传为韩湘子，未知何据。（见《桃花潭文征》）

明

翟太初 字复元，号霞庵，因书斋生并蒂莲，又号瑞莲主人。监生。喜谈元精、修炼、导补之术，年老颜如少，无病卒。及葬，棺轻，人疑其尸解。著有《元津宝筏》一卷、《清心说》等篇，见《桃花潭文征》。子四，长士怡，精邵子数，另有传。裔金培等，将遗山捐入文昌阁，以备续修。国朝休休上人驻锡水东三桂轩，与士大夫游数年，叩其乡里姓氏，不答，后不知所终。有《山居》七律三十首。（见《桃花潭文征》）

释元开 新安黄山雨峰之高弟也。康熙辛未秋，辞本师，游历诸方，过泾水西，适监院留阅藏经。知县傅泽洪、绅士赵司直等，见其坚持戒行，延主黄檗道场，宗风大畅。生平善书画、工吟咏，有《十八罗汉赞摹》，拟宛肖。（采访册）

卷七

列女

节孝已旌，嘉庆十二年至道光五年

王氏 田中都董崇恺妻。年十八寡，有遗腹，不忍殉。越十日，生子文佩。抚之成立，为国子监生。舅姑继殁，哀毁尽礼。食贫守志，终始如一。卒年七十五。督学戴给『介石贞松』扁额。嘉庆十二年旌。

朱氏 溪头都胡鉴平妻。鉴平客死，朱年二十三，茹苦守节，事姑贫而尽礼，继侄为嗣，母家屡迎之不往，及姑殁，始携子归就食焉。卒年七十一。嘉庆十三年旌。

高氏 南隅郑思问妻。年二十四寡，一子甫三龄，侄甫五龄，高俱抚养成立。敬舅姑，和娣姒，笑不露齿，亲戚罕见其面。卒年七十二。嘉庆十四年旌。

李氏泽芝 张香都监生朱为瑞妻。为瑞卒于湖北，李年二十一，涉千里奉榇归。食贫守志，善事舅姑，抚子缙读书成名，为附贡生。李卒年六十三。族赞善琈有记。嘉庆十四年旌。

朱氏 溪头都胡兖泽妻，年二十一寡。舅姑先殁，复无伯叔。念从死即绝夫后，矢志苦守。继族叔邑庠生日辰之子为嗣，抚之成立。嘉庆十五年旌，现年七十四。

王氏 九都监生查思讲妻，年二十四寡。孝事舅姑，勤纺绩，抚孤成立。嘉庆十五年旌。

赵氏 茂林都章必襄妻。舅姑早世。夫病三载，赵躬亲汤药，衣不解带，夫竟殁。赵年十九，抚胞侄为嗣，孤洁守志，庆贺概不与闻。卒年五十二。嘉庆十六年旌。

董氏 田中都李守标妻，年二十八寡。敬舅姑，抚弱子。葬五世棺十具，终身缟素。遇忿争事，必力为劝息。嘉庆十六年旌，时年七十九。

胡氏 张香都朱苔妻。躬操井臼，敬奉甘旨。妯娌八人，雍睦无间言，抚子任成立。嘉庆十七年旌，现年七十。

李氏 十一都包阁臣妻。舅姑病，奉侍不倦。夫体素孱，亦护持维谨，及夫病濒危，祷以身代，竟不起。李年二十三，抚从侄为嗣。荐遭凶丧，殡葬尽礼。嘉庆十七年旌，时年五十八。

章氏 茂林都凤必暖妻。奉舅姑甘旨，自忘饥饿。夫病，祷以身代，竟不起。章年二十，顾念宗祧，抚从侄为嗣。延师督课，不惜厚币。卒年六十。嘉庆十七年旌。

胡氏应贞 张香都拔贡生朱脩妻。逮事祖舅，孝敬备至。常劝脩勤学。脩膺选拔，卒，胡年二十九，誓以身殉，姑泣谕，乃遵命侍养。姑殁，哀过甚，昏仆伤足，遂不良于行，抚诸孤成立。睦妯娌，恤贫乏，族称其贤。以脩弟格官四川嘉定府知府，貤赠朝议大夫，封胡恭人。嘉庆十八年旌，建坊曰『兗麓怀清』，现年六十五。

董氏 大成都王顺祥妻。幼以孝闻，逮归王，勤女工，以佐夫读。夫病卒，董年二十二，誓以身殉，继念舅姑老，抚从侄为嗣。苦志守节，凡喜庆弗与，非节义事不形诸口，族中奉为女师。嘉庆十八年旌，时年六十一。

胡氏桐芳 张香都朱庆桐妻，年二十四寡。家贫如洗，抚子安烛，娶俞氏仕英。安烛客死，俞年十九。姑媳同志，继族子承祧。胡患风痹，俞侍养弥谨，勤苦终身。胡卒年七十三，俞卒年五十。嘉庆十八年同旌。

黄氏 十一都翟永恒妻，年十七寡。顺舅姑，和妯娌，人称贤德。抚侄监生守业、庠生魁第为嗣。嘉庆十八年旌，时年六十五。

吴氏 十一都翟守藩妻。事两世姑，曲尽妇道，俱得欢心。守藩殁，吴年十六。抚侄一璜为嗣，终身缟素，足不出闺。嘉庆十八年旌，时年五十九。

王氏 九都查德灼妻。婚弥月，夫即远贾，未及期客死。氏年十七，闻讣屡投缳，家人防之谨，遂绝粒。姑泣谕，乃强起受诫。孝养备至，抚夫兄子光著为嗣，犹以不得从死抱恨终身，卒年五十二。嘉庆十八年旌。

王氏 大成都马宗鉴妻。姑失明，调护周慎。夫病数年，身奉汤药，未尝解带。夫卒，氏年二十二。遵遗命，抚侄为嗣，性节啬而好施与，至老犹兢兢以勤俭垂训。嘉庆十八年旌，时年六十九。

潘氏 双浪都王汝怡妻。年十八寡，距婚裁四月，以有孀姑不忍殉。姑寝疾，侍奉十余载不倦。姑终，丧葬尽礼。自安淡泊，抚侄逢时，为国子监生。嘉庆十九年旌，时年六十四。

方氏 茂林都庠生吴凤仪妻，年二十六寡。舅姑多病，二子幼，氏备历艰苦。丧祭教养之资，皆借女红所积。设舅姑及夫木主，朔望必率二子哭奠，数十年不怠。长子炜如，候选从九；次子望如，议叙未入。嘉庆十九年旌，时年五十九。

朱氏 溪头都胡世厚妻，年二十四寡。奉侍舅姑，食贫无怨。嘉庆十九年旌，时年六十一。

赵氏 溪头都庠生胡先抡妻，年十九寡。抡殁时，嘱以养亲抚孤。氏饮泣受命，终身不怠，子孙皆成立，卒年七十九。嘉庆十九年旌。

吕氏 思齐都唐国平妻，年二十三寡。忍死字孤，教以义方，奉侍舅姑，生死尽礼。卒年七十。嘉庆二十年旌。

赵氏 宣阳都汪行溪妻。年二十一寡，绝粒数日，其兄弟谕以宗祧大义，遂矢志抚侄为嗣，足不出户者数十年。事翁姑，生死尽礼。家偶有衅，得氏一言即解。嘉庆二十一年旌。

胡氏 张香都朱武衿妻。将婚，武衿病笃，父母欲缓期，胡坚志归。武衿甫六日卒，氏年二十。忍死安贫，代夫终养，抚侄为嗣，教育有方。嘉庆二十一年旌，时年八十三。孙焯，庠生。

赵氏藕院 宣阳都汪大图妻，年二十一寡。子仲锡未晬，稍长，聘翟氏为养媳。未婚，仲锡亡。遣翟归时，赵舅姑俱存，谓妯娌曰：『向苟延者，为此子也。今已矣。舅姑年老，善事之。』再投缳，救之得不死，防守月余。翟苦求其母，得还汪，誓死不嫁。赵乃解颜就生，姑媳相依四十余年。赵卒年七十八。嘉庆二十一年，与翟同旌。翟别见《贞女》传。

胡氏华元 张香都朱范妻，年二十三寡。孝奉孀姑，抚子凌云成立，茹苦习勤，安之若素。婢李化之，亦至老不嫁。学使胡给额曰『柏寿萱贞』。嘉庆二十二年旌，现年六十二。姑胡氏前已奉旌，卒年八十四。族赞善琦为作《两世旌门颂》。凌云，庠生。

许氏 茂林都吴六奇继妻。年二十七，生子希文。甫八月，夫卒。勤抚养，孝舅姑，治家严肃。希文官宁武同知，贻书以清慎勤为训，人谓有敬姜遗风。孙友成，监生，娶李氏，得祖姑欢。年二十一，友成卒，请于许，抚侄枢为嗣。六奇以孙芳培官侍郎，赠光禄大夫，许封夫人。嘉庆二十二年，与孙媳李氏同旌。许卒年八十五，李现年五十八。

朱氏 溪头都庠生胡玺先妻。年二十七寡，以白发在堂，遗孤未晬，忍死侍养，鞠子有成。嘉庆二十二年旌，时年六十三。子蕭，廪贡生。

吴氏 永定都徐必梓妻。年二十八寡，誓以身殉，舅姑谕之，乃遵命代养。侍姑病，备极辛苦，两遭凶丧，尽礼尽诚，抚侄成立。嘉庆二十二年旌，时年六十二。

胡氏团清 曹溪都汪文涟妻。年十七归涟，未逾月，寡。将从死，舅姑泣谕之，遂矢志终养，辛勤操作，荐遭大故，丧葬尽礼。抚侄明文成立。卒年七十一。嘉庆二十二年旌。

方氏 溪头都胡世源妻，年二十二寡。母家桐城名族，自幼知书习礼，侍孀姑至耄，不懈课子及孙，皆亲授句读，晚复课其曾孙，苦节清操五十年如一日。孙贞幹尝作《课曾图》，遍征诗文，以阐贞德。嘉庆二十三年旌，卒年七十六。子谦，庠生；孙贞幹，嘉庆丙子科举人。

徐氏 九都查南英妻。南英家贫苦读，徐勤纺织，以助膏火。夫病，衣不解带，医治，竟不起，徐年二十五。孝养舅姑，训子有方。卒年六十五。嘉庆二十三年旌。

曹氏 大成都王泽兴妻。家贫，劝夫攻苦，操作不懈。夫殁，氏年二十九，课子勤读。子又夭，乃抚侄为嗣，事继姑数十年，孝养无间。嘉庆二十三年旌，时年六十二。

洪氏 张香都朱尔霭妻。尔霭远贾，暴疾，归卒，洪誓以身殉，舅姑谕止之。矢志侍养，终身不倦。抚侄宗桂为嗣，读书成立。现年七十五，嘉庆二十三年旌。

胡氏 礼辞都程芳瑶妻。夫病，服侍三载，竟殁，胡年二十六，哀毁骨立。舅姑继病，事之皆能顺意，族称贤妇，训子有方。媳赵氏生二孙，又寡。姑媳共抚孤成立。胡于嘉庆二十三年旌，时年八十五。

吴氏 十一都翟永沁妻。知书习礼，孝敬舅姑。永沁勤读体弱，吴奉侍周至，及殁，吴年十九，生子甫一月。家徒壁立，仰事俯鞠，族党重之。嘉庆二十三年旌，时年七十六。

吴氏 岸前都生员杨理妻，年二十七寡。事舅姑以孝闻。夫殁，绝粒三日，继从妯娌劝，侍奉益谨，丧葬尽礼，每逢忌日必斋戒祭奠。抚二子成立。乡邻贫乏者，常命子量为周济。嘉庆二十三年旌，时年五十七。子良栋，候选直隶州。

洪氏 张香都朱昱妻。昱病，三割股饲之，卒不起。洪年二十七，将以身殉，既念亲老子弱，矢志代养。抚孤成立，凡里妇守节者必奖成之。卒年八十二。嘉庆二十三年旌。

吴氏 新丰都郑天德妻，年二十二寡。言动有则，足不出户者数十年。舅姑继殁，丧葬尽礼，哀泣动人。抚族侄为嗣成立。嘉庆二十三年旌，时年五十八。

吴氏 北亭都唐华耀妻，年二十一寡。抚遗腹子成立。承顺舅姑，调护唯谨，躬勤操作，邻里贫乏者辄赒恤之。嘉庆二十四年旌。

吴氏 北亭都唐华达妻，年十七寡。善事翁姑，抚侄国璋为嗣，及长，课之读书，为国子监生。娶媳张氏，而国璋又卒，张年二十四，姑媳嫠居，惟遗张生一子。仰事俯育，以苦节终。吴卒年五十，张卒年四十七。嘉庆二十四年同旌。

卞氏 东隅王祖延妻，年二十一寡。子泽楠甫周，抚之成立。娶媳董氏，而泽楠又卒，董年二十五，遗孤甫一月。姑媳相依，食贫励志，乡里怜之。卞卒年八十三。董现年六十四。督学汪给『茹荼矢蘗』扁额。嘉庆二十四年同旌。

吕氏 北隅吴世隆妻，年二十四寡。姑丧明，病卧三年，躬亲汤药，孝养唯谨。居无亲族，纺绩度日，足不逾户。邻里有哀其贫而馈遗者，概谢不受。抚子成立。督学周给『壶仪常仰』匾额。卒年七十。嘉庆二十四年旌。

徐氏 田中都卜顺理妻，年二十六寡。绝粒数日，遵姑谕，矢志苦守。舅姑久疾，侍奉无怠。子二，教以义方。苦积百余金，岁歉以济族人。嘉庆二十四年旌，时年五十九。

王氏 泉北都汪善榣妻。幼为养媳，即得舅姑欢。善榣殁，氏年二十五，事姑益谨。姑病，躬亲汤药数十年。抚子书绅，为国子监生。嘉庆二十四年旌，时年六十。

查氏 十都舒善璞妻。善璞客死，查年二十五。舅姑年老，子幼，含悲矢志。后姑得疯疾，孝养益谨，里有贫困者解推无吝，抚二子读书成立。督学白给『松筠励节』匾额。嘉庆二十四年旌，时年七十一。

胡氏 张香都朱并妻，年十八寡。继姑瞽，晨昏服侍，没身不衰。抚夫兄子为嗣，教之成立。及病，捐田五亩一分入宗祠，为夫享祀之备。卒年五十四。嘉庆二十五年旌。

汪氏 溪头都胡承谱妻，年二十三寡。事翁姑孝谨，抚二子及遗腹子成立。家素贫，辛勤操作，拇指凝血为殷。嘉庆二十五年旌，时年七十五。

郑氏 溪头都胡承昌妻，年十九寡。孝事舅姑，抚叔子为嗣成立。后叔无嗣，即劝娣同抚一孤，及生孙，先承侄后以慰娣望。平居足不出户，人谓之铁门限云。嘉庆二十五年旌，时年六十五。

郑氏 溪头都从九品衔胡及贤妻。生二子而寡，时年二十一，以其长子嗣伯后，而自抚次子。次子病殇，复与姒同抚长子，以俟生孙。育养辛勤，冀延一线。嘉庆二十五年旌，时年六十四。

翟氏 茂林都监生吴鹏妻，年二十六寡。辛勤供养，跬步不离姑侧，自奉菲薄，亲邻贫乏者赒恤无吝。少读书识字，诸孙自塾暮归，必使背诵经书，教以大义。嘉庆二十五年旌，时年六十三。长媳章氏亦同守志。

郑氏 溪头都胡泽民妻，年二十寡。泽民素勤读，结缡后，更相劝戒，冀成夫志。夫亡，翁继逝，侍姑益谨，亲属罕见其面，抚叔子成立。嘉庆二十五年旌，时年六十八。

朱氏 溪头都胡泽敷妻。泽敷远客卒，朱年二十三，闻讣誓不欲生，因遗孤甫晬，勉抚之。日以夫丧未归为戚。子既长，扶榇回里，乃稍慰，每逢忌日，必率儿孙虔拜。嘉庆二十五年旌，现年六十七。

胡氏有贞 张香都朱钦妻，年二十六寡。始归钦，钦已遘瘵疾。及卒，胡绝粒誓死，姑谕以承祧大义，乃遵命。继侄觐光为嗣，奉姑至八旬，孝养不衰。觐光又早卒，媳赵氏随姑守志，复继侄子棨成为孙。胡现年六十，道光元年旌。

翟氏 茂林都吴亮采妻。夫病，日侍汤药，竟不起，翟年二十四，哀痛几绝，事翁姑尤加孝敬。道光元年旌，时年五十一。

万氏 十一都翟永测妻，年二十二寡。抚侄为嗣，承夫志捐五百缗给族中考试赆仪，名为巨川文会，与伯善浩义举共勒石宗祠。道光元年旌，时年五十九。

胡氏 东隅王应祥妻，年二十一寡。将从死，舅姑泣谕乃止，抚子秉琨为国子监生。甫抱孙，秉琨卒，而孙又殇，继叔监生蔚文之孙为孙，与媳沈同志抚育。胡于道光元年旌，时年六十一。

王氏 九都查光昭妻，年二十九寡。勤纺绩，孝翁姑，艰苦备尝。道光二年旌，时年五十一。

胡氏 张香都朱安燫妻，年二十六寡。善事舅姑，抚孤成立。道光二年旌，时年五十六。

王氏 十一都翟守烺妻，年二十五寡。将从死，继念翁姑无人侍奉，含悲矢志，远近称贤，抚侄为嗣。道光二年旌，时年六十五。

王氏 九都查思田妻，年十九寡。继侄为嗣，教养两全。道光二年旌，时年六十一。

胡氏 新丰都洪士敏妻，年二十七寡。孝事舅姑，历年无倦，及殁，丧葬尽礼，乡里重之。卒年七十九，道光二年旌。

汪氏介英 张香都朱玉带妻，年二十七寡。孝事翁姑，抚子悭成立。媳胡氏鲜秀亦二十七寡，与姑同志继从侄福承祧，里称双节。汪卒年五十九，胡卒年六十。道光二年同旌。

叶氏 东隅监生赵良暄妻，年二十八寡。孝事孀姑，十余年无怠。抚侄煐入武庠，早卒。媳王氏与姑同志，妯娌和睦，里党称之。叶卒年七十四。道光二年旌。

董氏 茂林都潘贞庆妻，年二十八寡。勤纺绩，终养老姑，葬祭尽礼。训子侄以行孝悌，习诗书。族人咸钦仰之。道光三年旌，时年六十九。

翟氏 茂林都潘宗潮妻，年二十八寡。以针黹度生，有欲延至家刺绣者峻辞之。初，宗潮暴疾亡，绝粒五日，姑泣谕，茹痛终养，竭力葬祭。自餍糟糠，礼法严正，族子弟皆敬惮之。卒年八十一。道光三年旌。

朱氏 双浪都王汝蒙妻，年二十五寡。孝事舅姑，勤纺绩，以备甘旨。每遇夫忌，终日侍姑侧安慰之，恐伤其心。抚孤成立。道光三年旌，时年八十七。

吴氏 九都查光吉妻。婚三月夫远客卒，吴年十八，遗腹生子，未晬而殇，将殉死，舅姑谕以代终之义，乃遵命侍养，苦节终身。继侄为嗣，生孙文德，读书食饩。吴卒年六十九。乾隆五十五年，督学秦给额曰『蘖操冰心』。道光三年旌。

赵氏 南隅郑国琛妻，年二十二寡。孝事舅姑，抚侄为嗣成立。道光三年旌，时年五十四。

汤氏 大成都马宗顺妻，年二十四寡。孝奉舅姑，遵夫遗命，立二嗣，朝夕训诲，视如己出。邻里贫苦者勉力助之。道光三年旌，时年五十六。

卫氏 泉北都吴善福妻，年十九寡。事姑二十余年，孝敬备至，抚侄士百成立。道光三年旌，时年八十一。

赵氏 岸前都杨瑾妻，年二十七寡。矢志抚孤，勤而不怨。每值忌日，虔诚致奠，不敢当姑前哭泣，恐伤其心。道光四年旌，卒年五十二。

鲁氏 岸前都杨超副室。年二十八寡，绝粒不食，翁姑谕以大义，乃从命。抚孤成立，严而有法。道光四年旌，时年五十一。

吴氏 茂林都潘起凤妻，年二十三寡。冰霜自矢，居处日在姑侧，尤能恤困周贫，毫无吝色，乡里钦之。道光四年旌，时年六十八。

翟氏 茂林都监生吴允中妻，年二十三寡。舅患疯疾，姑患瘫痪，奉养二十余年，备尽孝道。妯娌五人无间言。邻有极贫者，量力助之，不令人知。子广泉，庠生。道光四年旌，时年五十六。

胡氏 新丰都后良弼妻。舅婴疾，姑丧明，夫病足，委曲调护，咸尽其力。良弼卒，胡年二十九，抚字遗孤，慈严相济，复抚其庶叔亦如之。道光四年旌，时年六十。

后氏 新丰都郑天看妻，年二十五寡。幼为养媳，即得翁姑欢，姑殁，事继姑亦如之。及夫亡，抚子及孙皆成立，字幼叔逾于己子。道光四年旌，时年五十七。

王氏 十都徐璆芳妻。年二十六寡，矢志代养。姑殁，舅年八十余，事之尤谨。抚子嘉美为国子监生。道光四年旌，现年六十四。

翟氏 茂林都廪生吴让恒妻。年二十五寡，奉姑孝谨，遗孤甫三龄，多病，抚之成立。性端严，足不逾阈，周灾恤贫无吝色。嘉庆二十一年，以子渭来理问衔加级，赠让恒奉直大夫，封氏宜人。道光五年请旌，现年五十三。

董氏 茂林都监生吴省三妻，年二十七寡。孝养舅姑，抚子世奎成室即卒，复继侄子由义为孙。道光五年请旌，现年七十一。

胡氏 洪村都汪学璇妻。年十八归汪，逮事祖姑至耄不懈。年二十二寡，忍死侍养，丧葬尽礼。抚子才铁成立。现年五十八，道光五年请旌。

朱氏 溪头都胡先泼妻，年二十四寡。孝事舅姑，抚继嗣世培业儒成立。现年六十，道光五年请旌。

赵氏 溪丁都胡元泽妻，年二十二寡。孝事舅姑，抚子巨文成立，教之读书，慈严相济。岁歉命子捐赀赈恤，里人贤之。现年五十一，道光五年请旌。

翟氏 茂林都潘茂林妻，年二十四寡。茹苦甘贫，事姑尽孝，抚侄为嗣。卒年八十九。道光五年请旌。

翟氏 茂林都潘周祥妻，年二十八寡。孝事翁姑，抚三子成立。道光五年请旌，现年七十三。

胡氏 大成都庠生马呈材妻，年二十七寡。家贫纺绩，茹苦抚孤，有欲夺其志者，氏矢死靡他。夫柩厝村旁里许，每逢忌日必往哭奠。癸未大水，柩漂去，氏急赴抱柩流数十步，搁丛树中，水退，人踵至，氏没柩侧，卒年三十七。道光五年请旌。

吴氏 十一都监生翟思材妻，年二十二寡。事姑孝谨，抚子成立。现年五十，道光五年请旌。

鲍氏 捐职州同胡麟祚妻，年二十九寡。孝养孀姑，抚子蔚及遗腹蔼成立。捐赀重建节孝祠，奉姑配享。现年七十五，道光五年请旌。

翟氏 茂林都庠生吴锦妻，年二十三寡。孝事舅姑，抚侄世颖成立。锦以世颖布政司理问，加级赠奉直大夫，封氏宜人。卒年四十五，道光五年请旌。

张氏桂 茂林都候选布政司经历吴诒龄妻，年二十二寡。事姑孝，抚子维城成立。现年七十，道光五年请旌。

章氏 茂林都吴晋妻，生子象曾而寡，年二十三。董氏，晋弟兆年妻，生子瑞曾而寡，年二十七。瑞曾夭，娣姒共抚象曾，娶媳王氏生孙承銮。王氏故，继娶许氏，象曾又殁，时许年二十二。两世三节，苦志抚孤，董氏承夫志捐千金倡兴文会。章现年六十五，董现年六十二，许现年四十四，道光五年请旌。

翟氏 茂林都吴廷芝妻，年二十六寡。孝事舅姑，抚孤良翰成立入国学。现年六十四，道光五年请旌。

李氏彦 茂林都吴高淳妻，年二十九寡。苦志守贞，抚二子成立。卒年五十九。道光五年请旌。

郑氏芝芳 张香都朱凝炜妻，年二十二寡。孝事翁姑，抚子一培成立入雍。督学周给『松筠励节』匾额。现年七十一，道光五年请旌。

洪氏 张香都朱庆谅妻，年二十二寡。忍死抚孤，勤苦孝养，终身不懈。卒年七十六。道光五年请旌。

胡氏 张香都朱潭妻，年十九寡。事舅姑尽礼，抚孤成立，教以义方。现年七十，道光五年请旌。

胡氏 张香都朱商妻，年二十四寡。食贫尽孝，抚继嗣成立，训迪有方。现年五十三，道光五年请旌。

胡氏 张香都朱贺妻，年二十三寡。孝事翁姑，抚继嗣成立，里有守节者必赞成之。现年五十一，道光五年请旌。

吴氏 十一都监生翟慕曾妻，年二十二寡。孝养舅姑，丧葬尽礼，抚孤成立。现年五十，道光五年请旌。

翟氏 茂林都增生吴春泽妻，年二十一寡。孝事舅姑，子顼早夭，以侄孙履祥承祧。现年六十一，在京请旌。

翟氏 茂林都吴启祥妻，年二十二寡。孝事舅姑，抚继嗣成立。现年五十五，在京请旌。

胡氏雨姜 北隅监生沈廷雉妻，年二十七寡。长子煜入雍，次子骥娶媳王氏，年二十六骥卒，翼日生子培，姑媳同志，慈孝兼尽，抚孤成立。督学周给『画荻垂型』匾额。培，嘉庆戊寅举人。胡卒年七十八，王现年六十，在京请旌。

以上所载，已旌节孝八十四人，内姑媳同旌五人。又现在请旌节孝二十四人。俱见学册、采访册。

烈妇已旌

凤氏 茂林都吴观国妻。年十八归观国，越三载，观国病故，氏恸绝复苏，即禀舅姑继叔子守志为嗣。视夫殡葬毕，密缝衰服，乘夜往夫影堂端坐，投缳卒。距夫死四十日。时年二十，嘉庆十四年旌。

王氏 十一都翟本檀妻。年十七归本檀，逾月，本檀远客，次年患瘵痨归，且咯血。氏侍病备极，辛苦越四载，本檀故，立侄其位为嗣。殡后去丧服，示家人不疑，潜入卧室投缳卒，衣裳皆密纫，面如生。距夫死十日。时年二十二，嘉庆十八年旌。

董氏 从九品衔左埙继妻，年二十二归埙。抚前妻子有恩，埙病，服事勤苦。次岁，埙故，既敛，乘间取埙汗巾自缢死。距夫死二日。时年二十三，嘉庆十九年旌，祀节孝祠。

汤氏 十一都翟其章妻。幼为养媳，年十八完婚。越十载，其章病故，立侄宗祥为嗣，乘间往柩前自经死。距夫死五日。时年二十八，嘉庆二十一年旌。

佘氏 徐守金妻，年十六归守金。守金少孤，伯父母抚之，氏事如舅姑。越七年，守金死于外，丧归既成服，立侄继祖为嗣，凭几自缢死，面如生。距丧归八日。时年二十二，嘉庆二十二年旌。

王氏 张香都朱一解妻，年十七归一解。越五载，一解病故，无子。既葬，请于舅姑曰：『他日愿以从子为嗣。』又嘱娣姒曰：『善事舅姑。』乘间经死。距夫死四十二日。时年二十一，嘉庆二十三年旌。

吴氏开娣 永定都徐文藻妻，年十八归文藻。越三载，文藻死，立侄子龙为嗣。劝慰舅姑『请无过哀』，亲视饭含，若无从死意。礼毕，潜缝衣裙投缳卒，神色如生。距夫死十三日。时年二十，嘉庆二十四年旌，祀节孝祠。

胡氏 张香都朱宗型妻，年十六归宗型。舅煊任滁州学正，胡留侍祖姑，孝谨甚。越七载，宗型故。甫属纩，氏呼抢间骤抽簪刺喉，血淊溢，室人力救得不死。祖姑泣谕曰：『丧未举，奈何如此。』氏颔之，窀穸毕，遂矢不食，延六日，乃绝。距夫死三十二日。时年二十三，嘉庆二十四年旌。长姒胡亦早寡，抚遗腹子，各行其志，烈、节萃一门，族赞善琦为作传。

陈氏　郑尚德妻，年十八归尚德。尚德善病，陈惧不起，即请立侄问添为嗣。越四载，尚德死，人定后遂自经，觉救已绝，面如生。距夫死十日。时年二十二，嘉庆二十四年旌。

胡氏　明嘉定州知州朱仪妻。年十七归仪，随至任，值张献忠犯蜀，分兵围州城。仪力屈，将死之，胡奋请先，遽以簪刺喉，复自力抉死。语具《仪传》。国朝道光三年旌。

贞女

翟氏礼姑　年十一，适宣阳都汪大图之子仲锡为养媳。仲锡年十五病亡，姑赵氏亦早寡，谓未婚守志，事大难苦，谕令归。其母怜之，劝改适。誓死不从，不得已仍送归汪。姑媳相依四十年，恩如母子，姑卒，哀毁骨立，亲族咸敬礼之。现年六十二，嘉庆二十一年与姑同旌。

万氏　幼适汪庆楠为养媳。年十七，未婚庆楠亡。父母劝改字，万恸绝者再，卒莫能夺其志。奉舅姑甘旨，自食藜藿。隆冬一破袄，夜无灯油，至焚柴自照，族人哀而敬之。抚嗣子如己出。嘉庆二十三年旌。卒年六十八。

查氏　幼字王立犹为妻。立犹未婚，卒，氏年十四，闻讣即变服奔丧，泣告舅姑曰：『素闻父言，族祖母沈氏未婚守志，时有孤燕来巢其室，窃愿学焉。』舅姑重其意，从之。抚侄为嗣，又亡，乃立他侄之子为孙。卒年七十二。嘉庆二十五年旌。

寿妇

徐氏 王永悌妻，年百一岁。嘉庆二十三年题旌，奉旨给『贞寿之门』四字，恩赏缎一匹、银十两，建坊其里。

以上所载，已旌烈妇十人，贞女三人，寿妇一人，俱见学册。又有节妇已载前《志》，而嗣后复有善行可述者二人，补传附后。

胡氏座元 张香都监生朱萼妻。嘉庆十年旌，时年六十一。家故不丰，遇岁祲，辄捐资以助平粜，前后输里中义仓银六百两。卒年七十八。族人公设祭奠，赠额曰『节义双清』。御史胡承珙为作传，以孙宗烋，遵例赠萼奉直大夫，封氏宜人。（洪《志》、采访册）

王氏 十一都翟尚嵘妻。嘉庆十年旌，时年六十。尝命子思林捐银五百两，助入支祠，以备祭享。卒年七十二。以子思林，遵例赠尚嵘奉直大夫，封氏宜人，祀节孝祠。（洪《志》、采访册）

贞女补遗 道光五年请旌

汤氏 吴光鸿聘妻。氏年二十一，闻光鸿卒，矢志守贞，奉事父母，楼居二十七载。卒年四十七，吴迎氏柩，葬东村岗倪烈女之旁。

卷八

列女

节妇已故待旌

明

胡氏福 张香都朱能宗妻，年十八寡。抚两子义贞、道贞成立。卒年五十六。（《朱氏家乘》）

洪氏贞香 茂林都吴有惕妻，年二十一寡。抚子汝瑞成立。卒年六十四。汝瑞，天启丁卯武举人。

唐氏凤 吴元东妻，年二十四寡。苦志励节，子之铨任徽宁兵备道余鹍翔标下千总，余给以『霜节足风』匾额。卒年七十二。

国朝

汪氏育 张香都朱贤深妻，生明万历庚寅，年二十七寡。食贫抚孤，备尝艰苦，伯欲夺其志，氏发誓持斋没齿，子孙传为恨斋，逢祭祀必荐素食。卒康熙庚戌，年八十一。初，子备将为请旌，氏闻蹙曰：『守节，妇职耳，顾要名耶！』禁弗许。后嗣遂遵之。（《朱氏家乘》）

郑氏茂 朱武觐妻，生康熙乙卯，年二十寡。茹苦养姑，抚子琦、琏成立。琦、琏继亡，复与琏媳汪氏同抚二孙。卒年

七十五。后孙又夭，乃继侄曾孙平锋承祧。（《朱氏家乘》）

程氏质 东隅马士珣妻，生康熙癸亥，年二十六寡。茹苦守节，抚二子必锁、必钥成立。及年六十，县令万给以『劲节惟贞』匾额。

杨氏满 十一都翟士恪副室，年二十寡。子时弼甫周岁，杨事正室查氏，谨抚孤成立。卒年六十一。（《翟氏家乘》）

洪氏 溪丁都胡天乔妻，年二十九寡。苦节食贫，孝敬舅姑，抚孤成立。卒年八十。

查氏 十一都翟守炳妻，年二十寡。孝事舅姑，抚侄一榜为嗣。卒年四十一。

陈氏 溪丁都胡栽芳妻，年二十八寡。茹苦食贫，孝敬舅姑，抚孤成立。卒年六十一。

陈氏 胡令序妻，年二十八寡。茹苦守志，孝事舅姑，抚孤成立。卒年五十七。

洪氏趣香 张香都朱一昌继妻，年二十七寡。孝事舅姑，妯娌雍睦，抚侄宗凤为嗣。卒年五十。

文氏 十一都翟思怀妻，年二十五寡。抚两世孤成立。卒年七十一。

陈氏 南隅张延诰妻，年二十四寡。甘贫守志，抚孤成立。卒年八十。

王氏千 茂林都章一邦妻，年二十七寡。事姑孝谨，抚孤成立。卒年七十一。

董氏高英 上连都陈天亮妻，年二十二寡。苦节自持，抚遗腹子学海成立。卒年五十。

马氏蕙珠 举人马肇勋女，上连都监生陈夺锦妻，年二十八寡。矢志守节，抚子继咏成立。卒年四十二。

徐氏 上连都陈德祈妻，年二十六寡。家贫守志，纺绩养姑，抚从侄继起为嗣。卒年五十一。

萧氏进娥 陈显梦妻，年二十九寡。苦节抚孤成立。卒年五十四。

周氏宝娥 陈显慕妻，年二十八寡。勤俭持家，抚侄文浪为嗣。卒年七十一。

汤氏金柱 陈德平妻，年二十二寡。孝事舅姑，抚孤成立。卒年四十二。

王氏 陈明星妻，年二十七寡。矢志奉姑，抚侄显叶为嗣。卒年八十五。

萧氏 陈文枢妻，年二十三寡。勤纺绩，孝舅姑，抚侄德路成立。卒年五十三。

王氏绵英 陈文蔚妻，年十七寡。善事舅姑，抚孤成立。卒年六十三。

罗氏 南隅朱崇盛妻，年二十四寡。苦节抚孤，食贫无怨。卒年六十七。

施氏饶 东隅马百增妻，年二十二寡。谨事翁姑，抚二子代玲、代辂成立。卒年四十二。

潘氏恩贞 永之都徐传倣妻，年二十四寡。苦志守贞，孝事舅姑，和睦妯娌，抚孤成立。卒年四十九。

郑氏台 宣阳都周乔迁妻，年十七寡。性烈甚，三日内再投缳，几绝。叔姑苦谕止之，勤苦矢志。卒年三十二。

江氏迪 赵必锵妻，年二十八寡。抚侄及冠而亡，复继良祝为嗣。卒年六十。

王氏同 南隅马良万妻，年二十寡。家贫苦节，朝夕纺绩，抚二子成立。卒年五十三。

马氏 溪丁都监生胡庭芝妻，年二十五寡。孝事舅姑，抚子斐然成立候选知县。卒年六十。

吴氏 大成都马道芝妻，年二十三寡。食贫孝养，抚孤成立。卒年五十四。

董氏芳华 马学社妻，年二十五寡。事姑孝谨，承继伯子为嗣，教育成立。卒年五十八。

汪氏恩芳 张香都朱文叠妻。婚七日，夫卒。氏年十八，矢志不二，孝事翁姑，继伯子武铎为嗣。卒年六十。

吴氏章芳 朱文营妻，年二十三寡。抚孤武状，娶媳贺氏。武状又卒，贺氏年二十九。两代苦节，俱卒年七十二。

倪氏诰芳 朱文诰妻，年二十六寡。善事翁姑，抚孤成立。卒年八十一。

郑氏同芳 朱文超妻，年二十二寡。善事翁姑，继伯子武品为嗣，娶媳胡氏偶芝。武品又卒，胡年二十九，同志抚孤。两代苦节，郑卒年七十，胡现年七十一。

后氏涌芳 朱庆涌妻，年二十八寡。孝养舅姑，抚孤伯龙成立，娶媳汪氏秀英。伯龙又卒，汪年二十九，与姑同志，抚二孤成立。里称双节。后卒年六十三，汪卒年九十。

胡氏明福 张香都朱一寸妻，年二十一寡。家贫，姑早世，翁衰老多病，借纺绩为菽水资，承继堂侄为嗣。卒年三十三。

汪氏千芝 朱武英妻，年二十九寡。旁无亲属，苦志抚孤，撑立门户。卒年七十一。

胡氏定 朱本兴妻，年二十八寡。矢志安贫，抚孤成立。卒年八十六。

郑氏闲芝 朱文庭妻，年二十四寡。勤纺绩，养舅姑，抚子武治成立。卒年八十三。

郑氏好芳 朱庆枨妻，年二十四寡。茹苦守节，终始不渝，抚孤安照成立。卒年七十四。

胡氏万芳 朱文党妻，年二十六寡。孝事舅姑，继任武镶为嗣，娶媳吴氏体芝。镶又卒，吴年二十八，与姑同志，抚三子成立。性勤俭，蓄有余资，即以襄族中义举。胡卒年五十九，吴现年六十九。

贺氏密 朱本丹妻，年二十四寡。孝敬翁姑，抚孤成立。卒年六十七。

胡氏报 朱安俊妻，年二十六寡。冰霜自矢，孝慈两全。卒年七十二。

俞氏媚 监生朱安伟妻，年二十六寡。苦志守贞，克全孝节。卒年六十八。

胡氏恺 朱安体妻，年二十八寡。服勤守志，抚嗣成立。卒年六十五。

胡氏雀 朱一门妻，年二十四寡。抚孤成立。卒年三十七。

俞氏蕊 朱文黑妻，年二十八寡。孝养翁姑，抚孤成立。卒年六十八。

陈氏悦芳 吴国麟妻，年二十二寡。苦志守贞。卒年五十一。

查氏代珠 田中都董永昭妻，年二十五寡。家贫苦节。卒年三十七。

胡氏根英 张香都监生朱安根妻，年二十八寡。矢志守贞，抚孤成立。卒年四十六。

胡氏多英 朱安美妻，年二十二寡。抚子玕成室，儿媳双亡，复抚孙东海成立。卒年七十八。

汪氏款兰 朱槐妻，年二十五寡。辛勤纺绩，孝事姑嫜，抚子灿成立。卒年四十九。

包氏 徐贡芳妻，年二十六寡。孝事孀姑，勤纺绩，供甘旨，抚孤成立。卒年七十。

沈氏 查思丑妻，年二十五寡。苦志守节，抚孤成立。卒年四十一。

吴氏 胡泽奎妻，年十七寡。苦志守节。卒年四十八。

朱氏 徐光宗妻，年二十六寡。孝顺舅姑，和睦妯娌，抚子传爵成立。卒年六十。

金氏 董大孟妻，年二十寡。茹苦守节，誓死靡他。卒年六十一。

黄氏魁婉 查德元妻，年二十四寡。奉养翁姑，抚孤成立。卒年五十七。

盛氏紫 查思升妻，年二十九寡。继侄为嗣。辛勤纺绩数十年，积钱八伯千，助入宗祠，永为祭费。卒年七十二。

张氏 溪丁都人胡凤祚妻，年二十六寡。食贫苦志，孝事舅姑。抚二子成立。卒年八十三。

后氏 张香都朱士像妻，年二十七寡。抚子安康成立。卒年四十四。

胡氏 朱安珰妻，年二十一寡。继侄为嗣，抚养成立。卒年三十七。

胡氏 朱安宩妻，年二十五寡。抚孤成立。卒年六十。

王氏 新丰都后本郃妻，年二十寡。事姑孝谨，继侄为嗣，教养成立。卒年六十三。督学张给『柏舟媲美』匾额。

章氏荳 茂林都吴之珩妻，年二十四寡。家贫，纺绩度日，抚孤可旭成立。卒年六十八。

李氏鲍 吴光嘉妻，年二十四寡。食贫守志，抚子成立。卒年四十八。

徐氏望 吴光橹妻，年二十七寡。抚侄为嗣。卒年六十四。

翟氏三　吴绥妻，年二十寡。家贫矢志，孝事舅姑，抚孤成立。卒年五十一。

张氏　吴承缙妻，年二十二寡。事翁姑以孝，抚孤以慈。卒年三十六。

王氏定　九都查祥庆妻，年十七寡。孝养翁姑，抚侄为嗣。卒年五十一。

凤氏　翟思春妻，年二十五寡。孝事舅姑，抚子成立。卒年九十六。

舒氏　查思通妻，年二十四寡。家贫茹苦，孝养翁姑。卒年六十五。

吴氏锡贤　查崇涌妻，年二十五寡。抚子德棐，娶媳周氏。德棐又卒，与媳偕抚幼孙，两世苦节。吴卒年六十八。

汪氏灿青　张香都朱文灿妻，年十九寡。食贫矢志，节孝两全。卒年七十。

胡氏　朱安泽妻，年二十六寡。誓志终守，孝事舅姑，抚遗孤成立。卒年六十。

陈氏玉　庠生董润妻，年二十三寡。事姑孝顺，抚孤成立。卒年六十七。

吴氏纳　董崇苇妻，年二十四寡。孝敬舅姑，守节不渝。卒年四十四。

查氏孚　董崇焘妻，年二十六寡。孝事翁姑，继侄为嗣。卒年五十一。

胡氏　张香都庠生朱吉祥妻，年二十五寡。孝事舅姑，持家勤俭。抚二子成立，课读以继夫志。卒年五十二。

凤氏党　唐国烜妻，年三十寡。孝事翁姑，辛勤纺绩。卒年六十二。

王氏文珠　南隅朱守元妻，年二十五寡。苦志守贞，继侄志道为嗣。卒年四十。

程氏品清 江孝慈妻，年二十九寡。孝事舅姑，抚子国铉入太学。又继伯子廷铨为嗣，爱如己出。郡守赵给额曰『节励松筠』。卒年八十一。

张氏巧芳 江仁定妻，年二十八寡。励志守节，事姑不懈，抚孤成立。卒年五十二。

张氏眉 舒荣光妻，年二十寡。舅姑继殁，氏鬻簪珥以葬，勤纺绩自给。卒年三十二。

方氏孟 沈岱妻，年二十九寡。抚子成立，苦志守贞。卒年四十五。

朱氏备莲 张香都汪子备妻，年十八寡。食贫矢志，孝养舅姑，抚孤成立。卒年八十八。邑令万给有匾额。

张氏明景 茂林都庠生吴阶蓂妻，年二十四寡。赋性端淑，笑言不苟。事翁姑以孝，抚孤以慈。卒年三十四。学师给以『彤史流芳』匾额。

章氏 岸前都方有乐妻，年二十六寡。苦志守节，抚侄启祥为嗣入泮。卒年五十八。

左氏朵 东隅赵叶新妻，年二十三寡。自缢几绝，力救得苏。抚侄为嗣。以节终。

翟氏 茂林都吴廷燮继妻，年二十三寡。事姑孝谨，一子将婚而卒。抚前妻子及孙成立。卒年五十一。

查氏 十都监生王良炤妻，年二十六寡。励志守节，抚侄为嗣。卒年六十六。督学胡给『孝范贞型』匾额。

查氏 十都监生王惟晭妻，年二十二寡。孝事孀姑，抚侄为嗣。卒年五十一。督学张给『冰寒玉洁』匾额。

赵氏成英 溪头都胡承伟妻，年十九寡。孝奉翁姑，继伯子先满承祧，抚养成立。以节终。曾孙沛泽，嘉庆戊辰举人。

汪氏添 胡士兕妻，年二十八寡。安贫茹苦，矢志抚孤。卒年七十四。

朱氏衬秀 胡先应妻。子世湄，娶媳朱氏粉兰。世湄复早亡，朱亦励志，孝姑抚子泽桨成立。姑已见前《志》，卒年七十三，媳现年五十。

朱氏 胡世安妻，年二十一寡。孝养孀姑，抚伯子为嗣。卒年六十七。

洪氏 胡世命妻，年二十四寡。家贫苦志，抚孤成立。卒年五十六。

洪氏 胡世恺妻，年二十二寡。甘贫守志，抚伯子为嗣。卒年五十四。

周氏能 十一都翟本立妻，年二十四寡。安贫矢志，其姒赵氏，庠生翟本初妻，亦早寡，仅生一子。共抚成立后，育二孙，继其一为本立后。督学贾给以『节励青松』匾额。卒年五十九。

吴氏 万一传妻，年二十四寡。励志苦节，抚孤成立。卒年六十一。

陶氏 万宗灯妻，年二十五寡。坚贞自矢，抚侄为嗣。督学徐给以『操贞黄鹄』匾额。卒年六十八。

郑氏双青 洪村都汪立壂妻，年二十五寡。茹苦守志，慈孝两全。卒年八十四。

朱氏勇莲 汪士补妻，年二十一寡。苦志守贞，孝慈兼尽。卒年七十三。

吴氏和安 汪经烿妻，年二十九寡。食贫矢志，抚孤成立。卒年六十五。

左氏蒲 曹良桂妻，年二十九寡。抚孤成立。卒年八十四。

沈氏永 曹良昱妻，年十九寡。纺绩养姑，矢志不移。值岁歉，安贫无怨。以节终。

汪氏钗莲 张香都监生朱应祥妻，年二十五寡。贞静矢志，抚二子成立。卒年五十六。

朱氏藕兰 溪头都胡世藕妻，年二十四寡。舅早逝，事祖姑及继姑，贫而尽礼。寡娣遗孤，辛勤共抚，冀延一线。卒年三十六。

王氏 北隅庠生沈国麟妻，年十七寡。矢志奉姑，辛勤不倦，继侄柱为嗣成立。卒年三十五。

王氏鸳鸯 赵季续妻，年二十六寡。孝事舅姑，茹苦食贫，以侄同焕为嗣。卒年四十七。

倪氏兴安 洪村都汪经钾妻，年十八寡。抚遗腹子学福成立。卒年四十二。

后氏满元 张香都朱安廷妻，年二十八寡。孝养翁姑，茹苦抚孤。卒年六十八。

胡氏密香 朱一体妻，年二十四寡。服勤守志，继侄发祥为嗣。卒年三十七。

胡氏习芳 朱庆妥妻，年二十六寡。家贫茹苦，孝事舅姑，抚子爵成立入雍。卒年八十五。

胡氏 朱国妻，年二十三寡。孝事翁姑，继子承祧。卒年四十一。

陶氏参芳 洪村都汪祖参妻，年二十九寡。抚遗腹子经贵成立入雍。卒年八十三。

汪氏 新丰都洪瓒祥妻，年二十六寡。孝事翁姑，继叔子锡开抚之成立。卒年四十八。

沈氏 十一都翟思极妻，年二十四寡。矢志守贞。卒年六十。

凤氏高秀 吴一偕妻，年二十五寡。家贫茹苦，孝敬舅姑，抚二子成立。卒年五十九。

文氏 吴登鳌妻，年二十五寡。卒年三十八。

俞氏 北亭都唐文麒妻，年二十一寡。家贫苦守，抚继嗣成立。卒年八十三。

朱氏 吴应兴妻，年十九寡。卒年四十六。

胡氏 新丰都洪邦蛮妻，年十八寡。勤纺绩，孝舅姑，抚遗腹子成立。卒年六十二。

舒氏荣芳 茂林都章学书妻，年二十寡。辛勤孝养，继叔子承祥抚之成立。卒年六十六。

朱氏 溪头都胡泽涟妻，年二十四寡。食贫苦志，孝养无怠。卒年五十九。

倪氏暖 胡启龄妻，年二十四寡。二子发彦早夭。食贫守志，节凛冰霜。卒年九十三。母家为助田入祠，与夫配享。

洪氏 胡世利妻，年十九寡。茹苦守志，抚子泽诰。卒年二十九。

章氏传 茂林都监生吴秀升妻，年二十七寡。奉姑孝谨，抚孤成立。卒年六十一。

陈氏悦芳 吴国宁妻，年二十寡。孝事翁姑，抚遗腹子先报成立。卒年五十一。

吴氏桂 上连都陈继淦妻，年二十二寡。遗腹生子世焕，抚之成立。卒年三十三。

陈氏甘 思齐都凤斗生妻，年十八寡。矢志孝养，继侄为嗣。卒年三十四。督学白给『清标彤管』匾额。

张氏 赵有桂妻，年二十四寡。卒年八十五。

吴氏德青 张香都朱庆髦妻，年十八寡。孝事翁姑，抚遗腹子安孟成立。卒年六十四。

洪氏勤英 张香都朱安格妻，年二十九寡。孝事姑嫜，抚子成立。治家有法，积有余赀，力行诸善。远近贫苦，丧不能殡者，助之费；遇古冢倾损者，为之修理。乡里咸敬重之。卒年八十二。

吴氏书 东隅刘鼒昌妻，年二十八寡。苦守贞志，抚子成立。卒年五十一。

张氏喜芝 倪家昶妻，年二十二寡。善事翁姑，抚侄为嗣成立。卒年七十三。

赵氏 太平都叶诚妻，年二十一寡。家贫，日夜纺绩，抚孤成立。卒年五十三。

张氏鼎莲 张香都朱安萃妻，年二十九寡。孝养孀姑，勤苦不懈，抚子成立。卒年七十七。

烈妇 侍旌

汪氏 查崇赞妻。年二十九夫亡，守节十七年。一日，辞妯娌曰：『向不即死者，因有一男一女耳。今婚嫁事毕，可以从夫地下矣。』竟闭户自缢。（采府志）

沈氏巽姑 宣阳都汪士熙妻。年二十熙卒，誓以身殉，家人防之。越七日，整妆自缢，觉救半日乃苏，泣曰：『得从夫泉下志遂矣，何苦我为。』自是绝粒十数日卒。继侄守基为嗣。

杜氏铜姑 十二都李吉庆妻。年二十九，吉庆远贾，患病归，氏侍汤药，衣不解带。及卒，治丧毕，谓妯娌曰：『善事舅姑。』乘间入房投缳卒，距夫死五日。

翟氏 茂林都举人潘肇书妻。肇书癸未会试染病回籍，卒于兖州。氏闻讣，水浆不入者五日，丧至哀毁灭性，延二日绝。督学张太守、郭县尹陶俱给有匾额。

陈氏雅娘 南隅监生郑思瑾妻。年二十余，生二子，思瑾病危，祷以身代。一日，思瑾暴卒，陈遽赴水死，未几，思瑾忽苏，夕梦陈告曰：『夫幸克享天年矣。』自是病渐愈。县令李以烈节奖之。举人郑应鹤有记。事载洪《志》思瑾《懿行》传。

王氏渊雅 查光烜妻，年十六于归。事翁姑克尽妇职。夫客句容，病亡。氏年十九，闻讣哀惨自缢。县令陶奖以『烈迈桓嫠』匾额。

舒氏 查双桂妻，幼娴女训，及长完婚。善事翁姑，年二十二，夫病故。氏泣曰：『舅姑有叔姒事奉，吾全吾身以从夫耳。』浣双桂衣服毕，投缳自缢。距夫死五日。

赵氏嵌 大成都王祥庆妻，年十八于归。祥庆患疾，氏侍药涤秽，数年不倦。夫卒，誓不欲生，含悲茹痛，喷血而亡。距夫死五十五日。

朱氏 溪头都胡世铣妻，年十九归铣。甫三月，铣客湖南，次年病故。氏闻，绝粒卒。距闻讣二十日。

朱氏 新丰都洪琜祥妻。年二十三夫亡，舅姑知其性烈，慰谕之。氏不忍遽殉，窀穸毕，哀毁绝食而卒。距夫死四十二日。

胡氏 新丰都洪锡蛮妻。婚数月，锡蛮贸易汉阳，病卒。氏闻讣，即绝粒数日而亡。时年二十二。

朱氏 溪头都胡权泽妻，年二十归。胡生子恩庆，越五载，权泽病故。氏痛绝复苏，嘱妯娌善事翁姑、代抚己子，绝粒卒。距夫死二十四日。

查氏 舒明志妻。年二十四，夫病故，殡葬毕，遂投缳自尽。县令清给『节烈可嘉』匾额。

叶氏 东隅赵达泉妻。年二十二，夫贸易浙江病故。氏闻讣恸绝，榇回，尽丧礼，继侄承祧，遂投缳卒。道光三年十二月，县令傅立案准详，拟为请旌，未果。

贞女 已故待旌

朱氏 许字溪头都胡虎庆。幼为养媳，年十六未婚，夫客死。氏闻讣，矢志靡他。姑早卒，奉养祖姑，孝敬备至。祖姑殁，忧劳成疾。卒年三十三。

杨氏 许字陈文湘。年十四，文湘卒，未婚守志，立嗣继夫后。卒年三十一。

李氏平贞 许字永定都徐传佶。年十七，传佶卒，未婚守志，孝养翁姑。姑亡，哀毁骨立，一叔尚幼，抚之成立。继侄莲熺为嗣。卒年四十四。

孝女

吴氏世珠 茂林都人。父涛任福建兴化府通判，嘉庆戊辰奉委采办军需，以劳瘁致疾。世珠年十七，随母凤氏服侍汤药，数月衣不解带。父疾革，吁天虔祷，愿以身代，即患病，七日而没。涛寻愈，悯其孝，嘱子孙岁时祀之。奉旨载入《通志》《统志》以光盛典。

以上所载，已故待旌节妇一百四十三人，烈妇十四人，贞女三人，孝女一人，俱见采访册。

节妇 现存待旌

吴氏 东隅举人赵暄妻，年二十九寡。家贫苦守，孝顺舅姑。子友刚蚤卒，抚侄书勋为嗣，入太学。现年八十五。

吴氏瑞芝 张香都朱武科妻，年二十九寡。子庆亨，娶媳萧氏，年二十七寡，继族侄为嗣，两代苦节。吴现年九十，萧现年六十四。

文氏安 十一都翟守补妻，年二十五寡。子一炌，娶媳黄氏，年二十六寡。姑媳相依，苦志不渝。文现年八十二，黄卒年五十八。

王氏 十二都李泰权妻，年二十二寡。抚孤成立。现年八十四。

王氏 十一都翟守鄷妻，年二十七寡。抚孤成立。现年八十三。

查氏 翟一綵妻，年二十四寡。孝事舅姑，抚孤成立。现年七十九。

王氏千华 大成都马学耀妻，年二十四寡。孝事孀姑，抚二子成立。现年七十九。

王氏兑 东隅庠生马文清妻，年三十寡。孝事姑嫜，抚孤成立。现年七十八。三子成书，郡庠生。

王氏 贡生翟永希副室，年二十三寡。矢志不渝。现年六十九。

翟氏雨媛 李乐元妻，年二十四寡。子世皖娶媳文氏，年二十八寡。姑媳同志，抚孤成立。翟现年七十一，文现年五十。

洪氏鳌兰 张香都朱鳌妻，年二十六寡。事姑孝谨，抚三子成立。现年六十五。

胡氏钗兰 朱惠妻，年二十六寡。继侄杨为嗣，杨夫妇继逝，抚育幼孙成立。现年六十六。

萧氏 左懋领妻，年二十九寡。苦志食贫，抚二子成立。现年六十四。

王氏 十一都翟祖欣妻，年二十一寡。家贫孝养，抚子本缵入雍。本缵蚤卒，媳章氏与姑同志，抚孙成立。王现年六十二。

查氏 翟梦熊妻，年二十四寡。家贫姑老，纺织度日，抚子舜龄成立。现年五十五。

吴氏 翟一纪妻，年二十三寡。孝事舅姑，抚孤成立。现年五十。三子本琜，监生。

吴氏 翟永涓妻，年二十二寡。善事舅姑，抚侄为嗣。现年五十二。

吴氏 翟登元妻，年二十一寡。孝事翁姑，抚侄为嗣。现年五十一。

王氏 翟光裕妻，年十九寡。抚孤成立。现年五十。

吴氏 翟守玮妻，年十八寡。勤纺绩，养舅姑，抚侄为嗣。现年五十。

张氏众 董良俊妻，年二十七寡。抚嗣成立。现年六十。

章氏左芳 董天鉤妻，年十九寡。孝舅姑，继嗣成立。现年五十一。

吴氏 汪安澜妻，年二十一寡。苦志守节。现年五十一。

佘氏清芳 监生董天锦妻，年二十七寡。食贫守志。现年五十二。

萧氏万全 董天福妻，年二十七寡。姑病十余载，奉养无倦，继堂侄廷梁为嗣。现年五十。

胡氏 张香都朱绂妻，年二十六寡。家贫纺绩，孝养翁姑，抚子成立。现年六十三。

汪氏座芳 朱庆郁妻，年二十九寡。安贫矢志，孝养不怠。现年五十八。

李氏 潘周升妻，年二十五寡。抚子铨成立，入成均。现年六十一。

洪氏喜兰 朱菊妻，年二十四寡。矢志守贞，食贫无怨。现年五十八。

洪氏听兰 朱渡妻，年二十五寡。孝事舅姑，抚子岳陵成立。现年五十三。

俞氏緞香 朱联发妻，年二十六寡。善事舅姑，曲得欢心，抚子宗藩成立。现年五十五。

胡氏环云 朱益妻，年二十一寡。孝事舅姑，抚继嗣成立。现年五十四。

胡氏熥云 朱熥妻，年十九寡。孝养翁姑，抚继嗣成立。现年五十七。

胡氏末云 朱生妻，年二十五寡。善事舅姑，抚继嗣成立。现年五十一。

胡氏伦霞 朱福妻，年二十五寡。矢志孝养，食贫无怨。现年五十六。

胡氏明英 朱安信妻，年二十七寡。甘贫守志，孝养翁姑，抚子耀成立。现年六十二。

汪氏义兰 朱平义妻，年二十七寡。孝事翁姑，抚子成立。现年五十四。

胡氏藕 朱庆橡妻，年二十八寡。抚侄为嗣。现年六十一

汪氏举 朱鉴妻，年二十寡。孝事孀姑，继子岗，娶媳张氏。岗又蚤世，继孙一珠。三代孀居，辛苦备尝。现年五十八。

张氏彦莲 朱安彦妻，年二十九寡。矢志守贞，孝养不怠。现年五十四。

洪氏问香 朱良燎妻，年二十九寡。孝事舅姑，抚子成立。现年五十三。

胡氏 庠生朱维祺妻，年二十二寡。秉性贞淑，孝养无懈，抚子宗全入太学。现年五十一。

胡氏讴香 朱尔闰妻，年二十二寡。孝事翁姑，继伯子宗惠为嗣。现年五十二。

朱氏礼文 东隅庠生赵鼎臣妻，年二十八寡。孝事舅姑，抚三子成立。现年五十。子渤、涞，业儒，湘监生。

黄氏佾生 赵友全妻，年二十八寡。姑病足十年，奉侍无倦，抚子季昌入雍。现年六十。

黄氏 监生赵季煊妻，年二十六寡。抚子璧珠成立，娶媳卫氏，年二十寡，与姑同志守贞。黄现年六十四，卫现年四十八。

王氏理 赵友信妻，年二十六寡。孝事翁姑，抚子锡旌入雍。娶媳吴氏嘉，饶州知府吴斌女，年二十寡，随姑守节。王现年五十五。

汪氏 田中都萧林寿妻，年二十三寡。家贫尽孝，艰苦备尝，继侄天生为嗣。现年五十三。

王氏年姜 十二都李含俭妻，年二十三寡。孝事姑嫜，抚孤成立。次子作书入雍。现年六十六。

马氏字贞 东隅王元燮妻，年二十七寡。孝事翁姑，辛勤佐养，抚子士升成立。现年五十七。

翟氏领意 茂林都监生王林一妻，年二十一寡。勤纺绩，孝舅姑，抚侄为嗣。现年四十九。

赵氏 溪丁都庠生胡超芳妻，年二十四寡。孝事姑嫜，抚孤安美入雍。现年五十。

陈氏 茂林都章承全妻，年二十二寡。茹苦守贞。现年五十二。

文氏蜜贞 永定都徐传俭妻，年二十六寡。事姑尽礼。姑殁，叔尚幼，抚字无间，训二子经芳、纶芳成立。现年五十三。

董氏自 王道烺妻，年二十七寡。事姑孝，抚孤慈。现年六十七。

赵氏彬院 宣阳都汪爱兰妻，年二十六寡。勤纺绩，孝翁姑，抚遗腹子士范。士范蚤世，以侄孙守继承祧。现年六十二。

章氏庸 田中都董承淮妻。姑蚤世，代抚二叔成人。年二十七，夫卒，辛勤纺绩，训子成立。现年六十一。

王氏宋 董永发妻，年二十寡。勤纺绩，养翁姑，继伯子承凤为嗣。现年五十一。

翟氏贰 董崇学妻，年二十七寡。矢志守贞。现年六十七。

蔡氏 董天宫妻，年二十七寡。孝事姑嫜，抚子乾成立。现年六十一。

王氏亨 董永昆妻，年二十四寡。安贫茹苦，抚二子成立。现年五十一。

程氏泉 北都王淦妻，年二十二寡。抚孤图南成立。现年五十。

张氏 左文亨妻，年二十五寡。事姑孝谨，抚孤成立。现年五十。

郑氏 东隅赵吉祥妻，年二十三寡。矢志守贞。现年五十三。

王氏 吴善沁妻，年二十九寡。辛勤操作，矢志靡他。现年六十五。

邹氏 胡泽湛妻，年二十三寡。茹苦守志。现年六十二。

郑氏 宣阳都汪文炯妻，年二十七寡。孝事舅姑，持家有法。现年五十。

赵氏平贞 永定都徐传伉妻，年二十四寡。事姑孝，抚孤慈。现年五十三。

查氏 徐干妻，年二十六寡。孝养舅姑，甘旨无缺，抚孤成立。现年五十九。

舒氏 徐抡元妻，年十九寡。甘贫守志。督学贾给『苦节全贞』匾额。现年六十五。

胡氏 新丰都洪文淦妻，年二十寡。茹苦守节，抚侄天赦入太学。现年六十一。

汪氏瑞耀 大成都马宗谋妻，年二十六寡。茹苦矢志，抚嗣成立。现年五十四。

章氏亨耀 马根生妻，年二十三寡。茹苦养姑，抚孤成立。现年五十二。

王氏纳彩　马先蒂妻，年二十七寡。抚继嗣成立。现年五十。

王氏　东隅马垦妻，年二十六寡。孝舅姑，抚孤成立。现年五十五。

汪氏典　曹又春妻，年二十二寡。茹苦守志。现年五十六。

张氏喜　曹聚忠妻，年十九寡。茹苦守志。现年五十五。

王氏千　曹恒忠妻，年二十三寡。矢志守贞。现年五十三。

吴氏顺　曹大椿妻，年二十四寡。事姑抚子，孝慈兼尽。现年五十三。

查氏卿　赵同熙妻。婚未逾年，夫婴痼疾，侍养三载不懈。夫卒，氏年二十四，孝事舅姑，立侄含章为嗣。

汪氏　溪丁都郭有通妻，年二十九寡。苦志守节。现年五十一。

王氏　九都张道论妻，年二十二寡。食贫守志，抚继嗣成立。现年六十三。

李氏　张道访妻，年二十八寡。茹苦守志，抚子成立。现年六十六。

杜氏　张道德妻，年二十寡。事姑尽礼，抚侄为嗣。姑殁，并安葬舅姑及夫以上祖骸，捐资入祠，配享。现年六十一。

查氏　张道熺妻，年二十八寡。勤纺绩，抚二子成立。现年五十一。

章氏　张观顺妻，年十七寡。抚遗腹子成立。现年五十五。

王氏　张本鉴妻，年二十寡。孝事翁姑，抚侄为嗣。现年五十五。

董氏兆莲 上连都陈德宙妻，年二十五寡。孝事舅姑，立嗣承祧。现年六十七。

王氏麟莲 陈德溶妻，年二十六寡。继嗣三岁病瞽，氏抚育不倦，娶媳成家。现年六十二。

董氏双莲 陈德稑妻，年二十八寡。随姑守志，辛勤纺绩，立嗣承祧。现年六十二。

王氏瑞兰 陈继书妻，年二十八寡。姑病，焚香祷祝，竟享高寿。奉侍唯谨，抚嗣成立。现年五十五。

董氏俄兰 陈继画妻，年二十三寡。贞静守志，继嗣成家。现年五十二。

曹氏初莲 陈德保妻，年二十二寡。孝翁姑，勤纺绩，抚侄三奇为嗣。现年六十五。

汤氏送芳 陈文初妻，年二十八寡。家贫守志，孝事孀姑，抚子德应、德廞成立。现年五十二。

董氏玉兰 陈启明妻，年二十五寡。辛勤纺绩，抚孤伯达成立。现年五十一。

章氏仲莲 陈遐福妻，年二十九寡。孝事翁姑，抚孤渭春成立。现年五十五。

吴氏 赵友鹤妻，年二十一寡。矢志守贞，孝养不怠。现年五十二。

胡氏 赵友骆妻，年二十四寡。食贫茹苦，守志不渝。现年五十四。

王氏 查清林妻，年二十六寡。坚贞自誓，苦节终身。现年五十三。

周氏 查德键妻，年十八岁寡。贞静自守，矢志不渝。现年五十二。

陈氏 凤必样妻，年二十寡。矢志守贞。现年五十。

王氏 董泽林妻，年二十六寡。继侄承祖为嗣。纺绩辛勤，积资助入支祠，为夫配享。现年五十一。

吴氏 方国北妻，年二十七寡。茹苦守志。现年五十五。

徐氏 方必叠妻，年二十四寡。家贫守志，贞静不渝。现年五十二。

朱氏嵌兰 溪头都胡世著妻，年二十七寡。孝奉舅姑，抚子成立。现年六十。

朱氏 洪村都汪祖报妻，年二十七寡。茹苦守志，抚二子成立。现年五十五。

胡氏透兰 张香都朱本妻，年二十九寡。孝事姑嫜，抚孤熤成立。现年五十七。

胡氏伴兰 朱根妻，年二十九寡。孝事翁姑，抚子成立。现年五十。

胡氏 朱安璠妻，年二十三寡。继伯子为嗣，教养成立。现年五十三。

赵氏 监生朱继祥妻，年二十八寡。幼出名门，娴习女诫，训子读书，慈严相济。现年四十八。

胡氏 朱南山妻，年二十五寡。继侄为嗣，抚育成立。现年六十。

谈氏 监生朱体妻，年二十三寡。抚孤成立。现年五十四。

胡氏 朱域妻，年二十四寡。抚孤成立。现年五十五。

郑氏 朱骥妻，年二十二寡。矢志孝养。现年五十三。

徐氏秀 茂林都吴光材妻，年十九寡。安贫矢志，抚侄邦盘为嗣。现年七十五。

章氏顺 吴邦球妻，年二十九寡。食贫苦志，孝事翁姑，抚二子成立。现年六十四。

翟氏妥 吴小宝妻，年三十寡。孝养翁姑，抚孤成立。现年六十二。

杨氏核 吴松竹妻，年二十三寡。苦节不渝，抚三子成立。现年五十九。

顾氏伦 吴光照妻，年二十七寡。抚孤成立。现年五十七。

董氏 吴世棫妻，年二十五寡。孝事舅姑，抚孤成立。现年五十。

叶氏 吴继韶妻，年二十六寡。舅姑年迈，矢志靡他，辛勤佐养。现年五十三。

翟氏 监生吴世麟妻，年二十八寡。孝事翁姑，丧祭尽礼，抚子成立。现年四十九。

赵氏寸泉 北都蒋大甘妻，年二十四寡。事姑尽孝，继子菊香成立。现年五十一。

翟氏 潘鸣銮妻，年二十一寡。家贫守志，事姑尽孝。现年五十一。

王氏 潘报蘋妻，年二十九寡。孝事舅姑，抚孤纶恩成立。现年五十二。

翟氏芝林 潘天生妻，年二十七寡。茹苦养姑，服侍弗懈。现年五十一。

王氏 查光田妻，年二十六寡。安贫守节，坚贞自矢，抚孤成立。现年四十八。

马氏平珠 溪头都胡先敷妻，年二十七寡。辛勤刻苦，抚孤成立。现年四十七。

王氏开 九都查小谋妻，年二十六寡。矢志守贞。现年五十六。

王氏乖 查思爱妻，年二十八寡。抚子崇君成立。现年五十五。

翟氏德婉 查思宸妻，年二十三寡。孝事孀姑，抚侄为嗣。现年五十一。

王氏助雅 查崇泾妻，年二十六寡。孝事翁姑，抚子德派成立。现年五十三。

王氏 查德馨妻，年二十四寡。孝事翁姑，抚侄为嗣。现年五十。

王氏 张香都监生朱廷惬副室，年十九寡。子铭甫三月，辛勤纺绩，抚之成立。现年五十四。

洪氏 庠生朱汝霖妻，年二十九寡。勤俭孝谨，抚子一泮成立。现年五十九。

胡氏 朱鉴妻，年二十五寡。辛勤孝养，抚侄一沅为嗣。沅授室又卒，与媳胡氏同抚幼孙。现年五十六。

赵氏领英 朱安楯妻，年二十五寡。矢志守贞，孝慈兼尽。现年五十一。

胡氏 朱平恕妻，年二十七寡。孝事舅姑，抚孤成立。现年四十七。

胡氏 朱一士妻，年二十九寡。家贫，纺绩度日。孝舅姑，和妯娌，抚孤成立。现年六十一。

张氏宜云 朱一简妻，年二十二寡。食贫矢志，抚侄汉章成立。现年五十五。

汪氏转华 朱宗栻妻。栻丧明，辛勤服侍，年二十七寡。孝事舅姑，抚侄成立。现年五十九。

唐氏欧芳 朱庆衬妻，年二十九寡。矢志孝养，抚孤成立。现年五十五。

管氏颜莲 朱安海妻，年二十七寡。辛勤纺绩，抚子成立。现年六十。

吕氏嫦嫜 永定都徐光裕妻，年二十五寡。孝事翁姑，抚子明望成立。现年五十五。

董氏 大成都庠生王琳副室，年二十四寡。矢志守贞，抚孤维藩成立。现年六十。

洪氏 张香都朱旭妻，年二十八寡。辛勤纺绩，抚孤成立。现年四十七。

门氏标徽 庠生朱用宾妻，年二十八寡。矢志守贞，抚孤成立。现年四十八。

包氏 十二都文永完妻，年二十二寡。事姑孝谨，抚孤成立。现年五十。

甘氏 溪丁都胡元淦继妻。元淦官粤东县丞，氏随夫抵任。夫病，割股和糜以进，寻愈，年余竟卒。时氏年三十，扶柩旋里，布衣蔬食，孝事舅姑，抚孤成立。长子作霖，庠生。

吴氏 茂林都潘吉祥妻，年二十七寡。勤纺绩，孝翁姑，抚子成立。现年六十三。

董氏 水南都张子恒妻，年二十五寡。孝事舅姑，抚孤成立。现年六十。

王氏 张子添妻，年二十四寡。茹苦矢志，抚孤成立。现年七十七。

赵氏 太平都叶转臣妻，年二十八寡。茹苦守志，抚孤成立。现年五十九。

翟氏芒英 茂林都章承诏妻，年二十一寡。孝事舅姑，抚侄复性为嗣。现年五十。

周氏 宣阳都汪文闰妻，年二十四寡。矢志守贞，事姑孝谨，里中贫者多赒恤之。抚二子士镳、士莶成立。现年四十八。

徐氏秀 茂林都吴华元妻，年二十寡。抚嗣成立。现年五十。

汪氏 赵同开妻，年二十二寡。抚侄元滨为嗣。现年五十三。

徐氏 十都庠生王德昌妻，年二十四寡。孝舅姑，和妯娌，抚三子成立。现年五十六。

章氏娥 吴良恕妻，年三十寡。食贫守志，抚孤成立。现年六十一。

王氏聪 查善保妻，年二十六寡。食贫苦节，孝事孀姑。现年五十五。

王氏琊雅 查光琊妻，年二十二寡。孝养翁姑，抚侄为嗣。现年五十一。

王氏 查光宇妻，年二十三寡。孝养翁姑，抚孤成立。现年五十二。

王氏幽雅 查逢时妻，年二十四寡。孝养翁姑，抚二子成立。现年五十二。

王氏萱雅 查逢义妻，年二十寡。孝养翁姑，抚孤成立。现年五十一。

苏氏欢雅 查光伐妻，年二十寡。孝养翁姑，立侄为嗣。现年五十。

黄氏念蓉 查大喜妻，年二十八寡。孝养翁姑，立侄为嗣。现年五十四。

翟氏彭雅 查光辉妻，年二十四寡。孝事孀姑，抚三子成立。现年五十。

王氏浩 庠生查廷燮妻，年二十八寡。矢志苦守，继堂侄奇昌为嗣。现年七十四。

朱氏乐 北亭都唐国听妻，年十八寡。善事翁姑，抚侄教养成立。现年五十三。

俞氏愿 唐华兰妻，年二十二寡。食贫守志，抚继嗣成立。现年五十九。

翟氏　茂林都吴锡朋妻，年二十寡。孝养舅姑，继侄世礼承祧。现年五十九。

吴氏　王秉襄妻，年二十五寡。家贫苦志。现年七十二。

赵氏　王红桂妻，年二十八寡。矢志守贞。现年七十。

左氏　岸前都沈伟妻，年二十七寡。坚贞自矢，苦守终身。现年六十八。

王氏　沈霖妻，年二十六寡。继侄为嗣抚养成立。现年五十九。

查氏　庠生翟定国妻，年二十二寡。孝养翁姑，抚侄世成为嗣。现年五十四。

萧氏　翟守亨妻，年二十寡。孝养翁姑，抚侄为嗣。现年五十。

王氏　翟甘霖妻，年二十六寡。抚孤成立。现年五十四。

查氏　翟锡龄妻，年二十一寡。孝事舅姑，抚子成立。现年五十二。

胡氏　新丰都后贤楹妻，年二十四寡。孝事翁姑，抚二子成立。现年七十二。

叶氏　吴承志继妻，年二十四寡。孝事舅姑，抚侄为嗣。现年五十一。

刘氏　山东平度州知州郑佩庄副室，年十九寡。茹苦守志。现年五十三。

叶氏　郑奎妻，年二十五寡。现年七十二。

章氏　郑纺妻，年二十四寡。现年六十。

吴氏 郑纬妻，年二十四寡。现年六十。

董氏救安 洪村都汪瑠科妻，年二十一寡。继侄学古承祧。学古卒，媳朱氏查静，年二十一，偕姑守志，继侄才杲为嗣。董已附载前《志》，现年六十九，朱现年五十一。

胡氏季静 汪学安妻，年二十七寡。抚孤成立。现年五十六。

王氏传芳 茂林都吴梦环妻，年二十二寡。家贫茹苦，孝事翁姑，抚侄承本为嗣。现年六十。

郑氏 张香都朱镗妻，年二十四寡。食贫矢志，抚孤一滨成立。滨授室蚤亡，复继幼孙承祧。现年五十八。

胡氏 朱鏻妻，年二十四寡。家贫守志，抚子一瀚成立。现年五十二。鏻弟钰妻倪氏，年二十一寡。妯娌三人同称苦节。

吴氏改莲 朱菊妻，年二十二寡。继侄一赐为嗣。现年五十七。

汪氏倩莲 朱麟祥妻，年二十一寡。守志养姑，继侄一倥为嗣。现年七十八。

洪氏苗莲 朱芳朝妻，年十七寡。矢志靡他，奉事舅姑，克尽妇职。现年五十三。

查氏 十一都翟奎曾妻，年二十寡。抚侄为嗣。现年五十三。

黄氏 翟大兴妻，年二十四寡。抚侄为嗣。现年八十。

汪氏盘 张香都朱安济妻，年二十七寡。事姑孝，抚继子成立。现年六十六。

洪氏 朱安镜妻，年二十九寡。矢志养姑，抚子成立。现年五十一。

汪氏枝美 张香都谈克鼎妻，年十八寡。孝事舅姑，抚孤成立。现年六十一。

倪氏命安 洪村都汪经报妻，年二十一寡。孝事翁姑，抚子成立。现年六十。

胡氏 新丰都洪瑱祥妻，年二十寡。抚伯子锡故为嗣。现年五十。

朱氏 洪珣祥妻，年二十一寡。抚侄锡惬为嗣。现年五十二。

汪氏 洪有信妻，年十七寡。抚侄吉江为嗣。现年五十八。

郑氏 洪集祥妻，年十七寡。孝事两代姑嫜。现年五十二。

洪氏齐英 溪头都胡承栋妻，年二十寡。孝事舅姑，抚叔子先品为嗣。现年六十四。

朱氏培英 胡承奎妻，年二十二寡。抚侄贤书为嗣。现年五十八。

朱氏座秀 胡先万妻，年十七寡。孝事孀姑，抚叔子景福成立。现年五十六。

朱氏诰秀 胡先诰妻，年二十三寡。家贫，勤针指以养孀姑，抚伯子大球为嗣。现年五十一。

朱氏桂圆 胡先赏妻，年二十三寡。守志安贫，事舅姑生死尽礼，继侄世江为嗣。现年五十七。

朱氏 胡世宝妻，年二十四寡。遗腹生女，继侄为嗣。现年五十九。

朱氏 胡润泽妻，年十八寡。继侄荣贞为嗣，娶媳朱氏，年十七寡，与姑同志。复继侄子有光为孙。姑现年五十八。

洪氏 从九品胡永江妻，年二十八寡。家贫茹苦，抚孤森庆成立。现年五十二。

朱氏聪香 胡霖泽妻，年二十七寡。勤苦孝养，抚子汉祥成立。现年五十八。

倪氏起馥 胡派祥妻，年二十四寡。坚贞自矢，抚二子玭、瓘成立。现年五十六。

沈氏好 南隅梅良罗妻，年二十六寡。苦志守贞。现年八十三。

文氏 朱安两妻，年二十六寡。家贫，矢志孝事舅姑，抚二孤成立。侄幼失恃，依如慈母。现年五十四。

周氏 十一都翟阳春妻，年二十四寡。勤苦奉姑，抚子德畴。娶媳周氏，年十八寡，遗腹生子。姑媳相依，共抚成立。姑现年六十四。

章氏 赵友长妻，年三十寡。姑患瘫疾，勤纺绩，奉汤药弗懈，继嗣承祧。现年五十一。

郑氏 张香都朱早妻，年二十四寡。孝事翁姑，辛勤操作，抚孤成立。现年五十六。

查氏敬 曹世祝妻，年二十四寡。食贫茹苦，终始不渝。现年七十。

杨氏加 岸前都施时俪妻，年三十寡。艰贞矢志，抚子成立。现年五十九。

朱氏 溪头都胡礽泽妻，年二十五寡。孝养舅姑，继伯子合贞为嗣，抚育成立。现年五十五。

郑氏 新丰都洪吉茶妻，年二十九寡。抚子献祥成立。现年六十三。

汪氏 新丰都郑启忖妻，年二十二寡。孝事舅姑，抚孤成立。现年六十二。

胡氏 郑天堤妻，年二十四寡。孝事舅姑，抚孤成立。现年六十一。

王氏 吴世迈妻，年二十寡。家贫守志，抚继嗣承焕成立。现年五十。

吴氏 潘小春妻，年二十八寡。抚继嗣成立。现年六十五。

查氏 十一都翟大保妻，年二十二寡。勤纺绩，养舅姑，抚侄为嗣。督学胡给『贞型孝范』匾额。现年六十。

王氏媚 监生查芬远妻，年二十三寡。矢志孝养，抚孤成立。现年五十。

江氏初 双浪都童鹤书妻，年十七寡。食贫矢志，孝事舅姑，抚遗腹子福田成立。现年五十一。

刘氏美 童玉书妻，年二十寡。茹苦守节。现年四十九。

王氏 东隅赵同岳妻，年十九寡。矢志孝养，抚孤成立。现年六十。

查氏莲姿 十一都监生高德风妻，年二十八寡。事姑孝谨，抚孤成立。现年五十六。

赵氏谢 北隅沈有琥妻，年二十八寡。孝事翁姑，食贫矢志，抚遗孤望生成立入痒，乡里重之。

董氏昭 上连都陈继泩妻，年二十二寡。遗腹生子世谟，辛勤抚育。授室未几，世谟又卒，继侄孙应九为嗣。现年五十二。

周氏 茂林都章浑然妻，年二十八寡。矢志孝养，抚孤成立。现年五十。

陈氏痛思 齐都凤连生妻，年二十四寡。孝事舅姑，抚孤完娶。子媳俱夭，苦节终身。现年六十。

佘氏苗清 花林都朱钦妻，年二十四寡。孝事孀姑，抚二子瑶、儒成立。现年五十四。

赵氏 胡先度妻，年二十三寡。现年五十。

郑氏 吴初兴妻，年二十二寡。现年五十二。

舒氏 查崇奇妻，年二十寡。食贫苦志，抚夫兄子为嗣。现年五十二。

查氏 舒士颇妻，年二十六寡。现年五十一。

王氏 舒士彩妻，年二十寡。现年六十五。

万氏痛 双浪都童家珠妻，年十八寡。茹苦守贞，继侄为嗣。现年五十。

凤氏燕丰 东都陈知书妻，年二十七寡。纺绩奉姑，继侄登瀛为嗣。现年五十一。

章氏 茂林都吴启泰妻，年二十八寡。抚二子成立。现年五十九。

赵氏 宣阳都汪岳芳妻，年二十九寡。孝事舅姑，抚孤成立。现年七十五。

洪氏媚青 张香都朱庆椅妻，年二十七寡。子蚤夭，继侄为嗣，娶媳又夭，复继堂侄之子为孙，食贫茹苦。现年七十。

汪氏眉兰 监生朱平灿妻，年三十寡。孝事孀姑，辛勤纺绩，抚二子成立。现年六十一。

江氏运助 北亭都汪士宪妻，年三十寡。矢志事姑，孝养不懈。夫寄榇亳州，氏涉千里奉丧归，抚二子成立。现年七十九。

郑氏 张香都朱一鉴妻，年十九归一鉴。时夫已卧病，甫逾年寡。矢志守贞，孝养不怠。现年五十。

徐氏　赵友祥妻，年二十三寡。日勤纺绩，茹苦守志。现年六十三。

赵氏敏　左钦观妻，年二十二寡。茹苦守志，孝事翁姑，抚侄为嗣成立。现年五十四。

王氏恩　东隅庠生赵涟漪妻，年二十七寡。辛勤抚孤，三子俱得成立。现年五十三。

赵氏正　南隅郑问庠妻，年二十二寡。举止庄重，不苟言笑，孝事舅姑，继侄为嗣，闾里重之。

贞女现存待旌

陈氏把香　许字张香都朱尔文，幼为养媳。年十六，未婚，尔文卒。勤纺绩，奉孀姑，抚侄宗懋为嗣。娶媳后，氏奉徽，宗懋又卒。姑媳同志，相与鞠育二孙。现年五十九。

唐氏步莲　许字永定都徐文彬，幼为养媳。年十八，未婚，文彬卒。矢志苦守，孝事舅姑，抚侄为嗣。现年五十。

倪氏　许字洪村都汪经星，幼为养媳。年十七，未婚，经星卒。姑以其年少且贫，劝之改适。氏立誓自守，继侄为嗣。现年五十五。

赵氏　许字溪头都胡世爵。年十三，世爵卒。氏闻讣，奔丧尽哀。事舅姑，谨执妇道，终始不懈，乡里重之。

以上所载，现存待旌节妇二百五十一人，贞女四人，俱见采访册。

卷九

艺文

经类

翟士怡《易象图说》，士怡六世侄孙漱芳有序。

案：旧志失载。嘉庆丙子岁，怡六世侄孙漱芳搜遗稿，得之族属。初在古文杂著中，漱芳另编为一帙，而以是名，内阙《卦赞》五首。

王秉伦《易经会纂》六卷，府教授汪佑煌有序。

赵良霨《读诗》四卷。《读春秋》二卷。《读礼记》十二卷。

吴彀《增订春秋世次图考》，后附《氏族通考》。

翟绳祖《四书题解》，肖岩赵良霨有序。

陈宝泉《礼书附录》十二卷。

曹世瑾《读周礼》六卷。

查敦伦《周易合讲》。《周官串说》。《四书典注》。

翟佩兰《月令图》十二卷。

史　类

吴彀《重校竹书纪年》。

吴昌言《安吴志余》一卷。

子　类

翟大初《元津宝筏》一卷。

案：旧志失载，今据《桃花潭文征》补入。

吴宗岱《胜青剩稿》二卷。金坛王汝骧有序。

查敦伦《三垣星考》。《天文分野》，自序。

集　类

翟士怡《上茗山庄遗集》，士怡六世侄孙漱芳有序。

案：士怡有《雅余集》古今体诗，内附顺治戊子、甲午、己亥士怡御寇诸作。又有《雅又余集》四言诗，专叙戊子御寇始末。怡族弟文蕃有序。旧志载怡《雅余集》文蕃序，是误以《雅又余集》为《雅余》也。其古文失载，怡六世侄孙漱芳搜录遗稿，得古文杂著二本，因起《易象图说》另为一编，而以古文诗赋合为一集，名曰《上茗山庄遗集》。上茗山庄者，怡读书处也。

赵良霨 《文钞》四卷。《诗钞》十二卷。

赵友广 《选诗倾液录》（府志），大兴朱筠有序。《兰石诗钞》（府志），肖岩赵良霨有序。《懒云诗钞》（府志），星阁赵青藜有序。

王秉伦 《雪窗余墨》五卷。

沈寅 《蜀中集》。

朱若水、朱森桂 《埙篪集》二卷，铅山蒋士铨有序。

翟镛 《石农诗草》二卷，朱筠、缪晋、镛族侄孙槐俱有序，族侄孙漱芳题词。

朱森桂 《夜识轩和陶全集》，丹徒李御、江都朱筤、全椒金兆燕俱有序。

吴大昌 《北萝诗草》，法式善有序。《北萝赋存》，谢崧有序。

王卿 《宜乐堂诗集》四卷。

朱良焯《江左诗钞》初、二、三集。初集朱楷有序，二集朱森桂有序，三集良焯自序。

曹世瑾《谦益堂诗钞》。

朱鑽《养泉遗草》六卷，肖岩赵良霨、兰坡朱琦俱有序。

翟佩兰《香圃遗编》二卷，佩兰族弟漱芳有序。

吴文辅《谷田诗草》四卷。

朱月庭《屏山诗草》，星阁赵青藜有序。

沈模《啸月山房诗钞》，肖岩赵良霨有序。

胡贞幹《杏轩集》八卷，云阁张茝有序。

吴昌言、吴奎《听雨楼诗钞》。

吴昌言《忍冬藤斋全集》八卷。

翟廷魁《虚益斋遗集》。

叶应《蒿蔚集存略》二卷。

沈昆《梅轩俚语》，兰陔翟绳祖有序。

翟象曾《学易轩诗文集》。

翟慕庚《花间草堂集》十八卷。

吴佩莲《鸳湖诗存》三卷。《泾川竹枝词》一卷。

赵臺《雪莎诗草》二卷。

王雨霖《尚志堂诗钞》，馥园郭士桂有序。

查敦伦《曲阳学署诗钞》。

章并祥《乡隅集》一卷。

朱苏《眉峰集》。

朱脩、朱佩《棣鄂居诗文集》。

朱熉《璞园诗钞》。

朱廷黼《味庄遗草》，玉鐎胡世琦有序。

杂识 灾祥

灾　祥

嘉庆十六年秋，旱。（采访册）

十九年秋，大旱。米斗钱五百，民掘蕨作粉食之。（采访册）

二十五年秋，旱。（采访册）

道光三年五月，霪雨弥月，大水入城，自一二尺至四五尺不等。沿河西北一带，石城倾圮数十丈，没庐舍，漂坟墓，冲田畴。米价腾贵，民多殣死。（采访册）

附刊：烟石岭禁碑并助字

烟石岭来龙，由黄兑山发脉，过西洋岭，起百花、美人、鼠尾各尖，到考坑，过峡，起考坑山，转轿顶山即屏顶山。该山坐南面北，东北角分一股，起求儿岭，至唐叶村，尽石山铺；西南角分一股，达子芳坑，起烟石岭，过苏青、元武诸岭，到长山冲，尽鸭儿港。向北中落一股，穿田，起白水山，到长坑山，过小倪、大倪各坑，历秦坑诸山，到天马山，入城，结县治。乾隆四十九年，在长坑龙脉北小倪坑开窑，挖土伤脉。合邑具呈，禀请封禁。业户程邦端等，将山助公禁止，立碑。今又在大倪坑开窑，仍挖长坑南面龙脊之脉，深约数十丈，阔自二三亩到四五亩不等。

《烟石岭碑》

署泾县知县傅怀江示，为恳示勒石永远封禁事。

据合邑绅士左暄、张履元、胡国梁、赵懋曜、赵学铿、朱作霖、翟湫芳、吴运枢、王森、马肇珩、郑国政、朱份、查炳华、潘耀文、董正治、赵文英、左文耀、吴作梅、洪璋、马体乾、郑泮、王宝仁、陈辉、王启元、汪文枢、沈培、沈标、赵学曾等禀称：

窃惟《诗》咏作宫，《书》载卜洛，风雨阴阳所和会，亦人民城郭所奠安。人文渊薮，实毓秀乎地灵；山水潆洄，务卜居乎形胜。缘邑治南有烟石岭者，来脉实为县基之近祖。其山中落北趋，叠嶂纷驰，层峦簇拥，既为钟灵之所，宜深培本之思。向禁居民挖土烧缸，康熙年间有傅邑侯，雍正年间有李邑侯，乾隆年间有孙邑侯，叠赏示禁，碑志昭彰。今又违禁开窑。职等具禀，业蒙提讯禁止。但现在都无异词，恐将来或蹈故辙。欲永免夫愆尤，务在宣诸碑版。为此粘呈助字，伏叩宪大老爷恩赏示禁，恭录刊碑，俾龙脉不致伤残，县基得以巩固。合邑戴德上禀。

又，粘呈助字：

礼辞都一图八甲程元凤、程天锡等，缘烟石岭系县治来龙，该山直下，小土名大倪坑山一业，不知攸关县治来脉，在该山挖土烧缸。今合邑绅士公看，既伤于前，不忍再残于后。生等愿将自己该股山业，永助与合邑众姓名下，永远封禁，不再挖土烧窑，致伤龙脉。其山仍听生等兴样树木，柴薪砍拚，裕课资生。闲杂人等，不得借助盗砍滋事。恐后无凭，立此助字，永远存照。计开：大倪坑山程天凤百股内该二股，程天锡百股内该一股，程培元百股内该四股，程芳镏百六十股内该一股，程金龙十股内该九分六，程名志百股内该一股，程名昆二百二十股该一股。凭人：程家常、程天德、程枝一、马士成。以上俱有押等情到县。

据此，查烟石岭向禁挖土烧缸，今于附近之大倪坑，复有违禁开窑挖土之人，良由保邻不行首禀所致。该绅士左暄等公同具禀，业提窑户面讯确供，将窑篷拆废，取具永不敢开窑，各切结在案。业户程元凤、程天锡等，各愿照旧助山归公，永行封禁。该绅士左暄等，复请示禁勒碑，均属好义堪嘉，合行出示刊石永禁。为此示仰合邑军民并该地约保、山邻业户人等知悉：除大倪坑现在封禁外，嗣后，由大倪坑上下十余里，凡系县治来脉一体，永禁毋许挖土。如敢复蹈前非，许该保邻首禀，立拿重究，断不姑宽。该保邻等倘敢隐匿，并究不贷。其山仍听业户兴样砍搽，裕课资生。地方人等，不得借助侵损，有干谴责。各宜凛遵毋违。

特示。

道光五年九月二十日，合邑公立

郑姓助字，一并附载：

立义助字

南隅五甲郑鸣皋等，缘烟石岭系县治来脉，至秦坑土名大倪坑挖土烧窑，亦伤来龙，并宜封禁。今合邑绅士约同生等，公议封禁，诚为盛举。生等情愿将自己该股本山凡有系龙脉地方，概行永远封禁，不得挖土烧窑。但生山该股出息，本系预备修理明伦堂之资。以后在山兴样树木柴薪各项，仍归生等，照旧执业，砍搽收租，以裕国课。一切地方人等，不得借口助出，妄肆侵损。恐后无凭，立此助字为据。

道光五年九月二十日

立义助字：郑鸣皋、郑中立、郑大庆

凭人：郑国政、马士成

以上俱有押。

〔道光〕泾县续志

（影印版）

涇縣續志目錄

涇縣續志纂修姓氏

總修

賜進士出身寧國府涇縣知縣　阮文藻侯庭　江西安福人

同修

涇縣教諭　史炳恒齋　江蘇溧陽人

涇縣訓導　汪道平澥門　江蘇江陰人

分纂

舉人原任和州學正　趙懋曜葵圃　東隅人

舉人　趙學曾沂門　東隅人

舉人　沈培梅齋　北隅人

欽賜舉人國子監學正原署霍邱縣教諭　趙學鑾韶鳴　東隅人

優貢生考授孝廉方正候選教諭　翟溦芳潤之　十一都人

恩貢生候選教諭　朱作霖蓉山　張香都人

拔貢生原任蒙城縣教諭　左瑄春谷　東隅人

拔貢生候選教諭　趙文英掄一　東隅人

副貢生　王森樹滋　雙淚都人

歲貢生原任震澤縣訓導　張履元端甫　南隅人

廩貢生試用訓導　沈標建霞　北隅人

廩生　馬體乾鳳廷　東隅人

庠生　陳煇行則　上連都人

涇縣續志序

阮子將序續志之成宏有促庵前告者曰志不可以濫也同於史往者錢志失之畧鄭志失之鑿洪志雖不蹈二者之弊而登采則未免濫焉今且沿襲其舊毋乃不足以訓來茲信後世乎盍嚴核而去諸阮子曰宏胡為信史而疑志也余自束髮授史傳迄今垂二十餘年往之見其附會不一傳聞互異或因子孫之聞達而諱其祖父之

過舉或據疑似之形迹而定其
生平之罪案千百年疑以傳
疑迹無定論史之不可信也尚
如此又何論乎邑志且夫志稱
纖而不稱惡者第以垂勸耳人
惟存此好名之心始可引而進

於善若並此心而無之又何所
顧忌而不為故君子樂成人美
恒寬予之以堅其為善之志
令以為濫而舉衆口爭傳之事
欲概從而芟之則甚非所以
激勸人心之意也涇邑故文獻

地名區碩儒相望簡冊自洪志
修後至今又二十餘年比以
大府檄脩通志乃幣禮邑人士
相與採輯近事彙為一冊以備
採擇而邑之續志亦藉以告成
焉以余為邑長於斯方且疲精

神於簿書訟獄之繁又何暇
與二三君子徵文考獻以期必
信其所以往來商榷而不憚煩
第不敢使二十餘年來忠臣
義士孝子貞媛就於湮滅不
彰庶幾慰幽魂毅魄於泉壤守

土者幸告無過也其有著述繁富列於文苑義問昭彰載入懿行雖采錄稍廣亦善善從長之意云爾至於疆域之沿革風俗之淳厚賦役之常經具詳洪志毋庸重叙故名曰續志昔張淏

續會稽志而於施宿所撰爲訂補其訛謬至鄭瑤續嚴州志則一遵其體例而於物產外增入瑞產一門鄉飲外增入鄉會一門今所續三十餘條率皆根據原志未嘗出以己意妄爲變增

亦可謂繼踵前修永垂後訓者矣如曰必其謹嚴同於良史則官非南董義殊筆削一任數十年後疑之信之非余所敢知也皆

道光五年歲在乙酉孟秋

賜進士出身

敕授文林郎壬午科江南鄉試

同考官知涇縣事

安成阮文藻撰并書

涇縣續志卷一

學校書院 壇廟 公館 橋梁 津渡 古蹟 冢墓 寺觀

道光二年

今上頒立聖協時中匾額於大成殿

大成門元元統時教諭章鼎四建康熙五十四年裔孫重修知縣賈鎔有記近就圮壞章鼎四公裔孫等於道光五年捐貲重修採訪册

大成門內栢樹墱章康孫培砌道光元年裔孫重修採訪册

大成殿乾隆四十年貢生馬元勝修嘉慶十六年元勝後裔重修採訪册

兩廡康熙五十七年六月洪水壞學宮兩廡木主漂失庠生趙師

猷等欽募修整是年學生翟尚鑣重建兩廡祠後世修葺之道光二年裔孫又修錢志 採訪册

從祀

道光二年增祀劉宗周於西廡位列蔡清之次

道光三年增祀湯斌於東廡位列羅欽順之次

宮墻道光三年洪水壞宮墻監生查之璧於道光四年捐貲重築西紅墻一十二丈修葺東紅墻一十二丈東西圍墻及禮門外照壁共三十八丈又築西圍墻南面五丈採訪册

泮池道光四年馬元泰後裔林等重修採訪册

儒學門乾隆三十七年章鍈邦建知縣江恂有記嘉慶元年裔孫重修道光五年裔孫又修採訪册

文昌祠順治十六年訓導丁允齡建於大成門東康熙五十六年學生翟尚鑣重建乾隆三十六年孫大程大本重修嘉慶三年又修道光二年又修錢志 採訪册

土地祠順治十六年訓導丁允齡建於大成門西康熙五十六年學生翟尚鑣重建乾隆三十六年孫大程大本重修嘉慶三年又修道光二年又修錢志 採訪册

忠孝祠增祀位次

道光三年增祀明嘉定州知州朱儀儀之子命錫採訪册

忠孝祠石碑題名

贈朝議大夫朱苞 贈朝議大夫朱蕃 封奉直大夫翟時普 封奉直大夫左廷傑 封文林郎吳百塈採訪册

學田

下坊河西社公殿劉家園田拾壹畝伍分共陸坵塘一所原額八分乾隆五十二年張香都附貢生朱同爲其祖觀公捐置佃八蕭萬蕭惟趙老歲交縣經承租銀拾兩伍錢採訪册 縣卷

泉北都汪家店前原田拾貳畝貳分道光五年南隅二甲監生朱進立子監生朱守身監生朱開泰從九職朱時泰捐置採訪册

書院

三樂書院在學宮左雍正元年知縣李玫建九年知縣劉幹重修改名義學嘉慶十八年丁溪都附貢生 封儒林郎朱璽子徵重建錢志 採訪册

邑人趙良霨重修義學記曰事有關於風教之興衰者學宮而

外惟書院義學爲急涇於前明有水西書院台泉書院皆延名師主講席邑先達往往發跡其中然或在山巔或踞水側去城頗遠而惟雍正時河西李侯所置義學實與學宮爲鄰於今之所以課士與民之所以承教者爲近而便也邇年以來兩書院經紀少人漸就傾圮邑中所請山長多移硯席於義學中則其墻垣之爲水坍棟宇之爲風雨所蝕者修之尤急而工費浩繁任事實難朱翁藍田好義急公之士也知義學爲

朝廷樂育人才之所慨然以一身任之具詞呈請浙西徐明府知吾涇素爲人文藪而邇日稍覺夌夷正欲以振新爲事見其詞欣然色喜盍爲獎勵勸成之翁遂命其合嗣誠久擇日鳩工經始于嘉慶十七年三月落成于十八年十月費銀貳千伍百

有奇按義學有正屋三間右橫屋三間左厨屋三間屋後有亭有圃前有方池約畝許以軒臨之往時會稽盛春谷爲院長喜與予及弟台巖姪琴士遊嘗於夏日謁之坐後亭見小圃中花草嫣然出臨前軒俯水檻蓮葉田田魚戲其中心甚樂之昔鄭澳林先生義學記所謂幽閒清雅可以肄業者誠不誣也閱數年過之雖幸不爲墟已無復從前勝概予每私爲之嘆喟今幸朱翁喬梓不惜多金獨成盛舉於正屋軒亭皆重爲創建於左從其新而增爲十一間於右葺其舊而增爲六間雖規模限于其址而墻垣棟宇煥然燦然自兹以往士之講誦有其堂遊息有其所將與水西台泉兩書院之興起人文者後先比美亦庶有以承助明府之仰承

聖朝廣教化而美風俗焉是可記也已

紅杏山莊在縣西百里藍攏之陽中爲經訓堂後爲寶書樓左傍爲燃藜閣　封奉政大夫監生查玉衡建 採訪册

獅山書院在縣西百里獅子山下 採訪册

經訓堂書屋在洪村都東岸汪經焜汪經價等倡首公建 採訪册

書潤堂嘉慶十五年上連都監生陳之才獨力捐銀貳千貳百餘兩建并置莊田八十畝有零以爲永遠膏火之資邑人吳芳培有記 採訪册

柳溪家塾在縣西九十里嘉慶十六年厚岸王氏合族共建桐城許準邑人朱琦趙良澍俱有記 採訪册

壇廟

關帝廟在縣治北宣陽觀右祀漢關聖帝君明萬歷戊子知縣張堯文建　國朝順治康熙雍正乾隆間屢圮屢修近就傾壞縣人監生趙世榮於嘉慶二十五年命子捐職州同國棟首捐銀千餘金糾族捐職理問良泉等醵金萬有餘兩重建正殿基址恢廓煥然一新洵爲合城廟宇之冠 錢志 採訪册

關帝先代祠在關帝殿後道光二年縣人理問加四級趙良泉承父貢生　贈朝議大夫廷琇遺命捐白金叁千肆百叁十餘兩重建 採訪册

文昌宮在射圃左嘉慶十一年知縣李德淦倡率縣人公建其石池橋梁欄杆嘉慶十二年庠生　誥封奉直大夫左辰同弟候選同知左瀛建嘉慶十五年趙學鏗助謝村湖田壹畝肆分 採訪册

關帝廟在縣東七十里洪村都汪浩潮建　國朝間後裔復建道
光五年後裔經燀經賽學瑜學慊等重修採訪册
關帝廟在縣西八十里桃花潭東岓　贈承德郎翟思成　贈文
林郎翟思傑同建採訪册
文昌閣在縣西八十里桃花潭東岓凡三層高七丈三尺五寸廣
闊十四丈四尺乾隆三十二年翟氏共建邑人趙青藜有記里人
翟士吉有序乾隆五十六年重修翟繩祖有記嘉慶四年重修道
光元年又修監生翟大礿裔金培等將祖遺高峰尖山業捐入閣
內以備續修知縣清善給以樂義培風匾額教諭史炳有記採訪
册
文昌宮在洪村都東岓汪經焜汪經價等倡首公建採訪册

邑人朱珔新建文昌宮記曰文昌之祭論者謂肇自元之袁清
容迄今葢五六百年然周禮大宗伯已稱司命鄭注云文昌第
四星康成大儒語當可據惟祭法列司命於七祀不應注中又
以督察三命之小神參錯其說謹案史記天官書斗魁戴匡六
星曰文昌宮近代祀文昌兼祀魁星作持斗形者因文昌連斗
魁也且星位隸紫微垣下有三師三公之職也北有內階天星
之陛也地望尊貴故世人以爲握功名得失之權競相崇奉臨
上質旁稽首恐後嘉慶中
天子方隆文治默感庥祐築宮京師并
詔天下郡縣皆得立由是山海遐壤輪奐鼎新而我邑東岓汪氏
遂應時而起醵貲購基經始十九年之春越二歲蕆工其形勢
屏峰列左筆架支右浙溪環前蘭水枕後卜之墨食用垂永久
規畫既成則大厦䀨䀨飛檐鬱鬱序寥堂皇帟客戶臬寢延供
帝君清静之所靈爽迓迟昭敬也即廡備書舍師友之來時術
咿唔興學也依宫墻建唐越國公祠公保障鄉里勳庇後嗣尊
祖以示型也顧余獨於聽事之顏曰經訓竊重有念焉今夫六
經之傳如經星麗天輝光貽灼亘古不遷而詁訓漸湮空疎無
實之人輙思弋獲弗獲乃仰祈夫神神聰明正直而壹者也品
端學醇福緣自臻士子束髮讀書早培根本長而益菑畬經訓
宜涉鄭君爲大宗賈孔以下博觀約取得其會通卽制舉之文
亦義蘊閎深鏗鏗奪席毋敢苟同一旦邀神貺受知於有司洊
擢上第然後入是宮而報祀焉祝史所告允無愧辭庶不負爻

兄辛勤創置之意茲役也費白金四千有奇事竣復鳩族輸田
若干畝俾資會課膏火撰厥首庸曰經焜經價丏余記者先國
楨今學瑜兩茂才學瑜經焜之子也其餘襄督人數俟聯綴書
名其次道光二年嘉平月中澣
汪王廟在洪村都東岓嘉慶二十一年汪浩潮裔孫公建祀唐汪
華採訪册
東平王廟在縣西八十里桃花潭西岓翟蔭緣後裔建祀唐張巡
採訪册
公館
京師涇縣舊館在正陽門外鮮魚口長巷下頭條衚衕明萬歷四
十七年建堂曰奎聚共三門前門樓二間左右房五間堂之左四

楹後神堂一間左右房共六間嘉慶二十二年重修計第一層門樓第二層大廳三間第三層關帝神堂神堂西首住房三間東首住房五間又半間前接灰篷半間廳東另院橫屋五間兩廂各一間廳西靠墻住房兩間門樓東首住房四間半東廂半間門樓西首住房三間 錢志 採訪册

京師涇縣新館在南橫街張相公廟口外路北門樓一座西首舖面二間第一層門堂並住屋一排五間半第二層大廳三間東西廂房各二間廳東耳房一間對面厨房一間第三層住屋三間東西廂房各一間第四層住房三間東西廂各二間第五層文昌宮三間廳西長巷通花園花廳三間東抱廂五間廳前有花木有池廳後西偏抱耳房半間花廳後院平房三間厨房一間平房東另院住房三間東偏後抱耳房一間西偏後厨房一間又東另院住屋三間東墻係後門其餘過道更房馬篷等不計 採訪册

考棚在大安寺東乾隆三十九年邑貢生馬元龍建嘉慶十八年重修 洪志 採訪册

橋梁

世德橋 前志已見 東鄉人捐貲重建並築堤修路有橋屋壹宅計十二間管橋人江夏租字存倡首督造胡先元家 採訪册

通濟橋三洞去縣東北五里通小幕山間道明萬歷間舉人羅定州知州趙士際建嘉慶二十二年裔孫貢生廷琇監生世榮庠生艮符舉人懋曜等重建 錢志 採訪册

成志橋在下涙村口跨郷橋河水捲石洞三嘉慶十五年新豐郚

洪姓衆建 採訪册

蘭水橋跨洪村都東岍水口在縣東七十五里汪拱弼同任元康合建 採訪册

繼志橋跨湧溪桐坑諸水總口嘉慶二十四年張香都朱文燈裔孫同建 採訪册

聚星橋三洞在縣西九十里厚岍王姓公建御史趙青藜有記 採訪册

板山橋在縣西六十里庠生吳國掄之女惟玉建并捐田四畝一分八厘於板山庵爲永遠修理之資縣令蕭宸翰有記 採訪册

楊山橋在縣西八十里南昌府同知翟思溥建歷四十年屢次修整費用二千餘緡存有宣邑沚鎮市房收租以爲永遠修理之資 採訪册

承志橋在縣南六十里石蕩裡吳山捐銀一千二百兩建 採訪册

秋陽村崇文橋道光三年思齊都鳳慶川建 採訪册

曲水橋在溪丁都上胡村霞山側通宣邑孔道胡大佳裔孫斗元天輔等建嘉慶丙辰重修 採訪册

洗馬橋馬元泰元勝胡世恩斗元天輔林模合建邑人俞掄文有記 採訪册

新橋在溪丁都陳胡村潘艮璵胡道景同徐馬左衆姓合建 採訪册

雙龍橋三洞在岍前都二啚三甲灣裡許村門前嘉慶十二年許艮正建 採訪册

方村溪橋上通旌太要道唐羅建康熙五十年捐田二畝給人經
理搭橋工食嘉慶六年裔等置方村溪地二畝爲逐年修橋木料
至今百餘年勿替採訪册
郡東惠濟橋計長四十丈濶二丈七尺高四丈二尺張廷佐捐銀
數千金建西首第一洞採訪册
按嘉慶二十三年署寧國府知府陳叙東溪爲數郡通衢
一方要道 國初倡建石橋工程不固傾圮至今近有涇
邑紳士張廷佐自愿捐建西岸第一洞前任歐批示嘉賞
予署蒞兹土捐廉倡率并勸合郡紳商同襄利濟之功立
解囊槖樂觀厥成云云至道光四年知府郭又爲之記張
廷佐所費數千金刋載郡東石碑

津渡
龍潭渡在縣西八十里爲通太平石埭要道嘉慶癸酉里人捐職
州同翟永鈴置採訪册
花林都佘家渡縣西四十里佘宗祠监保公榮六公合置
古蹟
彩虹岡在縣西八十里桃花潭西右連釣隱臺左對壘玉墩採訪册
按岡上有韭香味異常相傳李白醉嘔所產名曰太白韭
然岡陡臨潭剪韭者每易失足蓋仙品究未易得也遊人
題詠頗多
凌清閣在縣西八十里桃花潭東岍宋府教翟陽建久圮里人長
汀縣典史翟羲裔八家重建俗名八家亭嘉慶壬申羲七世孫監

生翟金培倡首重修增設朱欄八世孫翟澂芳有記錢志 洪志
採訪册
壘香井在九都藍麓紅杏山莊之南澄瑩可愛氣極清冽進士查
炳華有記採訪册
塚墓
桐鄉縣知縣陞刑部主事董鉉墓在田中都震山採訪册
浙江紹興府通判董哲墓在石堂山有廣東等處承宣布政使司
正奉大夫正治卿門人陳性學墓誌銘採訪册
玉山縣知縣董漳墓在縣西石堂山採訪册
光澤縣知縣董修墓在田中都墓冲山採訪册
山東穀城縣知縣董銀墓在桃花潭燕窩里採訪册

開化縣知縣陞鈞州同知董珪墓在茂林都史家壠獅形採訪册
江西豐城縣知縣汪尚銘墓在縣東七十里荷包冲採訪册
內閣中書翟之珽墓在縣西五十里樺樹嶺採訪册
贈登仕郎懷寧縣訓導翟時藉墓在太平縣安仁坊採訪册
贈修職郎臨興場鹽課大使增生翟時式墓在太平縣橫石灘梁
上燕子形採訪册
懷寧縣訓導改授北城兵馬司吏目翟鐔墓在縣西百里麻嶺坑
採訪册
舉人截取知縣趙昌國墓在東城外七里店陳家塝採訪册
贈通奉大夫山東布政使司布政使朱武勳墓在北亭都黄田栗
園坳妻夫人汪氏祔採訪册

贈承德郎湖北黃州府通判朱慶霈墓在張香都路西冲妻安人胡氏祔有庶吉士同邑胡世琦墓誌銘 採訪册

贈資政大夫貴州廵撫朱慶需墓在張香都路西冲妻夫人胡氏祔有給事中同邑胡承珙墓誌銘 採訪册

贈朝議大夫戶部廣西司郎中加一級朱安潤墓在茂林都荸裏坑 採訪册

義塚

北城外羅家冲炮臺山義塚一號監生左鴻圖置 採訪册

里仁都茶冲裡坑義塚山二十畝又北城外下馬榡義塚地二號捐職理問趙艮泉置 採訪册

白塔左側黃栗山義塚一號朱必務朱必勝同置馬架賢增置連

界原山十畝以擴義塚之基 採訪册

劉家門義塚山一業在縣西八十里桃花潭西岈五里翟鏡孫後裔思憲置 採訪册

鄭家垻義塚山一業在縣西八十里桃花潭東岈翟瑩昌裔中書之珽置 採訪册

松芧園義塚山一畝五分田拾貳畝在縣西八十里桃花潭東岈五里貢生翟洗心置 採訪册

田中都小堪山義塚地五畝三分董金置 採訪册

小路口義塚地二畝八分大冲裡義塚山二畝五分典史章國楷監生馬廷彩同置道光三年蛟洪冲壞無主棺骸章國楷糾同捐職州同趙魁監生劉建章馬廷彩等集貲掩埋一百二十一具撫憲 陶給以好義可風匾額 採訪册

甘露菴李正棚義塚地一畝二分監生趙文彩之曾祖艮懿置道光三年蛟洪冲壞無主棺骸趙文彩獨力捐資掩埋二百餘具又於塚側建造一祠名曰集靈祠撫憲 陶給以好義可風匾額 採訪册

南城外月有山義塚一號并塘一所雲南江川縣知縣左瑜置其弟左瀛於道光五年捐設補助堂棺局凡隨路倒斃應需棺木者任地保丐頭赴局抬取 採訪册

翟氏宣城義塚二處一在陶家山一在許家冲捐職州同翟承鈴置 採訪册

吳氏宣城義塚在灣沚大湖灘土名歡墩山象山後計原山十八

畝五分監生吳邦兆置 採訪册

江西義塚在順化門外十里胡始崗旁建一大祠額曰同仁堂嘉慶十九年涇人公置 採訪册

京師義塚明天啓五年置在正陽門外正南千兒衚衕東至官道西至官道南至仁壽寺香火北至官道收册輸差周遭立石為界仍照舊額每畝歲取地租若干供納糧掃除之費首事經理趙選王文詔左棠芳萬國樂趙汝煇等守冢人戴文慧 國朝初年為旂民侵佔雍正間舉人吳嶺等經官復之嘉慶二十四年兵部侍郎吳芳培編修朱珔吳敬恒刑部郎中朱德懋刑部主事翟發宗候補知縣朱一慊吳鸞舉人包世臣等清理界址周圍勒石以杜侵佔 錢志 採訪册

重修義塚碑記曰事濟於艱而襄於衆行之以忠厚悱惻之心則雖或堙其址撓其謀而卒無不立世之義舉大抵爲生者設耳義而冡澤兼施於死然情涣多淡忘地偏少警觸歷久易弛而因循生無惑乎前人美意日就淩夷而莫之振也吾邑義冡居先農壇右前明天啟五年始營建見查行人日俞所撰碑後更世變典掌闕人被侵没蓋八　國朝數十年無究詰者雍正庚戌孝廉吳君嶺獨力訟復之雖得直而精已憊其西北面未及盡復北尤甚今又將百年矣碑載四境胥有據而界畫混淆驟不可爬梳重以車馬之蹂豚犬之搰土漸頹剥致使腐胔殘骼多暴於沮洳猥穢之區黄塵如織青燐不熒過者蹙傷屢議列樹防隄辛中寢已卯春公車麇集新舊館規制具備僉言曰

鄉里往來幸託庇歉顏而懲置旅魄爲不仁畏難苟安爲不勇趣興役市圍上下冡二百十有六培而築之崒如也踰冡百餘武有高廟峙其北趙道士者夙猾黠悍然尼我成告之情弗從剖以理弗從即湖蕩瓜分其中央亦弗從爰正之有司初康熙中吾邑失業或指爲閒田四明葉某糾朋儕離廟三丈餘建閣祀文昌道士之祖耽覬焉某懼其并也特立碑明閣與廟無所涉久之閣圮道士置豆棚其地而碑蔽於土梗尋當廟增堵墻聯屬如一至是道士疑碑可代券始稱有碑在命吏拓以呈則自納敗闕其覆盡發道士爽然語無措辭遂定嗟夫道士豈不欲匿其情殆司命明神怒而奪之魄而亦九原數百游魂環而訴者也循豆棚而西皆葦場與閩之泉郡壤相錯泉人先樹石爲築及吾邑置築則欲以新築一移南數弓邑中人相度僅咫尺如其議成弧三角形戒守者弗敢抗糾紛既靖工乃訖費白金五百有奇並存金若干俾因時完葺由是疆域明瑩兆固坡陀溝渠屹如隴如可以永久嘻亦艱哉同人謂宜重記事垂示後來時在都者吳雲樵少宰位最尊齒亦最長而夙夜趨公摛毫未暇轉屬余余竊謂吾邑好義之風於斯可覩矣貲出自館羸前之裒聚何其厚各効厥能無饞無諉何其公且奮道士妄思越畔但釐闢基歸之官而不毁其室不驅其人泉人審邇爲鄰且亦冡地毋歧視讓之以合好此皆忠厚悱惻之心之所廹而形而非激於意氣並有所圖利徇私而爲之也然則天下之不可已而已抑可已而不已者其斟所取衷矣乎雲樵曰善同

人亦韙之遂述以爲記董事者鄭君中岳沈君球胡君承玢吳君俊三例得附書所請禁示則樹碑冡側其斷案之文丈量之數別列諸館錄邑人朱瑢撰文吳芳培書丹嘉慶二十四年歲次已卯夏六月穀旦立

寺觀

水西寶勝寺康熙十六年涇縣知縣鄧琪棻置高村水西二處田地山業爲香燈田通共折實田貳拾叁畝叁分捌釐柒毫伍絲鄧琪棻自有記洪志失載采訪册

鄧琪棻置寶勝寺香燈田碑記曰涇邑水西之有寶勝禪院也統諸佛之慈輪總萬靈之法寶作鎮猷州散花賞水由漢唐以迄今茲其爲高人題詠賢士流連者舊矣邑中雖有五大寺餘

俱赴應脩自甘委貿於五戒外惟此爲眞如法界安禪接衆稱大叢林焉昔黃蘗禪師駐錫於此唐相國裴公休師事之法教宏敷光被震旦至明初洂公戾止黃蘗一燈復爲騈星麗日數傳而後明滅幾希賴有楚水禪師源自寶勝落香傳臨濟正宗龍池萬公之嗣涇之檀越迎主茲山重興法教第末俗衰微鮮有大總持出爲羽翼余偶進而瞻禮之半偈指迷頓開塵昧允矣古德尊宿也由是頻相過從察其清修苦行護道如救然濟人勝衛已第堂開衆接十方緇素挂搭投飡寺無土田耕耨從何得食未免香積塵封雲厨爨冷致使飛錫乘杯之衆來欣去憾視禪林如桑下參方問道之徒倏來迅返等淨域於泥中且習靜逃禪笠士棲眞而寄跡尊芳覽勝宰官問俗以停驂會無

潤鉢之滋徒說天人獻供不依見而心動因捐氷俸爲置折田貳拾叁畝叁分聊爲接衆飯僧之小助猶恐以田賦征輸累佛弟子數年正糧俱不依代爲輸納鄙意尚欲更擴菑畬廣佐伊蒲今忽量移雲州州守接淅王程勢弗能矣未盡之願以俟後之君子每年應占編銀寺僧辦納至南北二運以及行月等米俱援學田例一槩獨除山田原券印付本寺禪堂世爲收執嘗聞從來佛法付之國王大臣不獨裴相國之與黃蘗已也宋蘇子瞻之與了元辯才張無盡之與兜率悅諸公皆當時一代偉人而樂與方外名衲遊擁護叢林如護頭目後之賢者積薪居上知無俟余言爲贅也後之來遊者過寶勝西數武謁陽明書院讀宣州施愚山先生碑記則又知余非佞佛者也是爲記奉訓大夫雲南雲州知州前涇縣知縣湘源鄧琪棻撰

水西寶勝寺嘉慶二十三年僧慧業募衆重修無梁大殿并殿前新建廊廡十一間東西新建廊廡十間道光元年殿後新建上禪堂門一所門內東建問覓樓客堂五楹西建天奇居官廳三楹 採訪册

明貢安國有水西精舍誌錢志節錄于山川門水西山下洪志未載而 國朝蕭應斗有水西誌叙述頗詳舊志俱未載今錄于此曰敬亭水西皆宛郡之名區也涇邑多奇山水而水西之名特著蓋以此地在邑西門外距郭二三里巍然對峙望之老樹古刹鬱乎蒼蒼而不可躐至者爲其中長河界斷盈盈一水隔也水西山從九華發脉望東北迤邐百餘里突起兩峯一爲

郭山一爲雲嶺又十里微而復起結獅孤山櫟山郭山有洞舊傳爲晉郭璞煉丹處櫟山有大寧禪寺爲成化間荆山禪師所建邑誌謂古猷州治在寺前此其地也左有劉王墳史載漢明帝弟楚王英塟涇西意郎此與從獅孤山東下起三支中支爲寶勝寺乃唐黃蘗之道場也元明之際又有洂季潭舊號爲五松院寺後橫帶一峯其塢結崇慶寺乃風光太子之潛宮也溪外結水西寺三龍齊臨水而止當夫精舍未建先達來遊者多憩于三寺自嘉靖間初泉劉侯倡明理學而錢緒山王龍溪鄒東廓諸先生遞來主盟一時從遊之士甚盛歌誦之聲遍徹山谷劉侯以水西爲六邑創精舍于會講之所堂曰明道樓曰熙光而其最高處爲陽明祠至萬歷初爲朝議所籍而其會遂廢

會邑侯復吾張公毅然自任而鼎新之是爲今書院堂之後卽爲祠舊祠改爲熙光亭近溪羅先生手自扁之者也最後行吾趙公謂有陽明不可無晦菴遂舉文公而並俎豆之今又爲朱王兩先生祠而總之爲書院云書院作于寶勝寺之右與寺並列寺之後今有藏經閣乃萬歷年間了心上人所募施于拙齋公家而搆之者也予祖處所公亦與有力焉院之右爲浮屠高可百餘丈規制甚奇徑仄而外轉中可坐酌遊者酌者兩不碍也中燬于紅巾賊至隆慶間寺僧募緣重修而今又圮矣崇慶寺旁舊有風光軒之址今爲藏經閣之漚和寮昔鄒東廓于臘雪時偶詣崇慶寺見僧壁所題太白之句讀其首尾云天宮水西寺雲錦照東郭何當一來遊愜我雪山諾乃嘆曰事豈偶然

哉因續云來遊諾叶雪山諸素壁高懸對謫仙童冠擁爐談往蹟不知雲鄉是何年又傳唐宣宗微時寓水西寺李太白亦嘗寓此宣宗詩曰大殿連雲接賞溪鐘聲還與鼓聲齊長安若問江南事報道風光在水西杜牧之詩云李白題詩水西寺古木迴巖樓閣風半醒半醉遊三日紅白花開煙雨中此其證也從水西寺中入一塢曰水西坑澗水潺湲幽深可愛跨澗瀑流處架秋霜閣又下結一亭曰濺玉亭左一隴深入曰白雲坑中有白雲寺寺之墟有茶自生于高低雲塢之中曰白雲茶其味深厚其色淺碧其香勝蘭雲塢中相傳有楚王英墳據此則與前所謂劉王墳者又似有謬白雲之右曰湖山坑湖山自麓至頂約一千七百丈頂有小湖其水常滿深若無底山下有垣[illegible]公廟蓋本邑之土主也廟後有走馬龍井泉自湖山白雲而左爲響山山有洞呼之卽應李太白九日登巔寄詩于崔侍御卽此處白雲之麓曰西方院院外臨溪有臺曰劉遺民釣臺遺民晉人也入遠公社途經此處登釣其上因以此名臺之側歷石而北曰漱玉橋爲劉遺民所作再下有葛仙井爲葛洪鍊丹處也李白詩曰聞說神仙晉葛洪鍊丹曾此占雲峯庭前廢井今猶在不見長松見短松山塢有西峯菴菴後方塔而白古稱白塔清泉以此總攬大勢三支分爲三寺實則寶勝書院屹然居中二支互相夾輔則寶勝書院之鍾靈非苟而已也水之東邑居也環邑皆山與水西對峙者曰東山稍南曰天馬山又南曰承流山東北曰邑山落暉餘照遠映水西西北曰幕山昔左王難

當與公祏相持于此故壘宛然涇舊有碧雞或在水西或在巖襱棲止無定然見則以爲瑞新安穎陽許公有賦水西之上流曰上坊下流曰下坊中環巨洲由洲西望山色青葱如畫由洲東眺煙雲蒼茫城甍鱗比誠有如昔人所云雲裏帝城雙鳳闕雨中春樹萬人家之類也賞溪亦名涇溪舊傳東山之水流遶邑外是爲賞溪未知孰是昔關中有涇渭二水清濁攸分此邑諸水皆清而川獨以涇名不知何所指然當春水泛漲浩瀚衝擊勢如倒海濁流滚滚不異龍門積石之險或以此得名則清溪可賞又當以東山之流爲眞賞溪也且俗稱邑南郊巷曰賞溪巷橋曰賞溪橋是亦一證云溪之水滙徽祁石埭旌太四邑之水歷三門六剌桃花落星漆林巖潭遞經水西白雲灘灘而

去泐季潭詩曰古木灣頭漁艇夕陽山下八家風起一溪白浪秋來滿地黃花又李太白詩曰乘君素舸泛涇西宛似雲門對若溪且從康樂尋山水何必東遊入會稽此涇邑山水之大凡也至如承流積翠巖潭秋水水西春色幙溪曉月昆山夕照湖山雪霽賞溪煙樹秋霜暑雨種種妙絶之景水西則兼而有之是以涇之水西與宣之敬亭並傳不朽而古今宗工哲匠騷人墨士往往寄蹟其間而流連歌詠之詩亦多可採云

傳燈菴在縣西五十里樺樹嶺明內閣中書翟之珽建菴右為書屋名流多講學於此乾隆間燬於火裔孫重建茶亭於嶺頭夏秋二季設茶湯以濟行人 採訪册

發祥寺在縣西六十五里鴻莪山麓乾隆十四年翟姓共建 採訪册

竹林寺在縣西八十里玉屏山麓魚龍潭上（魚龍潭舊名羅浮潭）翟氏共建寺前有石門下有平礅老樹蔭葱可列樽飲江浦吳夢極隱居於此以字易米識者珍之 採訪册

靈巖寺在縣西八十里靈巖山厚岸王達亭王通亭合建 採訪册

雲護菴在縣北二十里舊名朝陽菴創建未詳乾隆壬子歲住持僧普周修佛殿建方丈改名雲護菴捐職理問王際昌助有田畝在內 採訪册

鳳山靈宇在縣北二十五里里人馬汝豸建并置山二號田十畝以助香火 採訪册

集慶菴在縣西北二十里僧興讚隆儀重建嘉慶十三年僧可樂悟眞重修 採訪册

大山庵在縣西八十里桃花潭東岸監生翟天和建 採訪册

涇縣續志卷二

食貨 蠲賑 恩賚 戶口 積貯

蠲賑

嘉慶十六年以秋禾被旱奉 上諭安省間有被水被旱已未成災之處分別蠲緩並賞借口糧籽種本年涇縣應徵新舊丁地錢糧均緩至來年秋成後啓徵以舒民力 縣册

十九年以秋被旱災詳奉按照災田分別蠲緩賑恤涇縣本年應徵新舊丁地錢糧均着照例停緩至來年秋後啓徵是年復奉恩旨于次春發藩庫銀四千九百二十五兩七錢九分五厘賞給極貧口糧一月 縣册

二十三年十二月奉 上諭二十四年爲朕六旬正壽普免天下

自嘉慶元年起至二十三年止節年積欠正耗錢糧涇縣免丁地正銀二萬二千六兩二錢五分八厘南米七千二百五十四石四斗九升七合三勺 縣册

二十五年以秋禾被旱奉 上諭查明被水被旱各州縣分別賑恤涇縣本年應徵新舊丁屯等項錢糧並漕糧緩至來年秋後啓徵 縣册

道光三年夏五月水奉 上諭查明安省被水被旱各屬分別蠲緩給賑並賞給口糧涇縣本年應徵新舊丁地米麥豆折等項並漕糧俱緩俟來年秋後啓徵 縣册

附錄補遺

唐大順元年八月免宣州等處逋負 康熙乾隆志同

宋慶元五年蠲寧國府包認廢圩米 康熙乾隆志同

嘉定十七年大水民流徙甚衆賑粟 乾隆府志

元大德五年大水以糧賑糶 續通考

泰定二年四月賑寧國路飢糧五萬餘石 續通考

明洪武三年詔免秋糧 順治康熙乾隆志同

八年遣使賑飢並免旱田租 順治康熙乾隆志同

九年春免田租 順治康熙乾隆志同

宏治七年水准以存留折銀二十萬兩兌軍米三千萬石分賑江南各屬 明典彙

萬歷十六年大荒發太僕寺馬價及南京戶部銀兩賑濟 舊通志

十七年災免本年起運倉米麥十之五又南糧米兌十之三 舊通志

天啓七年大水免本年起存額賦 舊通志

崇禎十四年大旱詔漕米改兌麥折三分 舊通志

恩賚

嘉慶二十五年 恩詔內開年老之人自古所重滿漢七十以上除家奴外給與品級之處該部查議具奏部議七十以上者給與九品頂帶八十以上者給與八品頂帶九十以上者給與七品頂帶百歲以上者給與六品頂帶奉 旨依議欽此欽遵在案涇縣驗報九十以上者二名八十以上者一十二名七十以上者三十六名並蒙 恩賞給冠帶 縣册

戶口

嘉慶十一年戶一十萬有六丁二十二萬九千九百三十

十二年戶一十萬二百五十丁二十三萬四百九十五
十三年戶一十萬四百九十九丁二十三萬二千二百三十一
十四年戶一十萬六百四十五丁二十三萬二千八百八十五
十五年戶一十萬七百四十四丁二十三萬三千五百五
十六年戶一十萬八百五十二丁二十三萬四千二百七十二
十七年戶一十萬九百七十五丁二十三萬四千九百一十七
十八年戶一十萬一千五十六丁二十三萬五千五百四十一
十九年戶一十萬一千一百一十八丁二十三萬六千一百一十
一
二十年戶一十萬一千三百七十四丁二十三萬八千二百六十
二十一年戶一十萬一千三百七十四丁二十三萬八千二百六

十
二十二年戶一十萬一千六百二十三丁二十四萬一百四十九
二十三年戶一十萬一千九百八十八丁二十四萬二千六百三
十七
二十四年戶一十萬二千三百六十八丁二十四萬四千三百六
二十五年戶一十萬二千七百七十八丁二十四萬五千四百三
十七
道光元年戶一十萬三千一百九十九丁二十四萬六千九百
二年戶一十萬三千六百一十八丁二十四萬八千二百七十
三年戶一十萬三千九百九十六丁二十四萬九千五百八十七
四年戶一十萬四千三百七十八丁二十五萬一百六十三

附錄補遺
宋紹熙大水後涇邑閭閻之地存者僅五百餘家舊志
明洪武間涇邑軍戶三十四口二百三十三軍官戶三口七十二
弩軍戶一十六口一百五十七民兵戶一千八百三口一萬六千
六百五十九民戶一萬四千三百五十九口六萬九千一百一匠
戶四百二十二口二千一百四十七弓兵戶五十四口六百五十
鋪兵戶五十三口五百七十九站夫戶十口一百七十四醫戶四
口五十六儒戶九口五十二僧戶六十口一百七十七道士戶六
口二十嘉靖府志

積貯
按洪志積貯止載縣治倉穀額數其民間私置義倉别附

倉庫之後茲奉前撫陶諭飭各屬鄉村就近設倉積穀以
賑族黨名曰豐備倉故先載翟姓一倉以爲繼起者勸
翟氏豐備倉五間在十一都水東村道光五年翟姓公建　誥職
翟惟寅同弟貢生惟清　誥職惟新捐銀三千兩置蕪邑潵水圩
田二百八十一畝原任香山黃圃司翟桂捐銀五百兩置本村石
壠頭市房一區監生翟懋鶴捐銀一千兩置蕪邑寶豐圩田一百
三畝監生翟一璋捐本邑十二都田四畝九分職監翟永鈴捐銀
一千二百兩故職監翟永銓永鈐各捐銀一千兩合置本邑包村
田一百九十二畝職員翟永鍾捐宣邑招義圩田九十二畝又續
置本圩田八十畝共値銀一千一百九十三兩每年收租貯倉遇
歲歉賑糶翟氏本族採訪册

職官表

按前志表主簿列第五層巡檢附後乾隆八年主簿裁今以巡檢按年序入

	知縣	縣丞	教諭	訓導	巡檢	典史
嘉慶十二年	于聯森金壇人舉人議叙署	胡松齡見前志署	黃崇蘭見前志辛子官	郭士桂號馥圃見前志辛子官	愼承恩浙江烏程人附監嘉慶九年任前志遺	王文烈山陰人監生
十三年	李德淦號梅巖見前志解餉回復任	張星燦山陰人由例議考職府經歷任			楊國楹江西清江人監生	
十七年	徐豐會稽人監生				沈友壎順天大興人監生	胡祖安山陰人監生代理
十八年	孫靈府河南內鄉人舉人署		吳寶緘宿松人廩貢署			
十九年	清善字揆堂廂黃旗人舉人教避御名下一字改今名		史炳字恒齋溧陽人舉人咸安宮教習			
二十年				程濬舒城人廩貢署		張永德山西汾陽人監生代理
				潘恩簡字琴軒溧陽縣人舉人道光二年艱去		沈騂順天宛平人吏員保舉陞阜陽縣縣丞
二十一年	黃光裕順天大興人監生按察司照磨署篆缺		胡翔雲婺源人廩貢前志作歙縣人誤署史炳因志案赴蘇缺			王蔚宗江蘇婁縣人[illegible]貢署

	知縣	縣丞	教諭	訓導	巡檢	典史
	清善篆差回任		史炳回任			
二十二年		朱振寵臨桂人附監署		戴玉衡霍山人廩貢署潘恩簡會試缺	楊理新城人監生代理	
二十三年					王銓吳縣人監生署	
					胡芳年山東歷城人監生	
二十四年	陳之揆江寧縣人監生候補知州委署清善[illegible]誤缺			鄭玿懷寧人廩貢署潘恩簡會試缺		徐鑑山陰人議叙代理
	申汝慧字南峯山西靈石人舉人署					
二十五年		華浩字湘屏無錫人附監謄錄議叙委署廬江縣去				何玿會稽人監生署
道光元年	陶登瀛號心洲陽湖人舉人調天長縣去	曾政衡廣東鎮平人監生署				
二年		顧炅字春如順天大興人監生署現任		徐朝英建德人廩貢署	殷汝丹宛平人監生代理	
				汪道平字鄰門江陰人舉人現任	張承慶浙江海寧人監生署	
三年	傅懷江字乘風順天宛平籍會稽人監生以通判署	滑鼎順天宛平人從九品署				宋澍仁和人監生現任
四年	阮文藻字筱庭江西安福人進士現任				李維福上元人監生代理	

五年 傅懷江署蕭缺 華浩回任告病回籍
阮文藻鑑差回任 顧炅復署
胡考年回任

右知縣十一人縣丞七人教諭四人訓導六人巡檢八人典史八人按前志代理官例不備表今因年近可考故并錄之

外委城守把總唐徐陞見前志 馬中騏宣城人嘉慶二十四年任辛于汎 呂發祥旌德人道光三年現任

涇太分房把總孫太宣城人見前志 馬得貴宣城人嘉慶二十年任 馬錦魁宣城人嘉慶二十一年任 馬興邦宣城人現任

選舉表 嘉慶十二年至道光五年

進士	鄉舉	歲貢
嘉慶丁卯	潘錫恩字醇甫茂林都人	朱宗慶字咸中張香都人副榜
	朱鍾字鐵臣張香都人	汪湛字露涵宣陽都人欽賜副榜
	章作舟字濟川茂林都人	
	潘思孟字繹堂雙涙都人欽賜舉人戊辰會試欽賜翰林院檢討	
	翟樾字鄧林十一都人欽賜舉人戊辰會試欽賜翰林院檢討	
	章翼字茂林都人欽賜舉人戊辰會試欽賜翰林院檢討	
	章珍字聘候茂林都人欽賜舉人己巳會試欽賜翰林院檢討	

進士	鄉舉	歲貢
戊辰恩科	吳昌齡字季卿茂林都人吳信中榜官業有傳	包世臣字愼伯十一都人原名世繩
		朱佑字研谷張香都人副榜仕績谿教諭
	吳鸞字立青茂林都人任江西崇義知縣調福建平和知縣	董正治字近溪田中都人現任江蘇吳縣教諭
		查際盛九都人欽賜副榜
		朱廷魁字文度張香都人遵例候選府同知
		吳佩蓮字价青茂林都人文苑有傳
		胡沛澤字霽雲溪頭都人
		吳雲程字蹟青茂林都人
		翟夢槐字植三十一都人由府貢欽賜舉人已巳會試欽賜國子監學正仕江蘇吳縣訓導
		汪湛欽賜舉人已巳會試欽賜翰林院檢討
		吳觀鳳字紫庭茂林都人欽賜舉人已巳會試欽賜翰林院檢討
已巳恩科 朱鍾洪堂榜即用知縣分發山東歷署福山諸城知縣題補新泰知縣		
		翟金蘭字太虛十一都人恩貢乾隆庚子召試二等第七名甲辰召試二等第一名俱受恩賞緞疋
		王卿字亦三茂林都人府貢候選訓導文苑有傳
		趙繩祖字繼之東隅人
庚午	吳運樞字璿堂茂林都人	朱灼字俊卿張香都人副榜歷署祁

		趙學鏗字部鳴東隅人由歲貢試	門霍邱訓導無爲州亳州學正
		用訓導署建德教諭欽賜舉人辛未會	吳培德字樹堂茂林都人副榜試
		試欽賜國子監學正歷署銅陵舒城霍	用教諭歷署巢縣訓導當塗教諭
		邱教諭	胡鄂齡溪頭都人欽賜副榜
		章岱茂林都人欽賜舉人辛未會	吳承暄字補堂茂林都人優貢
辛未	潘錫恩蔣立鏞榜翰林院編修丁	試欽賜翰林院檢討	
	丑會試同考官戊寅大考欽取一等第		吳昌言字宣甫茂林都人文苑有
	一名擢陞翰林院侍讀授廣西學政日講		傳
	起居注官教習庶吉士國史館總纂兼		
	提調道光甲申大考欽取一等第五名		
	現任翰林院侍讀學士前於道光元年		
	覃恩誥授奉政大夫		
	胡世墉字崇垣溪頭都人郎用知		
	縣歷任江西靖安吉水知縣		
壬申			吳文璧字叔寶茂林都人府貢
癸酉		吳森字竹軒茂林都人	吳嘉言字讓臣茂林都人府選貢
		趙逵儀字羽可號衢齋東隅人	試用教諭署和州訓導
		沈棠字芾南岸前都人欽賜舉人	趙文英字掄一東隅人選貢候選
		甲戌會試欽賜國子監學正	教諭
		查際盛九都人欽賜舉人	王森字樹滋雙溪都人副榜
		王道經十都人由府貢欽賜舉	張光鍔字劒端南隅人欽賜副

		人仕靈璧縣訓導	榜
		章夢祥茂林都人欽賜舉人甲	胡俊升字聖集溪丁都人欽賜
		戊會試欽賜國子監學正	副榜
			董苞田中都人欽賜副榜
			查杰九都人欽賜副榜
			查佩鸞九都人欽賜副榜
			葉應字念仁太平都人府貢
			朱望霖字澤南張香都人
甲戌	胡世琦字瑋臣溪頭都人龍汝言		黃潤字吉占豐東都人府貢候選訓
	榜翰林院庶吉士散館改用知縣歷任山		導
	東費縣曹縣知縣加同知銜		
	朱楷字藻廷張香都人郎用知縣前		
	任江西雩都知縣補授進賢知縣現陞袁		
	州府同知		
乙亥			胡書紳溪頭都人府貢
			趙友麟字田文東隅人
丙子		朱寶書字晉齋張香都人五名	鄭熊光新豐都人欽賜副榜
		趙學曾字用渠號沂門東隅人	翟玉瓏字珍之十一都人府貢
		胡貞幹字時楝溪頭都人文苑有	趙同潤字懷禹東隅人優貢遵
		傳	例候選知州
		吳世宣字浚明茂林都人	
丁丑	查燿文字純一九都人吳其濬榜		趙季銳字梅亭東隅人

	郎用知縣改教現任		
	安慶府教授		
	吳敬恒字燮亭茂林都人翰林院		
	編修道光辛巳恩		
	科雲南正主考		
戊寅科		沈培字因之號植齋北隅人	
		查炳華字含輝號瑶圃九都人	
己卯科	翟發宗字馥平十一都人陳沆榜	朱俞昌字豫占號棠圃泉北都人	朱淮字百川張香都人府恩貢
	現任刑部福建司主	朱份字文之張香都人歷署盱眙訓	朱作霖字濟三號靄山張香都人
	事	導歙縣教諭	恩貢
			左鼎字昆吾西隅人優貢現任昭文
			縣訓導
庚辰科			吳澄字印清茂林都人府恩貢授州
			判職

涇縣續志　卷二　選舉表　十一

			查文英字佩華九都人恩貢
			趙鴻章字含之東隅人
道光辛巳恩科		吳望曾字熊侯茂林都人	吳彭齡茂林都人副榜
		吳奏言字絨卿茂林都人	章煥文字東溪茂林都人由監生
		潘肇書字軒臣茂林都人	欽賜副榜按、欽 賜例奉嘉慶十九年
		胡炳光字曜堂溪頭都人	上諭以年逾八旬 三場完竣者欽賜
		包世榮字季懷十一都人	副榜年踰九旬三場 完竣者欽賜舉人
			至監生年逾八旬三 場完竣者欽賜副
			榜由是科始
壬午	查炳華十八名戴蘭芬榜郎用知	胡國樑字任臣溪頭都人解元	朱鉽字鼎甫張香都人恩貢

	縣分發浙江歷署安	吳欣曾字小季茂林都人	吳晉顏茂林都人副榜
	吉蕭山知縣	吳浚字虞臣茂林都人	陳作霖字南湖上達都人副榜
		朱薾字鼎臣張香都人	鄭國光新豐都人欽賜副榜
		吳彭齡茂林都人	洪璋字禮南新豐都人府貢
			胡承謙字蓮友溪頭都人
			朱愷字煥文張香都人分發訓導
			翟溦芳字潤之十一都人優貢候
			選訓導道光元年舉孝廉方正
甲申			黃翰字昇南豐東都人
乙酉		吳庸熙字宅松十名茂林都人	吳承寵字吉甫茂林都人府選貢
		鄭驤十六名南隅人	朱榮寶字充之張香都人選貢

涇縣續志　卷二　選舉表　十二

		吳承寵字吉甫茂林都人	
		朱崇實張香都人	
		胡寶賢溪頭都人	
		朱秀實崇實弟	
		翟惟善十一都人	
		翟奎光字墨卿十一都人	
		吳麗澤字兌孚茂林都人	

薦辟

趙紹祖字琴士東隅人由廪貢分發試用訓導歷署廣德滁州學正道光元年舉孝廉方正巡撫孫考取一等第一名奏請用授六品頂戴

翟溦芳字潤之號藝圃十一都人道光元年由府優廪生舉孝廉方正巡撫孫考取二等授六品頂戴

趙憲章字希周東隅人道光元年由縣附生舉孝廉方

正巡撫孫考取二等授六品頂戴

前志進士舉人貢生陞調銓選官職有未詳者補註于後

吳芳培　乾隆甲辰進士翰林院編修累官日講起居注官翰林院侍講學士嘉慶庚申四川主考壬戌河南學政己巳順天學政擢內閣學士兼禮部侍郎辛未武會試總裁癸酉再任順天學政擢兵部右侍郎轉左侍郎丁丑轉吏部右侍郎戊寅擢都察院左都御史署吏部尚書庚辰　恩科會試副總裁名臣有傳

朱理　乾隆丁未進士傳臚翰林院編修甲寅山西正主考乙卯會試同考官歷任衢州府知府興泉永兵備道陞浙江按察使司授山東布政使司轉光祿寺卿旋署都察院左副都御史擢刑部右侍郎充武會試副考官庚午充順天鄉試副考官壬申授江蘇巡撫癸酉江南鄉試監臨乙亥調會場總督又授貴州巡撫名臣有傳

朱珔　嘉慶壬戌進士中式後覆試第一翰林院編修歷官至翰林院侍講充日講起居注官　尚書房行走　國史館提調丁卯科山東副主考庚辰壬午二科會試同考官現任右春坊右贊善

胡承珙　嘉慶乙丑進士翰林院編修掌陝西道監察御史工科給事中刑科掌印給事中庚午廣東副主考乙卯順天鄉試

同考官福建分巡延建邵道臺灣兵備道兼提督學政加按察使司銜

以上四人見洪志進士

胡青芝　乾隆壬申舉人選常熟教諭

翟永橿　乾隆庚寅舉人歷任建平山陽訓導

吳壽昌　乾隆庚子舉人戊辰　欽賜國子監學正

翟琭　乾隆丙午舉人揀發四川署溫江彭山大邑汶川榮昌知縣又署會理州知州補大竹縣知縣現改教任上海縣教諭

衛珽　乾隆戊申舉人戊辰由　欽賜編修　賞國子監司業銜

包幹臣　乾隆戊申舉人景山教習任福建候官知縣

朱一慊　乾隆己酉舉人任江西東安知縣現任石城知縣

陳寶泉　乾隆己酉舉人任淮安府訓導復任石埭教諭文苑有傳

趙文標　乾隆壬子舉人仕直隸懷來知縣

胡澤淵　乾隆甲寅舉人現任江浦教諭

葉必蕃　乾隆乙卯舉人戊辰　欽賜國子監學正

朱煊　乾隆乙卯舉人現任滁州學正

馬肇勲　乾隆乙卯北榜舉人景山教習現任上元教諭

趙懋曜　嘉慶戊午舉人任和州學正

吳寶潤　嘉慶戊午舉人仕沭陽訓導

朱恒　嘉慶戊午舉人仕太和訓導

吳學洙　嘉慶辛酉舉人仕句容教諭

吳文炳　嘉慶辛酉舉人前任蒙城教諭充實錄館謄錄議叙一等候選知縣

葉芷　乾隆辛酉　欽賜舉人戊辰由　欽賜編修　賞國子監司業銜

趙祖慶　嘉慶甲子舉人揀發河南歷署湯陰延津安陽知縣現任襄城知縣

吳廷輔　嘉慶甲子舉人試用訓導歷署懷遠當塗教諭廣德州學正宿州訓導丁丑大挑二等授祁門教諭

章雲路　嘉慶甲子　欽賜舉人己巳由　欽賜檢討　賞編修銜前于嘉慶元年會舉孝廉方正巡撫朱給居賢善俗匾額

以上二十二人見洪志舉人

左暄　乾隆丁酉選貢任蒙城教諭

洪邦萃　乾隆戊申府貢選青浦訓導

趙春泉　乾隆辛亥歲貢仕蕭山訓導文苑有傳

吳轂　乾隆癸丑府貢仕滁州訓導文苑有傳

張履元　乾隆癸丑歲貢任震澤訓導

胡必豪　乾隆乙卯府貢選來安訓導

吳念恒　嘉慶庚申副貢仕舒城教諭

查敦倫　嘉慶甲子歲貢歷署太湖額上訓導定遠建平教諭文苑有傳

以上八人見洪志貢生又外籍胡高芳原名張應龍南陵籍乾隆乙酉歲貢仕訓導見採訪册

例仕

查廷華字九峯九都人任福建福州通判以靖海氛功特恩賞戴花翎遷臺灣淡水同知例選河南南汝光道署河南按察司現任陝西鳳邠道

朱格字壽平由郎中除四川嘉定府知府署綏定府知府

吳斌字碩臣茂林都人附貢生任江西饒州府知府捐廉倡修聖廟

翟慎行十一都人附監現任直隸武强縣知縣前署平鄉縣知縣

吳杖監生茂林都人任四川榮昌縣知縣

朱德懋字予簡張香都人廩貢由刑部郎中任廣西南寧府知府護理左江兵備道宦業有傳

朱菁字諤庭附貢生任江西南康府通判復選湖北黃州府通判

吳鏞字序東茂林都人任刑部雲南司員外郎

吳恕恒字寶山貢生原任雲南賓川州知州

左瑜字廣川任雲南江川知縣兼攝河陽縣事宦業有傳

沈長庚字西垣附貢北隅人以理問分發陝西署同州府經歷嘉慶丁卯補授布政司理問本缺

朱烘字題士廩貢由國子監議叙署宿州學正文苑有傳

朱路字秀升太學生例授江西弋陽縣丞現任鉛山縣丞署上猶縣事前志載朱校改今名

翟震陽十一都人署福建龍溪縣丞

朱豫章字種畦太學生實錄館謄錄議叙天津興國場鹽大使現任濟民場鹽大使

趙世珍東隅人任浙江杭州府江漲稅課司兼管吳山郵政

章國楷字潤期茂林都人直隸平山縣典史前任正定府正定縣河廳

吳樞監生茂林都人主簿分發浙江

陳大森字東園任江西贛縣縣丞歷署雩都龍南信豐長寧等縣知縣

沈濤岸前都人任四川冕寧縣丞署汶川縣事

翟桂監生廣東韶州府司獄調香山縣黃圃巡檢

朱鈺字聲玉廩貢署亳州學正桐城教諭

吳世銘監生茂林都人任直隸臨榆巡檢

章鴻監生茂林都人前任湖北建始縣典史現調漢陽黃陂縣典史

吳樂賓字鹿坪附貢生任河南澠池縣典史

以上二十五人俱見前志例仕朱菁並見薦辟因官階除改

涖任各殊故復錄補其已見前志而未遷除涖任者不錄

吳承棨茂林都人刑部陝西司郎中

吳俊三字寶門貢生任中書科中書充已卯武闈會試收掌官

吳承端字立山附貢生山東莒州知州調補寧海知州

沈標字建霞廩貢北隅人試用訓導署銅陵訓導

吳履瀛字小滄茂林都人廩貢試用訓導歷署桐城望江教諭舒城和州訓導

吳文瓛廩貢試用訓導歷署潛山教諭定遠訓導

沈彬字知三北隅人現任雲南和西縣典史歷署景東廳經歷普洱府分防威遠知事

吳天澤字履齋茂林都人例授刑部湖廣司主事

吳寬字粟園附監生例授同知分發江西署廣信袁州二府同知

張忠清字懷貞南隅人廩貢試用訓導歷署太湖教諭建德訓導道光三年保舉咨部原班先選

吳世華廩貢茂林都人試用教諭署定遠教諭

翟文英字玉圃十一都人分發江西試用縣丞

查德基字亦皋廷華子例授通判分發江蘇

后本濟監生現任江西南安府經歷

吳紹沅監生江蘇梁垛場鹽課大使

胡起芳字聯若溪丁都人任福建霞浦巡檢懿行有傳

翟鍾十一都人分發四川歷署按察司司獄仁壽梁山閬中三縣典史邛州吏目

王時中雙溟都人分發湖北署保康縣典史

翟因培監生十一都人分發陝西署鄠縣典史

吳慶元字春船茂林都人分發貴州試用未入

翟文錦字屏山十一都人候選知縣

吳炳煊茂林都人候選布政司理問

吳作霖字雨巖茂林都人候選大理寺寺丞

吳玉衡茂林都人候選縣丞

翟善浩十一都人候選從九懿行有傳

查崇大字振元例授從九分發直隸歷署滿城縣典史張三營巡檢

翟諧十一都人現任湖南寶慶府經歷兼司獄事

陳廷泰字階平監生上連都人考授吏目分發四川

吳世顥字軼羣茂林都人候選郎中

吳應鐸茂林都人候選兵馬司正指揮

查輔仁字友成候選州同知

吳士騏字弁甫茂林都人貢生候選縣丞

馬國賓字覲侯大成都人由國子監議叙候選訓導

朱鑾字殿颺張香都人附貢候選庫大使

翟履元字端崖十一都人候選從九

張鶴齡 字翔雲南隅人候選庫大使

吳兆蓉 茂林都人候選從九

王元淦 字商賢候選從九

翟一潢 字漢若候選未入

吳世詮 候選州吏目

吳應培 茂林都人候選未入

汪燾 曹溪都人分發雲南試用未入

吳世榮 茂林都人候選從九

吳廷祿 茂林都人候選從九

朱瑔 字濟川張香都人候選未入

陳露滋 上連都人候選未入

查廷珍 九都人廷華弟候選從九

翟一熉 十一都人候選從九

吏仕 後附載 廟員

王璥 字西林大成都人議敘從九軍前効力補四川巴縣典史已見前志後改授廣東徐聞縣巡檢卒于官

查輝祖 九都人議敘現任湖北竹谿縣豐溪巡檢

沈英 字蘭友岸前都人議敘現任山西吉州吏目

胡彬 議敘現任甘肅甘州府經歷

胡世儒 廣東崖州樂安巡檢

朱衍慶 字立廷張香都人議敘現任陝西涇陽縣典史

胡斌 溪頭都人議敘山東曲阜典史

吳逢盛 茂林都人太常寺則例館議敘候選府經歷

朱浩 字季瀛張香都人兵部則例館議敘候選府經歷

吳松年 茂林都人光祿寺則例館議敘候選未入

吳景洛 鹽課大使　至聖廟督理管勾廳

查崇理 九都人詹事府供事議敘候選從九

吳因禮 茂林都人　至聖廟督理管勾廳

朱濤 字志先張香都人兵部則例館議敘分發廣西候補府經歷

吳承黼 茂林都人議敘候選未入

吳寶綸 監生充國史館謄錄議敘以鹽課大使用

吳鑾 議敘從九　至聖廟督理管勾廳

董炤休 議敘從九分發浙江

吳編 茂林都人　至聖廟平陽屯屯官

朱宗洵 張香都人　至聖廟詩禮堂啟事官

以上例仕四十八人吏仕十五人廟員五人俱見採訪册

武舉人

嘉慶庚午 翟櫆 字梅南十一都人辛未挑選二等分發安徽撫標効力候選千總

嘉慶[illegible] 趙同炳 字采臣東隅人候選千總

趙魁元 東隅人候選千總

武職

董世堯 嘉慶元年在陝西團聚鄉勇勦匪有功賞給六品提軍全銜

董一明 世堯子賞給七品軍功職銜

以上二人見採訪册

贈封

吳一標 已見前志又以曾孫芳培貤贈資政大夫詹事府詹事加三級晉贈榮祿大夫光祿大夫兵部左侍郎加三級

朱慶需 已見前志以孫理累贈通奉大夫晉贈資政大夫貴州巡撫

朱武勳 已見前志又以曾孫理貤贈通奉大夫山東布政使

朱安淮 已見前志以子理累贈通奉大夫晉贈資政大夫貴州巡撫

朱安沆 即景李理本生父已見前志以理累贈朝議大夫晉贈資政大夫貴州巡撫

吳蕙田 已見前志又以子天澤由刑部湖廣司主事加級贈中議大夫以子靖袠由員外郎贈奉直大夫

吳豹文 已見前志又以子學道都察院都事加級贈中憲大夫以子俊三中書科中書加級贈奉政大夫以孫世紳同知加級貤贈中憲大夫

胡之楝 原任河南新安縣知縣以曾孫承珙貤贈通議大夫福建臺灣兵備道加按察使銜

胡遠齡 捐職州同以子承珙累贈通議大夫福建臺灣兵備道加按察使銜

吳廷珊 已見前志又以孫天澤由刑部湖廣司主事加級贈中議大夫

朱安潤 已見前志又以孫格戶部郎中加級貤贈朝議大夫

朱安桂 以子琦贈奉政大夫翰林院編修加四級

朱安邦 琦本生父以琦贈奉政大夫翰林院編修加四級

胡兆殷 庠生以孫承珙累贈通議大夫福建臺灣兵備道加按察使銜

胡承琛 庠生以弟承珙貤贈中憲大夫福建分巡延建邵道

查士達　字玉成監生以孫廷華貤贈朝議大夫

朱　芑　州同以子格累贈朝議大夫戶部郎中四川嘉定府知府

朱慶彩　已見前志又以孫德懋工部員外郎加級贈奉政大夫累贈朝議大夫晉贈中憲大夫刑部福建司郎中加三級

潘膺傑　已見前志以子錫恩封奉政大夫翰林院侍讀

吳善誘　已見前志又以曾孫恕恒貤贈中議大夫賓川州知州加四級

吳宗澤　字體仁以子念恒封修職郎舒城縣教諭以子敏恒贈文林郎翰林院庶吉士晉贈承德郎翰林院編修加二級以子恕恒封中議大夫賓川州知州加四級

吳天培　以子廷芳贈中憲大夫戶部河司員外郎加三級

胡先操　監生以子世琦翰林院庶吉士充國史館纂修議叙加四級贈奉政大夫

翟大程　以孫發宗刑部主事加一級貤贈奉直大夫

朱　怡　歙縣訓導遵例授奉直大夫以弟德懋贈朝議大夫刑部福建司郎中加一級

朱　瑤　廩貢生以堂弟琦贈奉政大夫翰林院編修加六級

朱　瑄　理問以出嗣弟琦贈奉政大夫翰林院編修加四級

吳　遜　監生以孫承榮貤贈朝議大夫刑部陝西司郎中加一級

朱　脩　拔貢以弟格貤贈朝議大夫四川嘉定府知府

查元亮　字滙泉監生以子廷華贈朝議大夫晉贈中憲大夫

朱　蕤　州同以姪格貤贈朝議大夫四川嘉定府知府

朱紹陳　已見前志又以子德懋工部員外郎加級貤奉政大夫累贈朝議大夫晉贈中憲大夫刑部福建司郎中加三級

吳　功　字明試以孫敬恒貤贈文林郎翰林院庶吉士晉贈承德郎翰林院編修加二級以孫承端贈奉直大夫莒州知州以孫恕恒贈中議大夫賓川州知州

吳培麟　字趾仁以子承端贈奉直大夫莒州知州

吳善謙　以孫廷芳貤贈中憲大夫戶部河南司員外郎加三級

胡先抱　世琦本生父舉人揀選知縣以世琦貤贈文林郎山東曹州府曹縣知縣

翟象曾　以子發宗刑部主事加一級贈奉直大夫

朱　恒　以子一座贈儒林郎州同以弟德懋贈中憲大夫刑部福建司郎中加三級

朱　琛　理問以出嗣弟琦封奉政大夫翰林院編修加四級

吳世業　布政司經歷以子承榮贈朝議大夫刑部陝西司郎中加一級

朱一本　以弟格貤封朝議大夫戶部郎中加一級

吳一梓　庠生以孫昌齡貤贈儒林郎翰林院庶吉士加一級

朱慶鄢　已見前志又以孫菁黃州府通判貤贈承德郎

朱安衡　以子菁南康府通判加級貤封奉直大夫

吳一儀　已見前志又以孫濤贈承德郎福建興化府通判以孫鴻裁貤贈文林郎湖北鄖縣知縣

翟承陞　附貢生以孫樹滋貤贈文林郎甘肅中衛縣知縣

翟念曾　以姪發宗刑部主事貤贈承德郎

胡承詠　已見前志副榜以孫世墉貤贈文林郎江西吉水縣知縣

朱安潛　以孫楫贈文林郎江西進賢縣知縣

查　話　貢生以孫耀文貤贈文林郎安慶府教授

朱　週　以孫一慊江西石城縣知縣加三級贈奉直大夫

朱　榮　以姪一慊貤贈文林郎江西石城縣知縣

趙有慶　以孫文標貤贈文林郎直隸懷來縣知縣

左逢元　貢生以子瑜封文林郎雲南江川縣知縣

朱　蘇　以子熀貤贈修職郎滁州學正

趙艮符　庠生以子懋曜貤贈修職郎和州學正

章　甫　庠生以外孫吳檀工部都水司主事貤贈承德郎

朱　蕙　已見前志以子佑貤贈修職郎績溪縣教諭

吳　彬　以子寶潤貤贈修職郎江蘇沭陽縣訓導

吳　縉　分發府經歷以子文炳貤封修職郎蒙城縣訓導

趙艮業　歲貢以子春泉貤贈修職郎蕭縣訓導

吳孟元　監生以子昌齡貤贈修職郎東臺縣訓導晉贈儒林郎翰林院庶吉士加一級

朱　葵　以弟菁南康府通判加級貤封奉直大夫

吳承龍　以子濤贈承德郎福建興化府通判

吳　濬　以子鴻裁封文林郎湖北鄖縣知縣

翟守燾　刑部廣西司主事以子樹滋封文林郎甘肅中衛縣知縣

胡　鈞　舉人山東鄆城縣知縣以子世墉贈文林郎江西吉水縣知縣

朱　蒲　以子楫贈文林郎江西進賢縣知縣

查天敘　監生以子耀文贈文林郎安慶府教授

朱　業　以子一慊贈文林郎江蘇泰興縣知縣

翟　汾　拔貢以子瑔贈修職郎江蘇上海縣教諭

趙　佺　以子文標贈文林郎直隸懷來縣知縣

趙念飛　庠生以外孫左瑜貤贈文林郎雲南江川縣知縣

胡承誧　庠生以姪先聯貤贈修職郎江蘇睢寧縣教諭

胡葆元　以子澤淵貤贈修職郎江蘇江浦縣教諭

吳聖錄　以子學洙貤贈修職郎江蘇句容縣教諭

吳承雲　以姪廷韓貤贈修職郎祁門縣教諭

吳百湛　以子彭年封修職郎江蘇江陰縣訓導

吳一治　以子穀貤贈修職郎滁州訓導

張　崧　庠生以子履元貤贈修職郎江蘇震澤縣訓導
左　瀛　候選府同知以子鼎封修職郎江蘇昭文縣訓導
朱　澄　以子路貤贈修職郎江西鉛山縣縣丞
翟思鎔　以子桂貤贈登仕郎廣東韶州府司獄
翟日章　以姪桂貤贈登仕佐郎廣東香山縣黃圃司巡檢
王寶君　以子道經貤贈修職郎靈壁縣訓導
陳明珠　以子大森貤贈修職郎江西贛縣縣丞
胡先孟　以子世儒貤贈登仕佐郎廣東陸豐縣黃沙坑巡檢
翟　楓　已見前志又以子大猷貤贈登仕佐郎江西安福縣典史

以上覃恩贈封八十八人其有前志已載而後又晉贈者及覃恩而又遵例者皆據採訪册一併附註於下

翟　奎　以子著贈文林郎永福縣知縣明隆慶間
胡其鶴　以子嗣齡貤贈修職郎江蘇如皋縣教諭乾隆間
王大德　以子灉贈威武將軍陝西永昌衛守備國朝順治間

以上覃恩贈封三人前志未載今據採訪册補

趙廷琇　貢生以子良泉理問加四級贈朝議大夫
查天行　名思健以字行以孫炳華即用知縣加四級贈奉政大夫
朱必達　以孫棻州同加二級贈奉直大夫
朱　藩　以孫宗慮州同加二級貤贈奉直大夫
朱　華　以孫宗檀州同加四級貤贈朝議大夫
朱　熾　以姪宗壇州同加四級封朝議大夫
周仁冏　以孫汝錡州同加四級贈朝議大夫
朱安然　以子平義州同加二級贈奉直大夫
翟惟新　布政司理問以子廷琛理問加二級封奉直大夫
胡世經　以子澤歡遵例加級封奉直大夫
朱慶霞　以孫蕙理問加二級贈奉直大夫
查玉衡　字侍臣以子炳華即用知縣加四級贈奉政大夫
朱　泩　以子棻州同加二級贈奉直大夫
朱　熚　以子宗慮州同加二級封奉直大夫
朱　煜　以子宗壇州同加四級封朝議大夫
朱　燾　以姪宗壇州同加四級封朝議大夫
周釗賢　以子汝錡州同加四級贈朝議大夫
翟尚嶸　以子思林州同加二級贈奉直大夫
章光裕　以子懋勳州同加二級封奉直大夫
吳景山　以孫國牧理問加級贈奉直大夫

吳邦本　布政司經歷以子國牧理問加級贈奉直大夫
翟永銓　以子嘉樂州同加二級貤贈奉直大夫
吳學詩　字懷棠州同以子世紳同知加級封中憲大夫
吳學禮　字立夫監生以出繼子烒由布政司經歷加級贈朝議大夫
吳殿一　以子烒布政司經歷加級贈朝議大夫
朱安池　以孫鏸州同加四級貤贈朝議大夫
朱慶朗　以孫算州同贈儒林郎
朱　本　以子錦章理問贈儒林郎以孫凝杰州同加二級贈奉直大夫
洪爵五　以子幹城州同加二級贈奉直大夫
翟思瓊　以孫嘉樂州同加二級貤贈奉直大夫
吳鴻圖　字羲文貢生大理寺丞以子銘由府同知加級贈朝議大夫以孫嘉謨由州同加級贈奉直大夫
吳　鏞　字序東貢生刑部雲南司員外以子嘉謨由州同加級贈奉直大夫
吳讓恒　郡庠生以子渭來理問加二級贈奉直大夫
宗　芝　以子鏸州同加四級贈朝議大夫
朱安飛　以子算州同贈儒林郎以孫解祥州同加二級贈奉直大夫
洪禮中　以孫幹城州同加二級貤贈奉直大夫
洪邦冒　以出繼子幹城州同加二級貤封奉直大夫

朱武鋐　以孫安桓州同加二級贈奉直大夫
朱安栗　以子凝韜州同加二級封奉直大夫
朱安楨　以子凝賜州同加二級贈奉直大夫
李元桃　以孫慶恩州同加二級贈奉直大夫
吳光顯　以孫國俊由州同加級贈奉直大夫
查世傚　字載南以孫輔仁貤贈奉直大夫
王永悌　字中之以孫際隆州同加二級贈奉直大夫
章必特　以子重光州同加二級封奉直大夫
鄭天授　以子啓恬州同加二級贈奉直大夫
朱　棟　以子宗然理問加二級贈奉直大夫
潘成部　以子元禮州同贈儒林郎
朱慶濡　以子安桓州同加二級贈奉直大夫
朱采藻　以孫凝賜州同加二級贈奉直大夫
朱慶瀾　以子安桺州同加四級贈朝議大夫
李廷澤　太學生以子慶恩州同加二級贈奉直大夫
吳啓斌　監生以子國俊州同加級贈奉直大夫
查愼行　字士可國學生以子輔仁贈奉直大夫
王承佐　字芾仁以子際隆州同加二級封奉直大夫
鄭明銓　以孫啓恬州同加二級貤贈奉直大夫
朱　蕚　以孫宗然理問加二級貤贈奉直大夫
潘廷補　以孫元禮州同贈儒林郎
吳善惠　布政司理問以子以璋贈儒林郎布政司經歷

吳　昀附貢生以子世祿試用訓導封修職佐郎
朱安瑾以子平浚州同贈儒林郎
陳顯榮以子文炳遵例贈儒林郎
吳守輿監生以子祈詰理問贈儒林郎
吳元燈以孫承濃貤贈儒林郎布政司理問
吳兆鰲監生以孫承波州同贈儒林郎
吳崇禮字漢文監生以孫世恭貤贈儒林郎布政司理問
吳季材字培之邑庠生以子肅護貤贈登仕郎府知事
吳百稠以子世品布政司理問贈儒林郎
朱慶桉監生以子安炳州同贈儒林郎
朱　球以子凝順州同贈儒林郎

朱慶院以孫平浚州同贈儒林郎
陳明珠以孫文炳遵例貤贈儒林郎
吳德讚監生以孫祈詰理問貤贈儒林郎
吳一煥字彩文以孫以璋貤贈儒林郎布政司經歷
吳大志監生以子承濃封儒林郎布政司理問
吳世態監生以子承波州同贈儒林郎
吳義方字燕山監生以子世恭封儒林郎布政司理問
吳善煬以孫世品布政司理問貤贈儒林郎
朱武沛理問以孫安炳州同貤贈儒林郎
朱　椿以孫凝順州同貤贈儒林郎
洪舉賢監生以孫宦祥州同貤贈儒林郎

洪吉泰監生以子宦祥州同封儒林郎
鄭文蘭以孫啟烈州同貤封儒林郎
朱慶科以孫寧五州同貤贈儒林郎
吳斯盛以子應琮贈登仕佐郎
汪文揚以子振翰候選未入流貤贈登仕佐郎

翟集成監生以子旌陽州同封儒林郎
鄭名璲以子啟烈州同封儒林郎
朱必務以子寧五州同封儒林郎
董世魁以子一選贈登仕佐郎
朱安溥從九品以子衛宣理問贈儒林郎

以上遵例贈封九十一人其已見前志而後又遵例加贈者
一併附載見採訪册

廕襲

吳　檀以父芳培兵部侍郎廕工部都水司主事

以上一人見採訪册

涇縣續志卷三

人物　名臣　宦業　忠節　孝友　儒林　文苑　武功

名臣

趙青藜字然乙號星閣生而穎異九歲能文乾隆元年舉會試第一選庶吉士散館授編修戊午辛酉浙江主試改補江西道監察御史值內艱歸服闋補山東道監察御史丁卯主湖南試凡三掌文衡所得多知名士在臺中前後五年有直聲而能持大體不為激切之語章疏凡數十上如請清屯田以歸運丁請弛米禁以濟民食請仍耗羨歸公請興西北水利皆有關利病又劾總督高斌侍郎周學健奏開捐例謂此風一開將見言利之徒接踵而起為害甚大　上嘉其有所見其合糾協辦大學士彭維新奪情議尤

侃侃十三年奉　命查賑山東還京以耳疾乞休　上南巡伏迓道左蒙　存問者再年八十二卒生平以不欺為主接人外和而內嚴不可干以私為古文受義法於桐城方苞故風格似之苞稱及門有所祈嚮而可信其操行之終不迷者惟青藜為最詩宗杜甫晚乃歸于韓愈性喜遊往來黃山白嶽間見諸歌詠蕭然自適著有漱芳居文集十六卷詩集三十二卷青藜學尤長於史所作讀左管窺二卷於二百四十二年鱗次櫛比穿穴甚深子艮震庚午舉人艮霖丁卯舉人艮霈諸生艮霨乙卯進士內閣中書艮霨

增生

吳芳培字霽菲號雲樵幼穎敏好學能文乾隆己亥舉人甲辰登進士授庶吉士丁未散館授編修嘉慶四年遷詹事府贊善晉中

允翰林院侍讀充四川鄉試正考官時教匪蔓延秦蜀間行次沔
縣賊犯城縣令馬允剛倉皇報警遂留駐沔縣浹旬爲令畫守城
事甚具與副考官魏元煜率衆登陴橫刀鼓角堅壁以俟賊駭遁
追訖事復　命　仁宗睿皇帝垂問匪形一一具奏　上加褒
諭深憫勞藎六年八月奉　旨督學豫省　上曰汝兩次考差俱
取前列舊歲典試入蜀道途受警今　特簡放河南去京較近離
汝安徽亦不遠汝其勉之九年秩滿入都十年遷右庶子旋遷侍
講學士十二年轉侍讀學士稽察覺羅官學十三年擢詹事府詹
事與三品以上大員同考試差　奬諭寫作俱佳可云好學同列
榮之十四年五月　簡任順天學政釐奸剔弊如在中州時十一
月擢內閣學士兼禮部侍郎十六年會試知貢舉十八年再任順
天學政擢兵部右侍郎轉左侍郎仍入兵部視事九月十五日逆
賊林清匪黨百餘人突入　禁城事起倉卒芳培督本兵與　王
大臣率衆擒捕賊盡殲焉二十一年授吏部右侍郎二十二年正
月與　重華宮茶宴聯句二十三年擢都察院左都御史署吏部
尚書左遷兵部左侍郎二十四年補吏部右侍郎復署都察院左
都御史二十五年充庚辰　恩科會試副總裁得陳繼昌三元繼
錢棨之後　御製詩有景運兩三元之句誠科名盛事也尋調兵
部左侍郎七月十八日扈　蹕灤河忽於二十五日　睿皇帝
龍馭上賓與扈從諸臣攀號莫及前二日　上問汝蔴患臂痛痊
後運掉如常否對曰如常維時　聖體有臂痛之患是以詢及旋
護奉　梓宮還京臂復加痛恭逢　聖皇御宇勵精圖治眷念老

臣雖筋力衰邁不敢少萌退志道光二年正月　恩予休致蹕聆
聖諭感激涕零𦆵摺泥謝具言奉職三朝服官四十載終始保全
生還鄉土從此偃仰林泉優游暮齒樂　昇平之歲月感高厚之
鴻恩尚期報稱云云歸里甫兩月卒年七十平生性耽吟咏著有
雲樵詩箋四卷子五棫庚申舉人棫任四川榮昌縣知縣樞浙江
試用主簿櫍廕生工部都水司主事楠監生
朱理字燮臣號靜齋張香都人乾隆丁未二甲一名進士改庶吉
士散館授編修　京察一等嘉慶元年授浙江衢州府知府初下
車裁革陋規與民休息廉知土豪葉榮耀橫行不法狀即收繫坐
遣戍懸民王某食齋斂錢營弁欲以獲教匪邀功理研鞫但科本
罪全活甚衆遷福建興泉永道駐廈門有艇匪六舟突至時汛兵
半隨提督往勦賊存者羸弱理急募鄉勇守禦發礮擊破二船擒
六七十人餘始遁進浙江按察使將行值龍溪南靖水理往勘詳
請蠲賑災黎獲蘇兩浙洋盜往往有良民被脅者理推驗多所矜
釋溫州莊以溢因抗糧聚衆毆縣令勢張甚理馳往縛治合邑帖
然擢山東布政使入覲　上以品正守廉褒之未匝月內轉光祿
寺卿署都察院左副都御史超擢刑部右侍郎轉左屢奉　命往
讞直隸河南徐奏各案及豫民部控事皆得實理既受　主知深
十七年遂有江蘇巡撫之命先是前撫臣章煦密陳江蘇虧帑事
理上言綜核得實惟在截流以清源　上嘉其一語包括尋酌籌
條法期可以除民之積欠祛吏之積蠹彌官之積虧者釐其目有
七奏入　詔如議又以民賦因災緩積壓懇請展限四年以紓民

力從之疏請清釐積案畧言控案蚕結一日郎百姓少受一日之
累語皆切當海門廳向隸通州崇明應試涉歷重洋寒畯裹足理
請專立學校設額數海門立學自此始又嘗疏浚安東一帆河鎮
洋劉河築靖江碎石坡修睢寧東西堰宣洩捍衛胥利賴焉淮揚
以北多水患每有聞即輕裝履勘奏請蠲緩給籽種口糧撫吳二
載　召入爲內閣學士旋授刑部右侍郎調倉塲侍郎甘肅虧豁
事覺使往治其獄甄實入奏　上以公正嘉焉旋酌擬章程五
上蹕之未還朝復授刑部右侍郎理至是凡三爲刑部前後部有
讞問必與同官虛衷商榷雖重案祇務得情而止尋授貴州巡撫
黔地民苗錯處撫綏弗善或滋事理一鎮以靜上下安之苗弁遺
缺無可充稔其向化安業循舊章裁汰前後凡九人奸民鬻婦女

於楚蜀時有迷誘最爲閭閻害理飭屬嚴詞甚者寘諸法風少戢
二十四年卒於官理性簡約自初出守及爲大吏使他邦絕不苟
費所司供具履潔飲冰終始一節所至常以振文教樹士範爲先
於浙復新正誼書院清還宋趙清獻抃塋地於吳重葺蘇州府學
修理明楊禮部循吉祠墓嘗一關　召試卷兩主鄉試充鄉會試
同考官各一所得皆知名士乙卯分校禮闈鼎甲三人兩出其門
一時詫爲盛事子四廷魁戊辰舉人候選府同知廷黼廪貢生

宦業

吳昌齡字季卿優貢生由教習授東臺訓導中乾隆己酉舉人在
東臺三任整飭學校前後預薦辟登賢書者皆素所奬勵士嘉慶
乙丑丙寅縣境被水承辦賑務監粥廠俱實心經理查勘戶口民
沾實惠中丞汪保薦送部引　見以知縣用離任日結綵焚香餞
民跪送于途者不絕旋中嘉慶戊辰進士授翰林院庶吉士散館
改吏部稽勳司主事兼文選司題陞文選司員外郎積勞成疾卒
于官著有以鳴編四卷勘災詩二卷藤花書屋賦存二卷東臺名
宦有傳

朱德懋字予簡廪貢生少沉靜好學嘉慶七年遵例捐員外隸工
部營繕司補虞衡司與則例館纂修陞刑部福建司郎中二十四
年冬俸滿引　見記名特授廣西南寧府知府裁陋規清積案禁
銀票易貨折閱之獘商民戴德闔邑紳士奉堂額一曰善教民愛
牌二曰官清民樂曰北海復來先是南寧大盜李姓者號二百五
被獲解審復翻供德懋奉委覆訊時到任甫月餘善言開導盜俯

首服縣令問盜爾何不早供對曰青天在上實不忍欺也其誠信
如此中又護理左江兵備道二次皆能其職道光四年卒于官年
五十有三喪歸囊槖蕭然父老皆爲流涕

吳濬字禹功乾隆己亥舉人四庫館議叙知縣分發福建初任邵
武縣剔弊除奸振興文教性剛直不阿時爲拒報社長鹽商爲太
守所不許邵武本係衝途上下往來供張甚費濬不肯以差役累
民而遂致虧公瀕行時士民力爲補苴且爲繪琴鶴圖贈言累軸
比之趙清獻公及任羅源奉憲採買倉穀毫不累民合邑稱之後
任松溪任永定咸得民心爲甲寅充同考官得人稱盛推海道梁
公章鉅其最著也乞休歸以誘掖後進爲事夫婦八十齊眉卒時
年八十六子廷輔鴻裁皆舉人作舟附貢生孫奏言舉人皆同堂

親見

趙雷生字孟侯東隅人以乾隆己酉拔貢考充正白旗教習揀發貴州歷署開泰青谿遵義知縣甫涖遵義淹獄百餘人不半月剖決殆盡獄幾空考棚傾圮向例苛派民間承辦雷生捐俸修理并置坐號千餘於嘉慶七年造册詳報爲持久計時巡撫初彭齡藩司百齡深器重之其治遵義以廉能貞勁自將不肯爲郡守屈守嘗撓其治幾獲譴雷生縷陳方伯方伯集訊獨直之旋請代去遵義民具呈保留者千餘人方伯問趙令到任裁數月何德及爾曹而至此皆對曰清正嚴明六十年無此好官矣後移署鎮寧州知州以母老引疾歸卒著有省齋詩鈔四卷子學曾丙子科舉人

吳蕙田字伯芳少有文名試輙冠軍官中書文章典雅忠慎自矢

劉石菴相國亟稱之以父老乞歸築紫荆園積書以教子孫孫斌任江西饒州知府下車日即捐廉倡修　文廟葺芝陽書院優膏火以奬寒畯所拔識多知名士爲政尚寬平以廉潔表率僚屬爲克繩祖武云蕙田以子天澤贈中議大夫子運樞庸熙皆舉人

吳鴻裁字衡堂濬第三子由廩貢舉順天鄉榜實錄館議叙授湖北鄖縣知縣時陜西小醜擾亂鄖故接壤裁甫到任力請上憲防堵提鎮道府駐鄖月餘多方設法寇警遂息大憲極器重之其治績多本父訓決獄如流邑大堂有匾曰澤被鄖鄉頌德政也充戊辰同考官得士多通籍者嘗捐廉三百金倡修　文廟會大憲以裁辦公明幹奏請採辦滇銅事遂褰旋束裝就道受瘴癘病卒滇南年四十有四子克繼孫迎眷並遊庠

吳豹文字蔚南任雲南大理通判弭盜有法境內肅然擱渡數水災爲築堤以資捍禦得膏腴數千頃攝祿豐事聽斷稱神明歸里日士民懷之子學書廩貢官工部屯田主事歷員外郎勤慎不苟仕不忘學能以清白世其家子俊三中書科中書孫士騏縣丞雲程舉人顯上訓導

胡士程字雲九乾隆乙酉舉人揀發直隸歷任九州縣案無留獄政寬刑簡廉明最著初任行唐值歲饑捐廉設粥助賑全活無數任阜城差務殷繁牛驢車輛俱出民間捐俸造車以備運送勒石記事人稱爲胡公車因病告歸卒年八十四子世德由廩貢生署安慶府教授

王起元字晉三大成都人附貢生任四川開縣浙江東陽縉雲知

縣乾隆二十六年開縣水災捐俸五百餘金撫恤邑民又捐俸百餘金修理盛山書院後任東陽縉雲縣事士民戴德製繡旗錦蓋送之曰以誌愛也因老告歸振興文會鄉里咸敬重之

吳廷芳字樹芬嘉慶戊辰任河南司員外郎出爲嚴州知府察吏安民風化大振衢州苦旱廷芳奉札查勘不辭勞瘁故嚴衢二屬頌德政者口碑載道後竟以勞成疾卒于省

吳濤字淳夫嘉慶丙寅由監生選授福建興化府通判愷悌嚴肅吏惕民懷莆中大旱屢禱不應濤齋戒虔祈早設壇而午大雨人謂之吳公雨觀風課士擢取五人登賢書者四踰歲成進士者三郭尚先其尤也涖任八月勤愼廉能上臺委辦軍硝備盡勞瘁差竣乞假回籍調理撫軍張公師誠惜其才固請之始允生平天性

純篤言笑不苟尤樂善好施值歲歉輒捐所積以頒貧者年七十一卒

吳徵休字个園由舉人任陜西長武縣知縣性慈和撫民若子邑有豪猾懲以法民畏而愛之年四十五以疾卒于官輿櫬歸里宦槖蕭然古書殘帖詩稿數卷而已

左瑜字廣川東隅人州同嘉慶十一年遵例授雲南江川知縣兼攝和陽縣知縣興利除弊化洽民心在任三載告歸捐田四十餘畝市房二所創興西白文會以為科歲鄉會試盤費邑人趙艮霨有記嘉慶卄九年捐銀一千二百兩以賑貧族載縣册助南城外月有山以為義塚鄉里咸敬重之

翟永機號秋浦國學生由四庫館謄錄議叙選雲南南安州吏目

署東川府經歷精明練達歷有惠政為富制府綱所器屬文敏捷字法精工凡制府有大奏議咸出其手將保舉陞職而以疾卒于官年四十八制府深惜之

胡元淦字寶泉由附監生遵例分發廣東署曲江縣丞嘉慶乙丑韶州兵變元淦星夜踰城撫以温語解散去撫軍重之擢署翁元縣事以勤勞卒于公署

吳成琢字玉章乾隆己亥舉人授深水訓導啓廸士子多所成就時值公出諸生以訟事株連將獲譴督學劉素器重琢力為申辦事得寢邑西門秦淮橋年久傾圮嘗捐俸創率紳士修造民咸德之年五十四卒于官

忠節

明朱儀字象先崇禎丙子科舉人庚辰特用進士出知四川嘉定府以課最行取將入都會流寇張獻忠擁衆入蜀分兵四掠或勸儀遁去儀曰我去誰與守乃率衆登陴已而賊大至環攻援不至城將陷儀語其子命錫曰士生貴大節耳事急矣豈可為不義屈儀妻胡氏在旁奮然曰為國死忠也為夫死節也妾請先郎以髻刺喉血如注少蘇復自以手抉之乃絶儀北面再拜命家人舉火與子命錫及胡氏屍同燔焉家人多從死者同族其桂字宇石時為儀署西席亦同殉節儀卒年五十三事載　國朝府縣志道光三年題　旌祀忠孝祠舊志忠節有傳

朱命錫儀子性至孝儀將之官世父汝亭謂命錫曰川中寇氛甚急汝毋偕往對曰父母遠行命錫不往侍誰當往者隨至任值張

獻忠分兵圍州城力屈城將陷儀謂命錫曰語汝無他但勿為不義屈命錫唯唯舉家自焚死語具儀傳　國朝道光三年題　旌祀忠孝祠舊志忠節附朱儀傳

孝友

王百順大成都人十四歲喪父郎隨母守墓數月稍長學為攻皮之工責以養母母晚年病瘓嘗藥侍食積數年如常及母壽終百順苦寢墓側族鄰感其篤孝爭送薪米義不多受麻衣啜粥在墓者三年嘉慶十四年題　旌祀孝子祠

潘周岱幼隨父成和習為竹工父傭藝人家周岱自食往為任重家居親食然後食及長益孝謹歲歉自咽糟糠而奉親以甘旨母呂病思飲銅山泉周岱立往汲往返四十餘里進飲之病立愈及

母卒哀毁廬墓有大虵出其旁馴不爲害三年父又卒仍廬墓側時歲歉鄰里勸出廬執藝謀食夜必歸廬如是者亦三年自後無論晴雨每夜必至墓所嘉慶二十四年題旌

馬謙尊字思亭東隅人甫生七歲時聞塾師講孝經便欣然樂聽父時彦任餘姚巡檢病署內謙方應試聞郎星馳至署虔禱願以身代病稍痊請告歸就醫朝夕服侍衣不解帶者數年家中落父命分爨謙不敢違以美田廬歸昆弟父卒水漿不入口母諭之始日餐一粥及母趙氏繼卒哀毁如之殯後廬墓三年服除合族勸歸謙泣辭墓猶朝夕往省後疾革曰死必塟我于先人墓側扶病往墓展拜昏仆在地舁歸次日遂卒年五十三採訪册

周汝甘宜陽都人秉性純孝少孤奉慈命出外貿易以資養生一

夕忽夢母抱沉痾號泣趨歸果見病狀如夢自是採樵就養除蓺柴糴米外不出戶庭數十載竭力侍奉曲體親心母卒哀毁骨立後合塟廬側朝夕進奠一如事生之禮道光四年學憲張以孝行是式旌之採訪册

翟守燧字應理澧孫十一都人服賈養親婉容愉色出以至性父瘋疾十年躬侍湯藥衣不解帶居喪之日哀毁骨立有弟二人同居共食身任其重數十載內外無間言見舊志懿行翟澧傳

潘懋順茂林都人少孤採樵供母十五歲出傭廟店越三年母染疾順辭歸躬樵販以給饔飧其後母成癱疾順日侍不避垢穢滌器洗腧絶無倦色如是者十有六年母卒哀毁骨立殯塟後露宿柩旁鄉人憐之代爲創棚焉採訪册

查世祝九都人業農天性純孝負薪作苦事父母極孝兄弟俱蚤逝年十八父卒祝哀毁幾不欲生每入山採樵必紆道墓側擗踊呼號母汪氏又得癱疾出入須扶持痛癢須抑搔母病甚先後割左右股以進及卒結廬其側朝夕進饌事之如生嘉慶二十五年學憲胡以宗族同稱匾額旌之採訪册

吳廷璸字文玉茂林都人父洞治家最嚴璸少有至性嘗刲股以療父病事嫡母趙氏生母阮氏均以孝聞採訪册

吳渭謀字熊占茂林都人邑增生三歲失怙母徐氏苦志守貞渭謀事母至孝母病焚香祝天刲股和藥以進病獲痊卒年五十九採訪册

董夔聖北隅人父俊患痿痹疾手足不舉夔聖服勤不倦醫藥罔

效遂剜股和丸以進病隨痊夔聖務農爲業積產千餘金共同父兄弟均分人咸義之採訪册

王添球厚岸人性至厚年十二父病奉侍湯藥衣不解帶母相繼而病醫藥無效割股和丸以進母病漸痊事兄尤篤兄蚤喪撫猶子成立道光四年學憲張以孝義是式旌之採訪册

孝友補遺

明吳伯權字東溪茂林都人孝事父母居母喪極其哀毁父亨宗居秋村庄夜有盜入室父被重傷伯權偕弟伯斐以身受刃出父于難盜感其誠遂解去兄弟躬親醫藥衣不解帶者三月父瘡始復予助善極善均篤于天性極善由郡掾陞河南王府長史聞助善卒棄官歸採訪册

儒林

趙良霨字肅徵東隅人侍御青藜第四子自幼舉止端慤有成人風青藜最愛之而服勤不怠凜如嚴師乾隆辛卯舉于鄉時有國器之目公車九上不獲第至乙卯會試遇竇閣學光鼐主試以第三人擢南宮人謂爲一家抗灉　廷試授中書嘉慶戊午爲廣東主考官盡心搜羅所得多知名士而久屈于遇者既復　命以年老引疾南歸董中丞誥堅留之不得謂諸同列曰趙君當今學者去可惜也于嘉慶四年旋里留意經傳百家勤心考究連歲掌教書院四方從學者日益衆無不勗以名誼所著有讀詩四卷讀禮記十二卷讀春秋二卷肖巖文鈔四卷詩鈔十二卷行世卒年七十有四 採訪册

文苑

翟士吉字維劬性嗜學豪爽不羣時趙青藜掌教震山書院嘗與往來桃花潭上把酒吟詩縱論史事至數日娓娓不倦平生殫精詩古文著有海桑園集 採訪册

沈行泰字碩來北隅人幼穎悟七歲能文父佳甚器之未冠入邑庠學使鄭江奇其才後屢困塲屋坎坷無聊益自放浪故生平著作往往散佚趙友廣蘭石詩鈔趙紹祖蘭言集選其詩姪孫長庚檢其剩稿破窓吟一册付梓吉光片羽可覘其概云 採訪册

趙友廣字穎存增監生東隅人夙負文名屢試不遇三十後絕意名塲而專精於詩其爲詩擺落塵氛含咀山水初不見憂愁憔悴之意嘗注選詩傾液録以訓後學又彙　國朝涇人詩爲蘭石詩鈔八卷以續里音賞音後而精嚴過之著有懶雲詩鈔三卷叔良霨爲之序卒年八十 載府志文苑補遺

陳寶泉字鳳石上連都人乾隆己酉舉人祖槐邑諸生舊志懿行有傳寶泉品行端直篤志好學自十三經注疏以及史傳百家皆手録成帙嘉慶丙辰會試總裁賞其文擬置前列以額滿見遺深爲惋惜講授朱氏培風閣從遊多知名士進士朱楣舉人朱份等皆其弟子著有毛詩述聞三十卷周易廣義三十二卷禮書旁通十二卷路史補箋十二卷粹經堂叢書六十種二百五十六卷洪太史亮吉題曰閉窓日課名流題詞甚夥又孟子時事考徵四卷歙邑凌廷堪同邑趙良霨序而行之任淮安訓導復任石埭教諭年六十一卒于官 採訪册

朱瑤字貽哲廩貢生張香都人少失恃事繼母以孝聞性方嚴人有不可輒義形辭色疾俗尚靡酌婚喪賓祭儀去縟返樸好施與尤敦師友誼業師某耄而病狂瑤事之謹歲時存問終其身居鄉教授數十年懲諭警惰子弟聞謦欬聲即帖然起敬故所成就尤多弟理瑢姪楣煊等及胡庶常世琦皆稱高第爲文有前明大家風格詩戛戛無俗韻多散佚弟贊善瑢採入滎陽家塾詩鈔年六十七卒以瑢階　贈奉政大夫 採訪册

吳世旃字通帛茂林都人嘉慶辛酉舉人攻苦力學博通今古爲文戛戛生新不襲陳言屢試高等年踰五十始領鄉薦遂輟計偕慨然以著述爲事著有四書參要三十六卷韻學辯訛八卷廣廣事類賦三十二卷行世 採訪册

朱佩字衷度廪貢生張香都人力學强記弱冠補諸生與兄修友愛尤篤脩膺選拔蚤卒佩悲悒無聊由是絶意進取鍵戸讀書于漢唐説經諸家皆能參考得失尤熟史事上下數千年典故人物瞭如指掌父苞有善行以孝義　旌佩踵其志歲遺族里孤寒凡數百金卒以爲常其他以困乏告貸者必量其人佽助之弟格官蜀子在家病劇一夜數視時比之第五倫與兄脩合著有棣鄂居詩文集卒年六十三 採訪册

吳昌言字宣甫歲貢生茂林都人性伉爽豪邁工詩賦試輒冠軍詩各體俱純粹七律尤鍾鍊典雅學使汪廷珍亟賞之著有忍冬藤齋集八卷安吳志餘一卷又與族弟奎同著聽雨樓詩鈔弟懐恩庠生著卧雲軒詩集 採訪册

翟韋字儀仲諸生十一都人性耿介不涉時趨善屬文書法王大令從兄進士繩祖序其文謂探微抉奥沉思獨往而一出于矜貴故知之者絶少督學秦瀛嘗器重之著有南溪遺集及聲調譜拾遺南滙吳省蘭採入藝海珠塵續集卒年四十 採訪册

朱脩字德甫張香都人幼明敏好讀書長尤刻厲夜恒至漏盡不寢爲文好深湛之思不落時趨嘗作書購古今石墨真蹟手自臨摹無不神似乾隆己酉以選貢赴省試學使者先期招修及同邑趙雷生至姑孰使肄業同舍脩病瘧醫誤投劑遂不起年三十有二平居與弟佩共相切劘著有棣鄂居詩文集以弟格官　貤贈奉直大夫 採訪册

趙春泉字廡塘歲貢生東隅人性恬淡寡欲究心理學鄉里咸敬重之而不敢干以私嘗掌教水西書院一時能文篤行之士多出其門嘉慶二十三年選授蕭縣訓導年八十四卒于官 採訪册

翟驌原名爽林字墍臣諸生十一都人父士洪舊志有傳驌性耿直未嘗妄與人交工詩賦兼精行草八分書喜閲史事所評朱子綱目名臣言行錄皆中竅會著有石農詩草上下卷年七十九卒 採訪册

吳大昌字世其茂林都人由廪貢生入國子監肄業司成法式善序其詩謂勵學六篇生平之心力見焉試用訓導署和州學正年五十四卒所著有四書通詁十卷周易纂詁四卷北雝詩草一卷北雝賦存一卷歷陽集一卷老蠹叢談二十餘卷 採訪册

王秉倫字彝仲茂林都人歲貢生幼敏慧能文見賞于觀學使保

後三薦棘闈不售以明經終生平好覽羣書尤精于易所著有周易本義會纂六卷府教授汪佑煌序之謂于本義字櫛句梳令人開卷了然又集諸家之説參以己見而一以　御纂折中爲歸用心爲至勤云又有雪窓餘墨五卷醫意六卷年七十六卒 採訪册

吳轂字連璧茂林都人歲貢生任滁州訓導工詩文試輒冠軍屢推省闈遂留心著述考究經傳手自抄錄著有春秋世系圖考二卷氏族通考一卷重校竹書紀年二卷年八十三卒 採訪册

朱燠字禔士廪貢生試用訓導張香都人善屬文少與季父理齊名邑宰顔璹試第一入庠屢躓省門不遇入都隸上舍彭文勤元瑞特器之一時賢士多與之遊比歸與纂縣志爲主修洪亮吉所推重司訓宿州勤課士州災大吏檄散賑得暍疾或勸少休曰官

雖微抵災職也奈何以已病隔視民瘼乎不踰日卒年五十三著
有酌雅堂稿璞園詩鈔子宗慶嘉慶丁卯副榜以瘵疾蚤卒著有
耕道山房稿 採訪冊
左俊字凡處諸生東隅人性恬靜不尚時趨詩古文皆取法最上
嘗云蘇子瞻謂六朝無文章至今遂覺黯然無色其胸次可知矣
屢困場屋終于不遇所選 本朝文評學者宗之 採訪冊
朱鑽字錫章廩貢生張香都人篤學能文尤工書法旣食餼遵例
候選知縣嘉慶甲子應京兆試以額溢抑置副車鬱鬱不得志遍
歷名區抒磊塊一發諸詩所著養泉遺草六卷同邑趙舍人良霨
評以輕清圓朗方駕錢劉五古尤與小謝爲近 採訪冊
吳佩蓮字价青歲貢生茂林都人蚤歲工文與叔昌齡並蜚聲庠

序間試屢冠軍顛躓棘闈白首未遇課徒之暇常留意吟咏以抒
胸中磊塊著有鴛湖詩存四卷 採訪冊
翟象曾字敷文諸生進士大程子十一都人蚤歲工詩古文與弟
念曾同受知于朱學使筠篤志嗜學至老不輟訓廸後進以行爲
先年六十卒著有種秫齋古文學易軒集子發宗嘉慶己卯進士
官刑部主事瑞宗庠生 採訪冊
朱若水字濬泉暨弟森桂字立堂俱邑庠生張香都人好學工詩
若水性質直不事彫飾才情斂練客揚州鹺幕數十年鹺務多倚
以辦及老薦森桂自代森桂性高邁才器一如其兄合著有塤篪
集西峰唱和詩森桂又有夜識軒和陶詩集 採訪冊
朱成字韶九邑增生張香都人潛心經義發前人所未及爲文宗

金海陽得其神似教授數十年門生數百成達甚多凡講論課程
寒暑不輟常以敦行立品相策勵經義擇精語詳直闖宋儒堂奧
塾中矩範最嚴及整生徒號哭送之弟蘇字蜀三郡庠生少從成
學亦能敦品植行淹通經史尤篤力于詩所著有眉峰集族弟贊
善琇選入紫陽詩鈔稱其以清新之作力追開府其講學一秉兄
矩一時門下相與競爽先成卒子爾寵廩生文行克嗣先業蚤卒
孫彥聲增生成孫鉞庠生 採訪冊
翟泰庚字小蘭諸生十一都人家貧篤志勤學工詩賦駢體文洒
洒千言手不停綴著有花間草堂集十八卷年四十九卒 採訪冊
查敦倫字敷五歲貢生九都人爲文俊爽不羣歷署太湖潁上訓
導定遠建平教諭勤課士娓娓不倦嘉慶甲戌奉委查賑定邑民

獲其惠上憲優奬紳士贈詩有談經須令文士服散賑惟恐饑民
傷之句著有周官串說三垣星考曲陽學署詩草卒年六十八 採
訪冊
趙臺字蘭書東隅人戊午科 欽賜舉人少失恃事繼母孝聰慧
能文弱冠補諸生歲科試屢列前茅博通經籍有質疑者無不得
所問以去著有雪莎詩鈔子學鎔由歲貢 賜舉人國子監學正
歷署建德舒城霍邱教諭 採訪冊
王卿字亦三歲貢生茂林都人少工詩文以郡試冠軍入庠屢試
高等而偃蹇場屋竟以不遇終嘗講學舒邑弟子成就甚衆有掇
巍科者著有宜樂堂詩集四卷 採訪冊
朱廷黼字棻濤理太子廩貢生少承家學性穎異人有小坡之目

長益肆力詞章尤善爲詩南北闈屢薦不售嘉慶丙子科僅挑謄錄年未五十而卒聞者惜之著有味莊詩稿四卷胡庶常世琦爲之序 採訪册

翟永樞字仲撥廩貢生十一都人歲貢士鰲之孫諸生蕩之子士鰲蕩舊志文苑皆有傳永樞克世其業讀書目下數行九歲能文人以神童目之屢困名場學使趙佑汪廷珍賞其文有老宿之稱所著有訥齋詩文集承翼堂制藝 採訪册

潘仲素字應巷邑諸生茂林都人秉性孝友博學多聞教授生徒必以名節道義相摩勵生平無疾言遽色居鄉遇歲歉輒率族人捐金賑困並解囊倡建支祠及圖南書塾督課後進晚年益潛心經史著有紀傳輯畧六卷子雲谷諸生 採訪册

左旋字順之邑增生東隅人家貧刻志讀書善屬文嘉慶辛酉膺薦不售愈自奮勉縣令清善延請爲義學師卒年七十四著有尺木居詩鈔長子庚出繼廩貢生 採訪册

吳讓恒字立言郡廩生茂林都人幼聰慧能文未成童遊庠食餼學使者秦得其卷疑爲老宿後忽患瘵疾纏綿數年惟養疴一室作詩自遣名曰消憂草年二十四卒 採訪册

翟廷魁字芝三諸生十一都人善爲文兼工書畫受業趙星閣侍御嘗稱賞之屢困場屋著有虛益齋遺集 採訪册

文苑補遺

沈龍卜字元素岸前都人康熙丙午副榜緣家貧未赴 朝考以諸生終篤學能文尤精于易著有雪霽齋周易解 採訪册

胡貞幹字時棟舉人溪頭都人沈潛好學精熟選理詩古文及駢語皆能追溯前賢不同流俗年二十六卒著有杏軒集八卷儷選四卷

武功

國朝順治初土寇金非錫等横掠石埭青陽太平涇四縣涇之水東村諸生翟士怡及族弟中書之珽奉操江檄團練鄉勇結寨固守五年戊子閏四月賊至水東伏發殺賊無數士怡賦却寇吟七律十二首雅又餘集四言十二篇紀事是役也士怡晝策應變之珽倡助兵糧二人之功爲最其同時率衆助義者尚有進士翟翼舉人翟皓武舉人翟習翟文佐縣丞翟可昌貢生翟之焕翟之則翟尚孝翟偕庠生翟廷份翟尚忠翟文樻翟宰翟文楠翟士元翟翁翟藺翟禹臣翟光裕翟震翟世槐等七十八賊退四境獲安十一年甲午正月遺孽復興刼掠涇之茂林汞定等處士怡復邀同查村鄉勇雪天追勦大破之操江李日芃郡司馬白寶珩給匾以

奬十六年巳亥秋海氛自閩歷饒歙闖入涇境士怡復合涇陽龍門震山三鄉鄉勇殲厥渠魁兵備道頒賞銀牌欲上薦之士怡力辭 採訪册

涇縣續志卷四

人物 懿行

懿行

翟鏡孫字汞昌號震峯十一都人寛厚好善常積貲以備水旱造橋數處不存姓名嘉慶甲戌歲歉子姓體祖遺意散給親族費銀七百餘兩縣令清奉藩司韓給義行傳家匾額 採訪册

吳禰緣字仲文茂林都人博聞强記留心經史性質直温恭從侄子孝晉叙爲逸人傳吳宗譜三罹回禄禰緣于煨燼之餘蒐輯成帙並口授子孝倬終厥志子孝贊及鄉先達查鐸序文備詳之今子孫蕃衍代有傑士焉 採訪册

胡尚字思山溪丁都人性好善樂施予遇歲歉常捐貲賙急明季

縣令鍾以急公坻積旌之臨終遺命凡里中義舉務踴躍捐輸後嗣于乾隆乙巳嘉慶甲戌道光癸未屢捐貲賑饑平糶蓋有自也 採訪册

吳濟昌字汞瀾性慷慨好義嘗積貲以備旱潦訓子孫世敦邮睦乾隆乙巳歲大饑以遺貲五千六百兩贍邮族里撫軍書給匾額以旌其閭 採訪册

翟士怡字子黎號志平爲諸生以經濟自任善壬遁術順治初土寇蜂起横掠涇太青石間士怡與族弟之珽奉操江札簡練鄉勇結寨柵戊子閏四月賊至設伏掩殺斬首二千餘級甲午正月餘孽蔓延汞定茂林二都士怡復助官兵勦捕殆盡操江李日芃給梁甫遺風匾額巳亥秋海氛自閩歷饒歙闖入涇境勢獗甚士怡

合涇陽龍門震山三鄉竈丁殲厥渠魁一方安堵兵憲頒賞銀牌當事有上薦者力辭不就常攜琴劍嘯傲山水間生平博覽羣書尤精于易所著有易象圖說上若山莊遺集多散佚六世侄孫漱芳爲蒐輯之之斑字廷玉明末助餉曾授中書舍人棄職歸 府縣志 桃花潭文徵 採訪册

朱快字樂吾張香都人少孤事母以孝謹聞性敦厚好義邑郭外五里上方渡當孔道行旅病涉快倡建渡船往來稱便他如設義倉襄賑羅修城垣創館舍卒踴躍樂輸今子孫猶遵守之卒年七十一 採訪册

董鍾字子厚郡庠生田中都人友恭好義季弟遠出數十年鍾涉千里尋與偕歸分已産與之有姊年老無子迎養終身嘗在南陵

分界山焚券數十紙子母約數百金曰懼貽子孫累也鄰姓有貸錢娶妻者既完婚遂還其券卒年七十七子四長錫爵庠生次朋康熙戊子舉人鍾以朋官 贈修職郎海州學正 採訪册

吳虹字雲若諸生嘗購琴溪北蘿園就隱其間延金壇王步青課子若孫身自督農所獲率賑貧濟乏自號琴川散人易簀前檢遠近負券數千金盡還之嘗客弋江捐渡船田十畝三分又捐西來庵香燈田一畝六分其好義類如此年六十三卒長子嶺舉于鄉次子東望三子宗岱俱著文名元孫麗澤乙酉舉于鄉 採訪册

董文魁字斗生田中都人庠生少貧以勤儉致豐裕性慷慨好施死無櫬者予之棺貧無衣者給以棉嘗買土名店官山爲義冢康熙丙申近里新興寺圮獨力建修又修藍岑里八店路凡費數百金并助田入寺爲永遠修理之資鄉里德之 採訪册

吳一儀字茂先茂林都人六歲失怙事母孝家貧乏與兄一僑一儒食力承歡兩兄與族爭吉地葬父儀甫八歲私與母密謀將父棺另祔祖塋先葬然後告兄族爭遂息嘗曰吾不信堪輿家言以謀吉也及長外貿家漸裕里黨貧窘者周䘏之無力完娶者捐助無少吝卒年八十一子承龍承雲均邀 封贈濬舉人官丞定知縣曾元百二十餘人多列仕版登科第者 採訪册

吳百墅字經野貢生茂林都人雍正乙卯里中饑與兄百填合力捐賑乾隆辛未亦如之填卒撫二姪如已出少與銅邑張某善某卒出四百餘金償其夙負攜其孫歸代爲教育丁亥僑居濡須粵龍鎮値水災骸骨漂流買地上元寺側檢葬千餘具土人號爲白

骨塚庚寅復大水又檢埋六百餘具今繁邑三山江口有碑曰幽聚塚即其處壬辰舉鄉飲大賓以子廷彦仕荷澤縣知縣封如其官卒年七十二嘉慶十七年奉 旨旌表建樂善好施坊題名忠義孝弟祠 洪志 採訪册

朱武烈張香都人太學生父早卒事母孝撫姪如子姪業儒別給私室二間勸之勤讀生平勇于爲義嘗以耆壽 恩賜冠帶卒年八十曾孫士奇有幹才有鬻隹者遺錢數千察其情如數給償某小肆不戒于火器具灰燼解囊助之其好施如此 採訪册

朱慶霞字炳章監生張香都人性醇厚兄弟友愛最篤好義疎財凡賙輸賑貸諸事無不竭力爲之見族人之貧無告者尤惻然憫恤里中建義倉遂罄所藏捐銀一千兩以襄善舉卒年七十八 採訪

册

趙應芳字蘭若太學生東隅人好義急公乾隆三十七年捐建雲龍書院四十三年捐修琴溪石橋嘉慶十九年其子助賑捐銀五百兩縣册署名葢承先人志也 採訪册

吳功字明試布政司理問十一失怙依祖膝下祖深器之稍長克承厥志叔善熙早逝弟元出嗣叔後元復中逝功奉嬸如母撫姪如子表弟王光宗甥王令秉皆失怙恃功奉祖及母命招與同居教育成立戊子巳丑客繁昌值歲歉出金遠糴平糶獲全者甚衆甲午亦如之剩有餘金囑子宗澤等量歲捐輸嘉慶甲戌繁邑祲旱米價騰貴宗澤等遵遺命將所存一千一百餘金盡數捐賑前撫吝奏奉 旨紀錄二次卒年六十三孫承喧候選教諭承端莒州知州敬恒丁丑進士官編修念恒舒城教諭恕恒寶川州知州曾孫望曾欣曾俱舉人 洪志 採訪册

瞿時普字德成幼失怙家貧事母孝謹侍疾經年不解衣帶割股療治得痊服賈辛勤家稍振高祖下貧乏者歲時饋米三十餘年祖父下不能營葬俱爲安葬買置三世祖墓來龍墓地文筆峯鳩工修整獨任其力培築四世祖塋二次不以費計嘉慶庚申出千金糴米贍族人受糴者不存其名面祖焚册又置義田一百二十餘畝于宗祠名曰綏我莊前丙辰歲石埭縣水災漂尸無算僱船沿撈買棺瘞埋他如修橋修路不一而足卒年八十三辛未後裔遵遺命復捐千餘金增置本邑包村木犀園等處田四十三畝二分名曰綏我新莊嘉慶十九年奉 旨旌表建樂善好施坊題名忠義孝弟祠以子尚崑 贈奉直大夫 洪志 採訪册

朱慶彩字景文少貧辛勤起家自奉儉約恒節省以襄公舉及歿子紹陳承遺命倡建龍潭橋捐一千八百金又修郡學捐一千二百金紹陳字義圃性孝友父歿事叔維謹撫育羣從分金授室婚喪必周族立義倉獨捐千餘金又獨力購助郡城試寓費凡二千金歲祲平糶四次捐至二千餘金窮冬散米百餘石近里東西橋圮復捐一千八百金琴溪橋圮亦從邑衆踴躍捐輸其敦行好義如此孫怡歙縣訓導德懋刑部郎中廣西南寧府知府曾孫燾道光壬午舉人慶彩紹陳俱以德懋官累 贈中憲大夫 府縣志 採訪册

沈朝翰字飛麟太學生北隅人性孝義剛直族里多敬重之幼清貧與兄輪等經營家小康凡邑中義舉無不與焉嘗以讀書積善

訓子孫其子亦克承父志乾隆乙巳歲歉首倡捐貲贍給宗族孫晶焜國麟俱入邑庠三子廷雞字體元監生慷慨好義族興文會首捐銀一百二十兩爲倡雞次子大驥明敏工書法性和平待人忠厚與兄煜友恭尤篤早卒大驥子培嘉慶戊寅舉人 採訪册

趙廷琇字抒中由貢生贈朝議大夫少失恃事繼母張克孝自奉儉約而好施與乾隆乙巳歲歉捐貲助賑所全無算兼修建小幕山通濟橋捐銀四百八十兩建支祠興文會捐銀五百兩里黨貧不能斂者助以棺城中武廟久傾圮意欲圖新而不及臨終以爲囑子捐職理問艮泉于嘉慶甲戌捐銀五百四十兩賑給族鄰庚辰倡捐銀五百兩糾族捐貲共建武廟正殿皆其遺命也艮泉又獨建後殿以祀關聖先代月費銀三千四百餘兩道光三年題

旌建坊 採訪册

趙琛字獻其貢生孝友端方少失怙母翟氏八十餘事之如一日兄獬丙子舉人平生不苟言笑不輕然諾族舉爲祠長公事賴以整理且慷慨好施乾隆五十年散賑樂輸銀兩事載前志故爲里黨所推重 採訪册

朱慶霈字宇清張香都人性好善凡葺黌舍建橋梁創義莊立家塾賑卹宗族施惠行旅所費自數百金以至千金者不一而足其季子安衡字調元州同銜善承父志遵循弗怠母年九十餘奉事惟謹凡鄉里義舉無不慷慨樂輸戚族多待以舉火者慶霈以孫菁官黃州府通判 贈承德郎安衡以子菁官加級 封奉直大夫 採訪册

翟思瓊字樹玉十一都人性孝友乾隆乙巳歲歉捐銀五百兩以賑親族卒時諄諄以急公尚義垂訓子永銓永鈴永鉁克承父志嘉慶壬戌甲戌兩次捐賑銀九百兩巡撫胡給施濟仁風匾額戊辰永鈴捐銀一千二百兩己巳永鉁捐銀一千兩壬申永銓捐銀一千兩合置本邑包村莊田一百九十二畝助入本族義倉永鈴又捐銀二百五十兩置宣邑翟氏義塚捐錢三百千造本村魚龍潭渡舟乙亥捐千金以興宗祠文會置宣邑鱖魚壩田六十八畝捐五百金以興六世祖下文會永鉁又捐錢五百千于支祠以增祭資捐六百千于義塾以助膏火皆思瓊貽訓也思瓊以孫嘉樂 贈奉直大夫 採訪册

馬元龍字羲圖貢生東隅人居北鄉陶窯村性端方好善不取鄉曲浮譽弟元麟早卒子日恒方週歲元龍撫養過于所生乾隆壬辰捐白金三百六十兩創興族中文會甲午獨力建縣試考棚凡費萬餘金邑人趙青藜有記又倡捐修琴溪橋獨造蕭家吳家劉家橋開丁溪山路數十里建琴溪茶亭置田三畝爲煮茶費乙巳歲歉捐錢六百千散給鄉族嘉慶甲戌復捐貲賑給卒年八十餘吏部侍郎王引之銘其墓三子肇勳乾隆乙卯舉人現任上元縣教諭 採訪册

朱苞字翔亭暨弟蓀字又荃俱州同知張香都人性孝友好施與族起義倉苞首捐二千金爲倡衆議設寶善堂義貯復與蓀共捐銀三千三百兩乾隆乙巳大旱癸丑大水賑貧周急所全無算尤喜造就後學買書數萬卷藏培風閣家塾責子弟觀覽蓀事兄謹

同心無間嘗董造詹村龍潭湖坡諸橋又修茹麻嶺江子山路數十里築湖坡壩以資灌溉躬自經營不避寒暑晚述苞前命以余村街田百二十四畝入敬亭書院又以謝湖村田八十餘畝入雲龍書院爲郡縣諸生膏火費嘉慶六年縣建文昌宮後裔復共捐五百金以襄盛舉十五年奉 旨旌表合建樂善好施坊題名忠義孝弟祠苞以子格官戶部郎中四川嘉定府知府累 贈朝議大夫蓀以姪格官 貤贈朝議大夫子份嘉慶己卯舉人 府縣志採訪册

潘我生邑庠生茂林都人性好義嘗獨力捐造彩虹橋並修要路數十里歲歉捐金輸粟共用銀一千九百餘兩遠近義之 採訪册

翟思球字勿玉少貧以勤儉致豐裕乾隆戊子己丑歲歉獨力平糶二次每次不下數千金在泚鎭施櫬材數十年費千餘金親屬

貧乏者歲時餼米卒年八十三長子永鏞通判歷署均州知州次子鍾歷署按司獄邛州吏目遵遺命以宣城田一百七十餘畝助歸翟氏義倉思球以永鏞加級　贈奉直大夫　採訪冊

陳光迥字萬超邑庠生尚義好施嘗捐田三十畝入族義倉豐歲助教荒歉歲賫賑給其孫曾體其意嘉慶甲戌歲各輸銀五百兩散賑　恩賞議叙九品職又各輸銀四百兩重建義倉鄉里稱之　採訪冊

陳際雲字澈山上連都人貢生孝友尚義嘗捐助學田十畝一分修路費五百餘金乾隆乙巳嘉慶甲戌兩次助賑捐銀二百二十兩子曩良繼其志復別捐銀一千兩賑濟族鄰蒙　恩賜職孫之才獨興書潤堂文會置買莊田八十畝有奇凡費銀二千二百餘

兩以爲永遠考課之資族士賴之　採訪冊

趙良符庠生端方正直足跡不履公庭尤好義舉乾隆乙巳歲歉捐賑嘉慶甲戌亦如之他如建支祠興文會俱爲首倡里有貧乏不能歛者輒助以棺以次子懋曜官和州學正贈修職郎長子懋昭孫家修俱廩生孫荷庥家仁俱庠生家儉監生　採訪冊

王大寶字華封州同性樸直見義必爲乾隆乙巳歲歉捐銀助賑親族極貧者多分斗石贈之邑令蔡奬以義敦桑梓匾額長子肇基理問好施與鰥者助之婚喪者爲之殯力有不給輒稱貸以應雖負債不爲意次子銘庠生　採訪冊

翟思瑟字琴仲十一都人性質直寬宏喜排解尚氣節友有託孤者撫如已子族有宿負者還券不較家稍振歲饋親屬銀米率以爲常或助之塟乾隆庚子歲歉獨力捐賑八世祖以下貧乏者面眾焚册不欲令子孫知孫漱芳道光辛巳舉孝廉方正給六品頂戴壬午優貢候選訓導曾孫鳴鑾庠生　採訪冊

翟思曇十一都人慷慨好義乾隆四十七年助宣邑灣沚鎮市房價五百千于四世祖祠以給祭胙并士子考試之資其子又于嘉慶十九年復助宣邑灣沚鎮市房價五百千合之共千金可謂能繼承父志矣　採訪冊

吳葆孫號竹坪福建候補通判茂林都人少失怙恃撫兩弟以友愛聞捐貲倡文會奬勵後進寒士中苦讀者貸以資弗受券但令抄書一卷俾受者弗傷廉而已嘗買太邑邵氏子既長還其契給貲使歸葬其母邵氏子孫至今德之性愛竹耽吟咏築葉竹山房

以課子孫著有竹坪詩草長子筠諸生次子台附貢生官長沙府通判　採訪冊

吳宗澤功子字體仁布政司理問善承父志乾隆戊戌捐學田十餘畝丁未捐貲倡修郡學嘉慶戊辰捐置郡學田二十餘畝村北合建文武廟倡捐銀一千四百五十兩舊戚王氏家貧子孫皆遠出棺暴露者十餘具爲出貲葬之并置祭田四畝有同族某被災首倡貲助得一廬以蔽風雨又某幼孤按月給米贍之并爲葬其三世祖骸乾隆丙午嘉慶壬戌甲戌歲歉竭力捐賑道光癸未繁昌水災捐銀二百三十餘兩助賑撫憲陶以義重鄉邦旌之其仗義好施多類是卒年七十一子敬恒念恒恕恒孫望曾欣曾已見功傳　採訪冊

朱璽字藍田丁溪都人貢生少貧以勤儉起家遇歲歉常出粟數百石賑濟族黨每年終減價平糶無力者更贈錢米嘗督造九里嶺石橋竭力捐輸終始皆賴其力又建茶亭嶺上以便行旅嘉慶壬申獨力捐二千五百餘金重建義學邑人趙良霨有記邑宰徐為詳請題　旌卒年八十六以次子徵遵　例贈儒林郎 採訪册

張希元字掄一南隅人由國學生贈儒林郎善事父母尤禮重讀書士有族弟某質美少遭顛沛希元招至家塾多方誘掖遂鼓勵入庠性好施予每逢歲歉族鄰貧者必寄為補助弗令人知凡橋梁道路諸義舉靡不樂輸今子孫猶能恪遵先志焉 採訪册

查玉衡字侍臣監生九都人父天行懿行載前志玉衡好善樂施鄉邑數遇偏災極力賙恤先後費數千金有族人負太邑課者數

百家積算有千餘金追呼甚急慨然出貲代為輸納閭里安帖太平邑侯曹贈以善行可風匾額濟陽家塾孝徵堂為朔望課文之地捐千金分貯以養膏火以子炳華即用知縣遵　例加級　封奉政大夫 採訪册

翟永課字巡五監生少貧困以服賈起家敦行義舉由桃花潭南至董家橋由九里潭東至歐家塢均為涇太孔道崎嶇泥濘甃石以便行人約費千金村有東園渡行旅絡繹嘉慶庚申夏捐修大小二舟以資利涉復捐銀一千一百十兩買宣邑沚鎮市屋益以錢二百緡歲收其息以為補造之資遠近稱之 採訪册

趙朝煦東隅人理問尚義急公乾隆五十年助賑事載前志又助族中文會以店屋二所使收其息凡借貸不能償者遂焚其券約計銀三千有奇其捐修烟雨亭并重建圓功亭及出雲庵關聖廟輸銀不下數百兩年五十七卒子桂燧州同 採訪册

吳山號鈞谷　封奉直大夫少失怙及長讀書能知大義于宗祠捐銀助田以供歲修時祭之資又嘗捐銀二千五百餘兩修敬亭書院郡守白有碑記又建造石蕩里承志橋捐銀一千二百餘兩其好義如此 採訪册

吳壽昌字仁山茂林都人由舉人授內閣中書仕靈壁訓導和平正直治家有法嘗語人曰當為造物留其有餘性好學七旬外猶自作文以示孫曾嘉慶戊寅舒邑梅河大水倡捐七六錢二千二百六十七兩有奇以築堤埂逾年損壞復捐修七六錢一千一百一十六兩有奇地方攸賴至其在鄉里間賑貧濟乏義舉尤多壽

昌年六十六五世同堂人丁繁衍卒年七十九其父善政年六十八五世同堂今其長子金紳亦五世同堂 採訪册

翟夢榖字臚五孝友好義從姪槐未館選時多補助冀成立嘗捐田三百畝于宗祠名曰胥樂莊備祭祀給胙鄉會餽贐之需遇窮困推解無吝色鄉里重之榖卒後繼妻王氏年七十復捐所存養膳蕭家塌田四十八畝盡助入宗祠以終夫志 採訪册

趙世榮字阜菴國學生少讀書至老不倦孜孜為善嘗見東北大路橋梁損壞命子國棟捐資重修共用銀三千餘兩邑中　武廟傾圮又命國棟捐銀千有餘兩倡首建造嘉慶二十五年奉旨旌表給銀建坊題名忠義孝弟祠卒年七十九 採訪册

張金臺字士延附貢生南隅人秉性孝友家無私積父希元病目

金臺訪醫調治未效遂廢讀習醫精其術遠近患目疾治愈者無算又制眼科諸丹散以濟人有貧苦者并周之嘉慶間嘗助琴溪小堨田十畝爲文昌後殿修葺之資子忠清稟貢生歷署太湖教諭建德訓導國楨監生孫錦榮庠生 採訪册

王煊字韻庭監生少讀書不慕榮利寡言笑慎路履郎遇橫逆恬不爲意嘉慶甲戌大祲承其祖志捐銀一千兩爲倡以賙族鄰巡撫胡奏請授縣主簿議叙自曾祖下五世同爨同祖弟煐布經歷弟焕監生祖遺田十二畝有奇市房一所助入宗祠特設寒食祭永垂弗替 採訪册

翟惟寅字紀南監生弟惟清字鉅川貢生惟新字西涯理問十一都人兄弟孝友敦本睦族嘉慶壬申捐銀三千兩首建翟氏義倉

置蕪邑澈水圩義田二百八十一畝收租積貯遇歉賑糶惟清卒子監生佩蘭謹承父志凡有義舉悉從伯叔協力共襄嘉慶二十一年奉 旨旌表樂善好施題名忠義孝弟祠惟寅以子守棋遵 例封儒林郎惟新以子廷琛遵 例封奉直大夫 採訪册

翟善浩十一都人候選從九嘗捐千餘金置田助入宗祠以給祭胙及鄉會試費族衆稱爲景范公爲之勒碑 採訪册

陳振聲字天木從九嘉慶甲戌歲歉捐銀五百兩以贍里族撫憲胡旌以熙朝德望匾額卒年六十 採訪册

陳文炳字蔚占州同上連都人性樂爲善凡遇親友困乏及夫婦離析者必力爲周卹之嘗置義田三十餘畝收穀貯倉以備凶年給考費族建支祠首助銀一千兩他如江寧修周郎橋南邑修通濟橋皆捐貲無悋云 採訪册

朱文燈張香都人慷慨好義所居平山村上游爲澗溪桐坑諸水所滙波流激湍徛彴傾仄往來駭嘆文燈欲建石橋以利涉力未逮因貯金他所權其歲入之贏以益之燈既卒後嗣鳩工營建嘉慶己卯橋成用白金一千有奇燈本志也爰名曰繼志橋行旅便之 採訪册

朱武欽字天若張香都人性耿介而好施予乾隆癸酉捐義田二十畝以給里中老幼之無依者乙亥又捐祭田十八畝以爲春秋祭祀之貲俾量入爲出垂之永久人咸義之 採訪册

吳學道字鞠人茂林都人都察院都事前太常寺博士性誠樸樂施與嘉慶十九年客濡須歲饑捐貲襄賑奉 旨紀録二次 採訪册

王祥字源盛太學生大成都人性廉介而好施予無力者恒資其惠乾隆癸亥嘗輸穀賑貧事詳舊志他如建橋修路一切義舉無不竭力佽助子三長倘元貢生 採訪册

吳承龍字琢臣候選州同知茂林都人孝事繼母撫幼弟友愛里中貧乏者婚喪輒助之乾隆乙巳歲歉捐銀六百兩賑濟族人卒年八十二以子濤贈福建興化府通判 採訪册

胡先元字善長溪頭都人純篤好施嘗捐百金倡建世德橋又捐百金設義塾並助義倉置義塚地有同貿客胡雲者家貧無期功親子祥四歲雲病革以孤託元元爲教養成家視如己子及元卒時祥已三十生二子猶惓惓囑其子善視之云邑舉鄉飲卒年八十三 採訪册

吳廷珊字佩玉茂林都人貢生性慷慨遇有義舉捐貲不吝子二
長蕙田官中書以勤慎著次豹文官大理通判有循聲俱好義有
父風乾隆乙巳嘉慶甲戌屢捐千金以贍宗族道光癸未水災捐
賑五千餘金無爲宣城蕪湖等處藉以全活者無算道光五年題
旌 採訪冊
翟標字採山庠生性孝友工文乾隆庚寅科膺薦不售居母喪哀
毁骨立旋卒妻劉氏青年矢志撫夫兄模子廷樞爲嗣名列黌宮
亦早卒氏嘗體夫志捐千金於宗祠以爲族中鄉會試費同族繩
祖有記 採訪冊
董廷柱字印石監生田中都人純篤好義乾隆乙巳歲歉捐賑銀
八十兩邑侯蔡奬以爲國行仁匾額臨終囑其子曰汝曹務繼吾

志年八十卒後嘉慶辛酉歲歉捐穀一百石甲戌捐銀三百五十
兩癸未大水捐銀一百兩以周貧族鄉里稱其世德云 採訪冊
董仙洲字景瀛田中都人貢生性孝友勤儉成家乾隆乙巳歲祲
捐賑銀一百三十兩嘉慶甲戌又捐賑銀一百五十兩族貧窶者
多賴其惠建家塾于本村雲龍山延師訓子恪恭盡禮卒年七十
五三子正治嘉慶戊辰舉人現任吳縣教諭 採訪冊
沈大炳字虎文理間北隅人祖輪父廷雄前志懿行俱有傳大炳
克承先志嘗捐銀百兩偕邑人修幕山橋又修城北側近路甲戌
歲歉捐銀一千二百兩賑給族黨巡撫胡具奏 恩詔紀錄二次
旌以樂善好施匾額 採訪冊
張中泰字聖言監生九都人兄鏳早逝父疾篤弟姪俱幼母憂之

其父慰曰有中泰在無憂也後撫弟姪成立事嫂尤加敬禮嘗
客餘邑有張某者將投縣作吏泰以非長策勸勿就予以金俾他
營張有子頗慧泰資之使讀遂獲鄉薦至建祖廟築書舍賑貧濟
困義舉尤多督學張奬給六行克敦匾額蘭坡朱珔有傳 採訪冊
蕭青雲字汝登田中都人監生少即勵志自立先人遺産悉讓昆
弟從兄某遠出無音耗覓歸助以成家宗祠壞倡族人修之助田
地十四畝有奇銀三十兩補設二至之祭又捐銀八十兩倡興文
會乾隆甲辰捐銀一百二十兩入重振堂爲永遠祭掃之資乙巳
歲歉捐銀助賑邑侯蔡給誼敦古處匾額卒年八十四 採訪冊
胡師恩字覃錫溪丁都人庠生性端直事孀母色養備至兄早逝
撫其幼孤天輔教育成立一如已出遇歲歉賑貧救乏里黨重之

乾隆癸未嘗與馬蕃公合建洗馬石橋以孫麟祚贈儒林郎卒年
八十一 採訪冊
張中和字致齋監生九都人年十一父卒哀毁過成人客江右距
家七百餘里聞母疾三晝夜馳歸侍養不懈姊家貧早寡歲給衣
食終其身乾隆乙巳歲歉散穀百餘石父老欲爲請額邑侯中和
止之曰此分內事也敢爲干譽計哉客江埠見行人爭濟有墮水
死者即捐貲增造渡船給舟人工食約同志建淩雲書屋延師訓
讀族中賴之學憲張奬以孝友是式匾額蘭坡朱珔有傳 採訪冊
趙良淮字耿南貢生捐職州同兄良佳早逝撫姪逾於所生事嫂
尤謹姊家貧寡無依迎養終身俱爲顧請得 旌如制與弟良泉
友愛最篤凡有善行無不贊成卒年六十子憲章優附生舉孝廉

方正給六品頂戴 採訪册

朱備字順百太學生張香都人少孤事母及庶母謹字庶弟友愛無間家貧客漢陽師名醫姚某盡傳其學比歸爲人治病應手愈貧者不受酬更賫給之兼施藥前後凡數十年歲費不貲舉家燬粥以濟平居無疾言遽色時出片語解紛人皆悅服族欽其德少得養生訣老猶童顏性好學善鼓琴所著聽松樓琴操趙侍御青藜嘗爲之序卒年七十六 採訪册

朱慶洙字南山張香都人遵例 授朝議大夫性孝友好義嘗獨力創設義倉捐銀七百兩以贍貧乏倡興文會躬自經理數十年建義學置試寓給考費凡用三千餘金仍存銀千餘金爲課文費又捐修大通鎭廣濟橋銀一百二十兩捐助大嶺樓雲庵茶田三畝有奇鄉里義舉咸樂成之孫珍邑廩生 採訪册

查寅亮字利川邑庠生家僅中貲嘗因穀貴獨力平糶計費五百餘金事竣即于祠内焚册不存其名族長以事呈請學憲周給任卹醇風邑侯李給善行可風匾額所著有中庸講畧卒年八十九 採訪册

陳洪範字堯封按察司照磨嘗捐貲以修廟宇助田以興文會嘉慶甲戌歲歉首倡捐銀百兩并勸族衆樂輸共得銀數千兩以濟鄉里全活甚衆藩憲康給尚義慨輸撫憲胡給誼敦任卹匾額 採訪册

朱慶湽字鍾水張香都人性好義嘉慶丙寅倡立義倉捐銀三百兩又馬渡磻大路倒塌行旅不便慶湽獨力修之 採訪册

朱必務鄉飲賓附見前志暨弟必勝太學生張香都人兄弟同敦善行嘗過琴溪白塔山見遺骸暴露惻然憫之即左側購爲義塚至今不廢黃金塔河當孔道人病涉捐千金建石磻士人名曰紫陽橋歲饑鄉民掘蕨根充食苦無具務置鋤散給民得利用嘗遊楚同鄉某負客金被繫務召客代完其逋遂脫獄有艾姓者鬻妻償債子甚幼務捐金代償之母子獲全勝治家有法里貧死者予以棺親族無後者爲營葬之有鬻其子他姓者俾贖而歸子蔚芳俱惇厚好善芳嘗捐銀一百七十兩以賑族人務子紱 欽賜檢討 採訪册

朱棻字太初附貢生張香都人性孝友善承先志周急卹貧行之弗怠族有不能娶者賫以聘財後舉子成立常誦其德生平以正服人同居閭履聲咸起敬晚歲以篇章自娛襟抱灑落詩格亦似之卒年六十七子務孫澤潤俱庠生鶴書邑廩生 採訪册

洪吉寶新豐都人少貧尚義客漢江有堂叔某被誣寶爲剖雪至囊空力竭不悔乾隆乙巳歲歉自負債數十金以賑族人族有久客不歸者數世祖骸悉爲擇葬嘗偕里人建成志橋捐銀七百兩修通藤溪市路捐銀百五十兩義倉義學捐銀一百二十兩遇寒畯讀書者尤加存卹焉卒年七十一子璋歲貢生瑜庠生 採訪册

唐廷楷字以時監生北亭都人性質直好施與自乾隆乙巳迄道光甲申五次災祲共捐銀一千五百餘兩平糶以濟貧乏窮冬苦雪按戶給米歲以爲常嘗客臨湖捐百金倡置義塚收瘞白骨他善舉多類是卒年七十九次子際虞邑廩生 採訪册

萬宗熖十一都人孝友好義乾隆乙巳歲饑死者無算宗熖親行掩埋并設立規條周濟鄉里每至歲暮給棉襖散錢米人高其義嘗爲其父卜葬地堪輿家謂利于少不利于長宗熖曰果得吉壤弟利即吾利也遂葬焉其能悉大義如此 採訪册

張應龍貢生九都人乾隆乙巳歲歉捐金及穀周濟貧乏邑令蔡旌以積而能散匾額嘗創建祠堂捐貲設祭又建樹德亭施茶以便行旅又興文會課子弟給士人考費及寒畯讀書者膏火貲族中鰥寡及婚喪無力者周之無德色人欽其義 採訪册

萬宗會太學生十一都人性好義常于歲暮製棉衣給族中貧者自乾隆庚子至嘉慶戊午甲戌施棺木凡數百具他如本村石路及近里木橋俱一人獨修鄉人至今賴之晚年家漸落遇有義舉

猶時以力薄爲恨云 採訪册

胡承武字舜華溪頭都人少孤貧事母孝嘗客楚忽心悸亟歸省而母已病不一月卒自以服賈覓養奉侍未親哀泣終身不能稍釋後年踰九十五世一堂稱人瑞焉孫士俊庠生 採訪册

朱昌字曉山張香都人性謹厚好義里設義倉捐銀三百兩興文會捐銀一百五十兩前後賑饑凡捐銀百七十兩一切善舉靡不與焉子淮恩貢候選教諭孫衢中庠生 採訪册

朱安渭字聖遇監生張香都人少孤事母孝客豫章時有外商竊肆銀五十兩衆欲發之渭力遏乃止陰解已橐以補羣稱其德長戚某氏早寡延至家供養完節逮亡具衾櫬葬之其子遠遊覓歸爲授室焉 採訪册

胡天輔字惟德理悶溪丁都人性好義有姊字汪未婚守節爲顧請得 旌如制從子麟祚早喪撫其遺孤成立置業授室無不周備同族某孤貧亦爲完娶焉嘗捐貲興文會創義倉督建琴溪橋二次及洗馬橋辛酉甲戌屢捐賑平糶里黨賴之子元潤附貢生候選兵馬司正指揮元淦縣丞 採訪册

馬日恒字立方郡庠生授州同知幼孤事母孝有某某負債鬻妻爲解橐全之俱得生子嘗開修中保里山路數十里建小雙坑石橋一洞造昂山東溪渡船并置田畝給工食嘉慶庚申捐銀二百兩督修琴溪礄甲戌歲歉捐銀三百兩以賑貧族凡邑中義舉無不竭力勸助著有蓮心詩草二卷 採訪册

王文炳字精一監生雙浪都人伉直好義尤重師儒嘗糾合族創

興文會士人攸賴又倡首捐貲建造洪村埧石礄族黨重之長子森癸酉副榜 採訪册

查思美字朝玉監生九都人母患瘋疾晝夜護視弗倦乾隆乙巳歲歉捐貲賑貧有貸不能償者焚其劵更貲給之又嘗捐貲揜埋枯骨數十塚邑侯李旌以克敦善行匾額嘉慶壬申倡捐銀一百五十兩糾族合捐三千餘兩歲設臘祭以追遠祖甲戌歲歉族中貧乏者六百餘口按日賑給口糧鄉人德之卒年八十八 採訪册

馬卓賢字臺臣太學生東隅人幼孤事母孝性好施嘗焚券不責人償田廬被佔不與校設藥局以給貧病倡興文會修建橋路里中義舉無不與焉子溥洽監生次子清長孫象乾庠生並孝友任恤有父祖遺風 採訪册

馬槃賢字仲方東隅人常勸人弗食牛肉鋤田遇古墓遂荒其田不治增助白塔東壠山十畝爲義冢乙巳歲祲捐賑銀五拾兩并給散籽種數十石餘如造渡舟修橋路類多義舉云 採訪冊

查崇漢監生居岕荻山距村七里許性孝友母氏守志崇漢色養備至嘗語族人曰吾先祖因廬墓故家此凡我子孫愼無忘前人孝思于是經營公項垂二十年倡建祖祠三所以其餘貲賑恤凶荒又竭力修成支譜兼貸人修理祖墓至數十所族人感化多務篤行焉 採訪冊

查思鎬字紹岐九都人乾隆乙巳歲大饑輸粟銀五百兩太守孫旌以立達同人匾額常勸人勿溺女貧者給以貲俾克撫育遂倡捐爲育嬰費一時貧民棺木之資亦出其中其存心敦厚如此卒

九十子汾庠生 採訪冊

張光錡字劔端 欽賜副榜南隅人事孀母惟謹與兄紹源友愛母患痿疾起居必兄弟扶持湯藥靡不親嘗坐牀不離者二十餘載邑中義舉無不踴躍爭先嘗捐貲助建 文昌後殿縣令詳請咨部邀 旌 採訪冊

陳文輝字集雲監生曾祖光迥父顯浩自有傳輝善承先志見義必爲嘗捐銀一百兩入義倉其外兄某貧甚輝周卹備至更買地以葬其先又爲表弟某婚娶成家戚族稱之 採訪冊

陳士魁監生性孝友兄弟早卒士魁主家政撫諸姪成立分產無異所生後兄子繼卒家業蕩然士魁又爲姪孫婚娶給以田宅嘉慶甲戌捐銀百兩散賑人咸義之 採訪冊

陳其宗字潮元 贈儒林郎慷慨好義族有旁支僅存一綫其宗爲之置室成家乾隆辛未散穀五百餘石乙巳散足錢二百一十千鄉里德之 採訪冊

馬天傕字元宇大成都人勤儉好施臨終以銀二百餘囑其子存公生息作臨時濟急之資後裔奉行唯謹道光三年歲祲儘所存銀散給族人全活甚衆孫學鰲字士登監生性和厚爲人解紛無不輸服又嘗與家塾文會延師訓迪後進有借貸不能償者多焚其券曾孫鉞庠生 採訪冊

周創賢字繼緒理問遵例 授朝議大夫性厚重寡言率諸子侄以儉嘗捐田數十畝爲宗祠祭費至建橋梁修道路以及鄉里義舉靡不慷慨解囊爲助卒年七十四台州教授某爲作傳 採訪冊

馬煥章字堯文郡增生南隅人嘗創興文會誘掖後進多所成就族中貧不能從師者誨之讀并助之資每逢歲歉周濟窮乏弗使人知歷年施藥濟人無算 採訪冊

胡先滿一名士元國學生溪頭都人事母孝敬備至重然諾好施與鄉里稱爲善士尤尚讀書延名師課後昆孫沛澤嘉慶戊辰舉人 採訪冊

徐必協字伯和永定都人性正直里閭爭訟以理勸諭無不聽從嘗倡首建造鯉潭石礄勒碑告竣人咸稱道焉卒年八十子侗邑庠生 採訪冊

曹艮遴字廷遜性樸誠爲善如不及見棺墓之無主而近水者移置之骸骨暴露者瘞埋之窮苦疾病者顧恤之嘗曰吾家無貲產

非能大利于人但力可及者當勉爲之耳子世璉郡廩生前志有傳孫夢鸞邑庠生 採訪冊

朱文科張香都人幼貧貿易景鎮居心仁厚嘗捐銀五十兩助爲義塚又捐銀五十兩入同仁堂嘗買一小僕數年聞其兄死母老無依即給銀米遣之歸後得成室生子人稱其德 採訪冊

朱本字萬源張香都人幼失恃事繼母謹家貧服賈以養誠信待人遇所得爲必盡力有負者亦弗與較歲饑族有乏絶者爲減殮濟之又嘗倡設同善堂義貯以賙三黨游寓西江邑商議置義塚以費繁中止亟解橐贊成之其好義多類是 採訪冊

朱安迎監生張香都人家故不豐每以好施爲願鄉里貧苦者冬雪給之薪米死則助木以殮人咸德之嘗于小溪坑口屏山村口

建橋以通來往蠹嶺係涇旌交界山路前後十數里無炊烟迎于山腰創建茶亭行旅憩息至今稱迎公亭云 採訪冊

許鑾字松田貢生大成都人少能文尤喜爲詩敦友誼重然諾天性慷慨不與世之厚殖者同嘗創建許氏宗祠助田百餘畝以爲祭祀修理之資乾隆三十六年獨建學宫前石欄東面邑人趙青藜有記三十七年獨修名宦祠縣令江恂有記又嘗倡首捐金興復石山書院晚歲家漸替猶孜孜好義不倦云 採訪冊

張松巖字文茂監生九都人性孝義好善嘗倡設春祭以享先靈築書舍興文會以勵後進乾隆乙巳歲歉捐銀百兩以賑貧乏客江右餘干縣遇歲祲亦捐貲平糶數次復買山十餘畝爲義塚餘邑木樨灣爲水陸通津渡者絡繹嘗因人多船覆亟令漁舟拯一人給銀貳兩全活者十餘人遂捐五百金增設二渡更迭往來以濟行人并置田若干收其歲入以給舟人工食及永遠脩補之資遠近德之 採訪冊

馬良熿字煦林附貢生東隅人循謹寡言好施與甲戌歲歉捐貲平糶里有義舉皆竭力爲之女幼字辰州知府胡承璧之子先斆承璧卒先斆幼良熿延至家塾課讀撫如已子後先斆生子早卒復撫外孫授室成立並給與田畝屋宇鄉里稱焉 採訪冊

涇縣續志卷五

人物

懿行

張道佈字浦亭善事父兄孝恭無間從子觀順幼孤露佈教養無異已子後早卒遺腹生子復撫字之有婦失償債銀將投水佈解囊如數予之乾隆乙巳歲歉鬻田獲百金賑貧乏者嘗欲出私地建祠宇議未決疾篤命家人曰祠議獲成汝輩必以吾基輸之歿後其子承父志輸基建祠族人賴焉學憲張獎給力敦六行匾額 採訪册

查維吉監生少外貿見義必爲嘗倡修青邑山路河橋客無爲州又獨建周家礄事載州志後遇水冲壞其子聲遠復出數百金修

理道光癸未歲歉施粥數月就食者日百餘人鄉里賴之 採訪册

汪鉉字衷一貢生宣陽都人性好施鄉里義舉無不踴躍爲倡嘗捐田入祠爲祭祀資又捐田創興文會以勵後進既歿後裔建文昌宫于村口亦其遺命也鉉妻父趙仲方著有濯暉齋遺稿趙侍御青藜有序鉉爲刊以問世卒年七十 採訪册

朱希尹名任以字行監生張香都人性孝友年十四隨父智侯客豫章時有從祖某卒衡陽棺寄旅舍久且朽希尹親往斂歸資斧屢斷不言其瘁及壯客漢江尤尚義俠排難解紛施而不德有訟者私解已囊代息券積輒焚之時佽助朋舊或不足則轉貸于人歷數十年多負債卒學孳不倦蓋其天性也子銓庠生鍾已巳進士宰山左迎養官署常以清廉勤慎垂訓卒年七十二 採訪册

朱蒲字星倬州同張香都人少孤事母孝既長服賈佐養後以節孝額請得 旌平居恂恂不與一人忤遇不可則義形于色自奉儉約及拯困窮傾囊不吝從弟芸與同志凡捐賑育嬰及義倉義學諸舉蒲所爲芸必力贊成之蒲子楣嘉慶甲戌進士官江西袁州府同知芸子寶書丙子舉人 採訪册

胡承禴溪頭都人少客漢陽性和厚與人無忤長兄早卒撫其孤如已出卒賴以成立居鄉好行其德族有義舉率先捐助歿後繼妻洪氏嘗捐銀一千二百兩助入族所建勵善堂置田穀以贍孤寡體夫志也 採訪册

胡承鑽溪頭都人少習賈中歲棄業歸侍其母數十年色養備至與人交有終始或同財利者負之亦不較晚歲家稍窘遇有義舉

尚解槖無所悋惜焉 採訪册

朱廷愜字樂侯太學生張香都人性孝友服賈養親克新堂構居無私財與伯仲均之視諸姪如已出姪讀書者別爲營膏火資生平慷慨急公遇有義舉輒樂輸無吝色族中公項愜爲經理常獲倍稱之息凡文會義學義倉諸役咸賴其力子汝霖庠生早卒 採訪册

查士傑字國榮監生少出繼事嫡母王氏至孝後以節額請得旌嘗客銅陵青陽修築橋路先後共捐銀四百餘兩乾隆丙午歲歉邑侯蔡勸輸平糶士傑獨私自賑恤不報縣聞曰我不欲以此于譽也又嘗瘞無嗣骸骨十餘處囑子孫修理焉卒年四十七 採訪册

朱壽春太學生張香都人性好義里中議設義倉首捐三百金爲倡勸衆輸助身任經理贏至數千金公置家塾復助百數十金倡立文會教子弟讀書多所成就既没家中落其妻胡氏積紡織銀五十兩亦捐助義倉以繼夫志 採訪册

董德詔字玉書從九銜田中都人性孝友教子孫嚴而有法家非饒足遇歲饑輒捐穀賑貧凡族中義舉無不慷慨樂輸卒年八十四 採訪册

陳德易字尚平監生性質直飭行不苟與弟庠生寅友愛最篤乾隆乙巳歲歉捐金濟貧鄉里美之 採訪册

汪崇格字廷蘭監生洪村都人慷慨尚義族建文昌宮及興文會起義倉俱倡首捐助協力贊成又嘗於江西省城倡設涇川義塚

以瘞旅骨素精醫求治者輒獲奇效未嘗受酬遠近德之 採訪册

萬善釆字亮臣勤儉起家自以少未嘗學問搆書舍延師課其姪森森入學食餼皆釆之力又嘗以皂家塢山二畝大坑横山五分捐爲義塚遠近稱之 採訪册

徐必慄太學生永定都人性端厚乾隆丙午創造榧嶺茶亭費銀百餘兩又嘗倡建鮮潭石橋及　文武廟宇共捐銀五百餘兩有胥箕塢山任人埋葬不禁閭里稱爲長者子侑邑庠生 採訪册

查崇烽字靖安慷慨好義嘗修松嶺路捐銀一百兩幕山路捐銀四十兩又客青邑倡修萬峻嶺路捐銀一百五十兩并建濟陽亭以憩行人銅邑廣濟橋久圮捐銀一百五十兩倡首董造至今行旅便之 採訪册

朱蕙字春圃張香都人幼失恃事繼母謹弟早卒撫姪如子凡里中義舉悉解橐無吝所識某爲孫娶婦操券求貸助之金而還其券病革遺命捐銀一千有奇入族中義倉以濟窮乏之子佑戊辰副榜官績谿教諭 採訪册

朱著字功一太學生張香都人性好義族建義倉設祭田無不踴躍樂輸外舅没家貧子幼喪葬皆代經理又撫其甥成立飲食教誨視如已出子廷棟廷模俱庠生 採訪册

翟本璵字樹西幼孤露弱冠能文尤善書法卒年三十三臨終延族長將父遺宣邑沚鎮市房四所輸入宗祠爲文會費又將沚鎮市房二所輸入支祠爲時祭費共值銀千兩里人義之 採訪册

陳文淮字桐川貢生性耿介言笑不苟家不豐而好施于鄉里多

被其德子康彝維鏞俱庠生亦善承先志云 採訪册

江企忠字公望監生慷慨好義凡族黨爭論常出己貲調停迄濟乃已以故數十年鄉里無涉訟者乾隆辛未歲歉輸穀賑濟邑侯唐維安顔璿俱給有匾額卒年八十五 採訪册

董猷字庶一田中都人邑庠生飭行耿介不尚時趨獨好成就後學其氣度冲和常令人藹然可親卒年六十七 採訪册

朱伯滄字朝宗少失怙事母謹性質實不事浮靡嘗率族創建宗祠俾春秋祭祀有賴外舅姑年高乏嗣奉養葬祭始終盡禮他如助修普濟寶勝崇慶諸寺率慷慨捐輸不一而足邑侯許贈以孝義從心匾額 採訪册

朱華字嶽西監生張香都人幼聰穎過目輒曉及長服賈養親陝

宏世業廣行善事無德色爲尤禮遇文士諸侄讀書者皆爲力營膏火貲及沒繼室汪氏嘗助銀五百兩入族義倉歲冬備棉衣以周窮乏體夫志也子灼嘉慶庚午副榜試用訓導逢吉庠生採訪冊

朱茂字如松理問張香都人祖必達父法世理祠事茂繼之夙夜忘私不避寒暑族立義倉議置恒產躬親履勘購田若干畝備歷勞瘁積貯遂盈及歿族人醵貲設祭以酬其功時論榮之採訪冊

趙良寵字錫三太學生東隅人六歲失怙家貧事母盡孝竭力謀養日漸裕堂侄某貧不能自贍爲營生授室及侄歿又撫其子亦如之嘉慶甲戌歲歉捐賑恤族縣令清給以敦睦尚義匾額又捐銀二百兩助建武廟凡事關義舉無不踴躍樂輸卒年七十八採訪冊

左鈺桂字林一諸生東隅人性慷爽樂善嘉慶甲戌歲饑勸族衆捐數千金以濟貧乏自宋元來祖墓無不爲之清理修整至于一邑公事如修縣志建文昌宮皆殫心竭力身任其勞卒年七十四採訪冊

翟承楨字北林幼失怙恃依兄承楫成立事之唯謹家非素封而好義不倦乾隆乙巳捐錢一百千助族平糶嘉慶庚申又捐錢五十千倡興文會類皆體父兄遺意歙邑凌廷堪贈詩有客到情中千尺水人居樂地一家春之句卒年六十三採訪冊

查世俶字載南敦厚好義遇歉歲率先捐賑以濟貧乏族合建六世祖祠俶分任寢室四分之一費四百金嘗捐租穀三十石入培英會以爲課文之資又于霍邑塔兒河麒麟河兩處建立橋渡并捐田畝山場以爲久遠修理之費事詳霍山縣志採訪冊

王承超字南山東隅人太學生克敦孝友兄弟五人四弟俱出繼承超貿易泗州家業尚薄獨力經營置田產建房屋並與弟等均分毫無私積族人以爲義又于泗州魏家嘴置有義塚地方官獎以好善可嘉歲歉饑者給穀寒者給衣鄉里德之卒年七十二採訪冊

吳如璠字魚若庠生事繼母人無間言性正直慷慨嘗建東溪老埂以捍一村水患每遇歲歉必捐貲勸賑鄉黨咸敬重之採訪冊

陳顯湧字洪源監生節儉自持少業儒後棄去服賈江北勇于爲義凡鄉鄰戚友詣之者無不得所願以去今已占籍亳州子文杰孫詩並於潁州府入學食餼顯湧以耆壽恩膺冠帶卒年九十六採訪冊

汪學安字星堯洪村都人客浙江聞父歿號泣奔喪一日夜馳三百餘里後復夢母病急還病果篤不數日卒其至性如此時有寄籍者負欠莫償攜妻逃學安遇諸途其人泣以實告遂還其券仍贈之使歸有陳某年五十餘鬻妻償債慨然解橐金全其夫婦乾隆戊申歲饑散穀賑族嘉慶丁巳捐銀并田地五畝入里中清輝亭爲施茶費卒年七十二採訪冊

趙楷字端書理問孝友好施嘗倡修回龍橋又與堂弟紹祖建修學宮洗心亭凡有興造必踴躍樂輸歲饑捐銀賑恤有負債不能償者輒焚其券常董理宗祠族中公事賴以振興少業儒著有柳蔭詩草卒年七十採訪冊

張映蘭字瑞珍監生九都人性孝友事二叔如父兄弟早世撫孤姪逾所生有所獲恐與共同居內外無遺言姊適包早寡貧甚給衣食以全其節姊沒甥甫六齡攜至家教育之及長爲完娶焉族建祖廟同事者後先繼亡映蘭慨然獨任三寒暑勿倦凡有義舉俱爲首倡學憲張給樂於爲善匾額 採訪冊

王士召茂林都人七歲喪父母董氏家貧士召晝析薪夜隨母紡績後數年母患癱疾紉箴澣濯皆親爲常爲人傭得酒肉必留歸奉母族建安吳書院母恨無力捐輸士召即請助工作以傭直爲捐資人稱其能體母志 採訪冊

王尚鋞字至金監生丁坦人勤儉好義嘉慶甲戌捐銀百兩助祠平糶又將南邑田十五畝八分及本邑田二畝七分助入宗祠以

修祀事 採訪冊

朱怡字亦周張香都人廩貢生篤學工文屢薦未售由 國史館議叙選歙縣訓導父紹陳好義既歿怡遵循弗怠見義必爲前後無慮數千金皆歸善於親秉歙鐸數年獎勵人材潔清自矢嘗舉某生優行以貧辭怡力推轂俾與高選有老儒某裁一面識其子應童子試怡爲延譽遂獲儁其樂成人美如此引疾歸卒年六十以弟德懋 貤贈朝議大夫子吉祥郡庠生亦能文蚤卒 採訪冊

朱忻字闓甫怡季弟捐職州同少聰穎善讀後以父老廢業祗服其勞克承先志嘗創設義塾延師以課族寒素子弟忻獨主其館穀二十餘年費累數千金子弟多賴以成就平居輕財好施里巷窶乏者量餽錢米歲以爲常疾亟聞里中義倉經費缺即遺命捐三百金爲助子燾道光壬午舉人 採訪冊

胡國振監生大成都人少貧苦勤儉起家兄弟友愛絶無閒言嘉慶甲戌歲饑捐銀一百兩散給貧族道光癸未又捐銀二百兩鄉里德之 採訪冊

汪經章監生洪村都人貫吉安有寄籍族人年五十貧不能婚助之娶後舉三子弟經賢事親承順嘗過江衢山見世德橋傾圮因憶父在時嘗欲修此橋有志未遂適乾隆四十九年衆議重建兄弟輸銀百兩勒碑仍署父崇甘名表父志也 採訪冊

陳明禮字進伯贈儒林郎少貧習賈及壯尚未婚積有餘貲先爲兄完娶後家漸裕課子讀書又好解推至老不懈長子顯榮三子顯仕俱尚義四子大森江西贛縣縣丞 採訪冊

查思詡字成若監生七歲失恃事繼母孝父患瘋疾有所欲輒先意承奉凡與文會建祖祠俱倡首捐助又獨力造祠內神龕以妥先靈每歲杪備穀及薪炭視窘乏者給之 採訪冊

汪崇秋洪村都人七歲失恃繼母多病秋奉侍湯藥數十年如一日有祖遺僕俞姓者年老無嗣秋焚契俾回籍繼嗣承祧及卒五子同爨十餘年不忍析居族人義之 採訪冊

汪湛字露涵宣陽都人庠生嘉慶己巳 欽賜翰林院檢討性好義乾隆乙巳歲歉捐資賑恤又建亭舍備義漿以濟渴捐田數十畝振興文會以訓子姪昆季五人同居數十載無閒言鄉里賢之歿後族人設祭公請入祠 採訪冊

趙昀字近巖東隅人監生性孝義侍母疾晝夜不寢者數月生平

持已以儉待物以寬有忤之者不較其人每退而自悔嘉慶十九年大旱設粥于路以待餓者人多嘖嘖稱之云 採訪册

查潤之監生秉性仁厚九都下灘河深徑險往來者苦之修築高潤至今利賴輸租穀十石於寺僧以爲施茶助又輸租十石錢百貫修如松嶺路皆有碑記在高淳縣東壩買山一業助爲義塚族人有忿爭至訟者解已囊以釋之不使兩造知也 採訪册

趙其暢字琴和東隅人附貢生性孝友好學兼精醫常施藥濟人求醫者不受酬乾隆乙巳歲歉捐銀一百兩給散隣里有汪姓者嘗負債將鬻妻以償其暢聞之焚舊券更貸錢四十千安其室家其人後得生子愈感其德焉 採訪册

趙堂字躋之東隅人國學生幼失恃善事繼母愛敬兼至與弟析產辭多受少弟應聯乙卯 恩科獲雋堂厚助之族有貧乏者不時周恤每逢歉歲傾囊賑給性嗜詩書遇寒士加意優恤鄉里推爲長者卒年七十三孫涑年庠生 採訪册

趙曙輝字庭參國學生東隅人有遠族年近四十貧不能娶爲貲助以成其室又外戚某五十餘無子亦助之完娶後俱生子承祧乾隆五十年捐銀助賑載縣册卒年六十 採訪册

陳顯鏊字震澤監生性孝友兄子褒舉人弟羲元庠生皆勤苦讀書顯鏊獨力經營俾不以家計爲累平生好義樂施既卒其後裔捐銀四百兩助入義倉嘉慶甲戌歲祲輸銀百兩散賑承先志也 採訪册

陳繼聚字本仁監生少孤貧有姪鬻于外本仁刻苦傭工稍獲餘貲即贖姪回後業儆饒遂爲完娶成家嘉慶十九年歲祲捐銀五十兩賑饑邑宰獎以慕義樂施匾額 採訪册

朱進立字有容監生南隅人秉性純篤族中有貧不能婚葬者常貲助之甲戌歲歉捐穀賑給族人又輸銀二百兩爲祭祀讀書之資輸錢百貫倡設濟嬰堂卒年六十八其子奉遺命助學田十二畝二分以成先志 採訪册

查廷彩字陶元監生性好義族有不能婚葬者量力周卹尤精岐黃術惟以濟人爲務不計利不憚勞貧者兼贈以藥青邑王春甫尚書與之善嘗爲額其座隅曰四時常春 採訪册

陳大縉字楚材理問銜生平多義舉子肇泰州同肇熊監生善承父志嘉慶甲戌歲歉捐銀五百兩散賑鄉里德之 採訪册

潘叠祥字震若監生茂林都人勤儉立家嘗造橋修路施棺散賑見急必周始終不倦鄉人稱爲義門 採訪册

張汝霖字潤蒼南隅人庠生性孝友家故不豐凡鄉里義舉必勉力爲之嘗修南城外大路數十丈並建石橋一所又倡修雙橋一洞卒年五十二 採訪册

朱凝綸字元音監生張香都人性豪爽好義族設義倉嘗捐千金爲助僑居漢上遇紛難事畢力排解迄濟乃已閤邑義塚廢弛久偕同人清舊址修復之敬禮文士贈遺加厚後或騰達終不干以私忠恕堂公項爲族士人游寓者饘贍之需司理多年鈎稽勤慎積有贏餘即商添助文會並給考費族人咸推重焉子富齡郡庠生 採訪册

朱琛暨弟琯俱布政司理問張香都人少孤事母謹友恭尤篤琛才氣閎達琯性渾厚共資其出嗣弟琦讀書比官京師卒區畫不使窘乏同祖兄理守衢州時琛佐治多所補濟居鄉值公舉往往創議又嘗貸木棉與貧戶教之紡織仍增其值在嘉定與復育嬰堂釐苦官役琛爭諸有司獲免蘇城外埠頭攬布商致訟亦琛堅籲樊遂革其隨地勇義多類是琯亦好義於族姻喜施振偕兄立舅嗣謀伙生計異母姊適胡早寡門戶單弱代籌徙宅訓諸甥有成琛琯並以琦翰林階邀 封贈焉採訪册

胡起芳字輝若溪丁都人居家孝友撫孤姪如已出閭里咸稱長者嘉慶壬戌與兄超芳合建府學崇聖宮後仕福建霞浦縣巡檢卒于官採訪册

胡濟瑞州同大成都人性謙退不與人校尤好施予嘉慶十九年歲祲捐賑銀二百兩道光三年又捐賑銀二百兩族稱其義又嘗助田二十畝與毓材堂文會以為族士人課文考試之資其敦行不怠如此採訪册

陳濟美字體仁上連都人例授縣丞乾隆乙巳歲歉為粥以食餓者嘉慶甲戌歲祲捐銀五十兩助賑邑宰蔡嘗旌以慕義樂施匾額採訪册

翟守昇字貽纘監生 恩賜九品冠帶敦本好義嘗建六世祖支祠旁屋復捐百金以備修理之費每遇歲歉屢捐資平糶嘉慶十九年巡撫胡給厚德存心匾額採訪册

徐鵬飛捐職州同永定都人乾隆元年創造鯉潭義學捐銀三百兩扶持親族孤苦俱得成立負債不能還者悉焚其券里人稱之採訪册

胡先鏡字月潭溪頭都人郡增生性孝友弱冠失怙弟元士尚幼貧無立錐撫養婚娶躬親教讀早歲補弟子員尋卒又撫其幼孤俾成立焉同族炎照一名元交字海漁為人端方好義精楷隸工篆刻王夢樓洪稚存兩先生嘗稱之採訪册

朱偕字志和張香都人少服賈事父母謹養生送死皆出己貲弗苛兄弟姪艱于婚代為完娶戚友以貧乏告貸無弗應度不能償輒廢券又倡購吉地葬高祖以下四世經畫悉具性質直無城府鄉里稱之採訪册

朱安松字廷秀張香都人性好義族設義倉助銀三百金文會助

銀百金約同人立獎賢堂首捐百金給士子考費又倡立慶譯堂捐百金買義塚施棺木凡貧苦親鄰多所賙恤云採訪册

徐必洲字瀛門太學生永定都人性好義樵嶺坑路通徽旌洲即紙棚設茶四時不絕行人德之嘗倡造鯉潭文武廟宇輸銀四百餘兩又捐貲創建鯉潭石磡俱勒碑記卒年六十三子步蟾郡增生採訪册

徐必惇字紹川永定都人貢生性和易尤好義舉嘗首興希賢堂文會以課子弟給試費督理四十餘年族修宗祠躬親督率又倡建文武廟宇捐銀二百兩鯉潭石磡捐銀五十八兩族人稱之子廷纘郡庠生採訪册

周汝焯字景秋宣陽都人諸生生平潛心性理諸書有女弟適翟

氏早寡衣食不繼資助完節里有無資從師者輒誨導之多賴成立又倡興文會以勵後進焉 採訪册

查思祺字吉亭監生性渾厚兄弟友愛尤篤里有忿爭必竭誠排解無不悅服嘉慶甲戌道光癸未捐金平糶盡其力所得爲毫無吝惜卒年六十 採訪册

左廷祿字其中貢生東隅人性樂易近人尤能仗義嘉慶甲戌歲歉捐賑銀五十兩以濟貧族載縣册新渡永興二橋數十年來同衆捐修并助田畝以爲永遠經管修理之費至今人無病涉焉 採訪册

張錦南字麗川監生其父嘗欲糾族人合祠始祖有志未逮父既歿錦南倡置祭田每歲仲秋合族人行禋祀禮以成父志生平事

母尤謹母多疾終身不肯遠離飲食湯藥必親奉之族中孤寡及無力婚娶者周之無德色合族推其孝義云 採訪册

鄭越字軒臣居家孝友析爨後屢將已財分給兄弟乾隆乙巳歲饑親族貧乏者人給數金鰥寡倍之戚友亦然又買市房值數百金助入宗祠每年收租以爲讀書者考試之費凡義舉無不量力捐助焉 採訪册

左鴻圖字殿臣監生東隅人慷慨好施嘗修桑坑鎮路及丁溪都路數里并助北城外羅家冲炮臺山一業爲義塚既歿後裔助市房一所以爲宗祠照牆基地遵遺命也 採訪册

董文佩字仲玉貢生田中都人少孤以勤儉起家母王氏孀居五十餘年敬事無倦色後以節孝額請得 旌鄉里咸稱其孝總角

時嘗拾遺金候其人而還之其至性誠篤如此卒年七十 採訪册

董宗取字逢年監生田中都人貧而好施常稱貸以濟人急嘉慶甲戌歲祲捐銀一百兩助賑里人稱之 採訪册

查廷瑶字景湖監生九都人性好義凡建造祠廟必倡首捐輸每遇歲歉捐資賑濟排難解紛里閭傾服生平雅重詩書子孫亦多成立焉 採訪册

張定南監生三歲失怙事母孝母病噎定南每食泣曰母食不下咽吾何忍食有劉某負百餘金值歲歉擬鬻產以償定南止之曰若產盡如仰事俯育何焚其券仍時周卹之其仁厚如此 採訪册

汪士幹字判南郡庠生洪村都人性嚴謹少失怙恃三弟俱幼延師訓迪長爲完娶家貲均析無私姊適胡貧寡按月給粟撫甥成

立乾隆乙巳歲歉倡首捐賑督憲書給以尚義輸財匾額又倡興文會以啓後學糾族置義濟渡以便行旅里人重之年六十一卒 採訪册

倪善瑺字獻南洪村都人庠生父友先倡建書院興文會及歿善瑺繼之經理周詳克承先志嘉慶甲戌歲歉捐銀三百兩以濟族人卒年六十四 採訪册

陳文棟字廷佐監生六歲失怙與兄文樂友愛並篤兄歿姪德紹年十二撫如已子及文棟卒子德綏甫三齡紹亦撫育備至族人推爲孝友之家嘉慶甲戌捐銀助賑里黨賴之 採訪册

董幹字伯緒監生田中都人性端謹排難解紛聽者冰釋族建宗祠幹與董理備歷勞瘁嘗綜理公私文會經管會計使士子會課

考費無鈌里有婚喪不給者必多方賙恤之卒年七十四 採訪冊

陳顯陞字階升監生上連都人少貧辛勤不倦母病侍奉湯藥六載不怠夭子文按克承父志兄亡撫姪成家視如己子嘉慶十九年歲歉捐貲倡賑以濟族入縣令孫給有匾額 採訪冊

陳文藝字游圃監生事繼母以孝聞爲人正直和平尤好義舉遇鄉黨忿爭必多方勸釋時出己囊解之不使成訟後家漸替嘉慶甲戌値歲祲猶鬻田以賙餓者卒年七十二 採訪冊

陳元吉字履旋嘉慶己未　欽賜翰林院檢討性醇謹尤篤友恭與兄分居嘗辭多取少人稱其義嘉慶甲戌捐銀助賑縣令奬之 採訪冊

徐可久字昆山承定都人性寬厚輕財利族有貧乏者必竭力賙

恤之嘗倡建鯉潭石橋輸銀百餘兩又嘗捐貲修椹嶺三灣大路以便行旅卒年七十 採訪冊

陳嘉會字禮莊上連都人邑庠生性醇謹至老手不釋卷嘉慶甲戌歲祲捐銀助賑縣令旌以慕義樂施匾額 採訪冊

胡承鰲字駕山溪頭都人邑庠生至性孝友精岐黃術不受謝爲鄉里排難解紛片言冰釋卒年九十 採訪冊

沈大鑑字清可宜陽都人少讀書工醫術濟人無數有貧乏者不受謝鄉里敬之四代一堂凡六十餘人年九十五夫婦偕老時以爲難 採訪冊

陳顯達字裕興事親孝家貧甘旨不缺子文泮文滄文涇兄弟友愛至老不分居鄉鄰稱其孝友嘉慶甲戌捐銀助賑縣令嘗奬與之 採訪冊

陳文寶字容若監生上連都人性純樸勤儉起家兄文貫無子寶爲立嗣完娶所置財產不私諸己與弟文寶友愛亦篤嘉慶甲戌歲祲捐銀五百兩散賑巡撫胡以誼敦任恤旌之 採訪冊

管儀問字審功監生浙南都人性寬厚好施與乾隆乙巳道光癸未歲歉捐賑族黨共銀三百金又倡修橋路獨力施棺費二百餘金素精醫爲人治病不受酬兼施藥乞刀圭者相踵應之不倦積數十年費不下二千金又嘗創興文會以教子弟讀書卒年八十 採訪冊

汪經貴監生洪村都人幼孤貧奉事孀母以勤苦起家乾隆乙巳歲歉捐銀三十兩賑濟族隣嘉慶壬戌甲戌兩次捐賑共銀三百

兩族人德之 採訪冊

陶宏銘字述章青東都人監生性好義舉遇貧乏者輒加賑恤嘉慶甲戌歲歉輸粟百石爲倡散給鄉黨臨卒所負積欠悉焚其券道光三年族建宗祠其後裔承志獨造享堂合族賴之 採訪冊

陶宏欽字敬章青東都人慷慨好義不私己財凡里中忿爭事無不勸息嘗延師課姪輩讀書館穀束脩皆身獨任其姪鎔後入邑庠鄉里義之 採訪冊

懿行補遺

吳符祥字復初茂林都人舉鄉飲大賓樂善好施明時修建水西精舍捐貲勷事有方村竹冲遺莊囑助義舉後裔于雍正十三年歲歉輸穀賑貧以成先志工吟咏著有環翠齋詩集青虹閣詩評

謂復初詩如柳枝高拂嬝娜迎人其推許如此（採訪册）

人物

尚義

嘉慶十九年助賑

王源長（十都人捐銀壹千柒百兩）　王祖福（雙溪都人銀壹千伍百兩）　王宗文（銀壹千伍百兩）　王碧峯（十都人）　王前溪　楊艮棟（岸前都人候選直隸州知州以上俱銀壹千叁百兩）　左瑜（東隅人江川知縣）　沈大炳（北隅人理問以上俱銀壹千貳百兩）　陳景艮（上連都人貢生）　王煊（大成都人監生）　王竟成（雙溪都人以上俱銀壹千兩）　翟鏡孫（十一都人曾造麻溪桃花潭西岸兩處橋）　衛坦初（宣陽都人）　王承平（雙溪都人以上俱銀柒百兩）　翟惟休（十一都人銀陸百柒拾兩）　左廷傑（東隅人）　查節華（九都人）　王龍川（十都人以上俱銀陸百兩）　翟思璦（十一都人銀伍百陸拾兩）　趙艮泉（東隅人州同銀伍百肆拾兩）　陳振聲（上連都人從九）　陳顯浩（監生）　陳文寶（監生）　陳文俊（監生）　陳大縉（理問）　陳觀光（州同）　趙應芳（東隅人監生以上俱銀伍百兩）　翟承謙（十一都人銀肆百捌拾兩）　查臻慶（九都人）　查玉衡（以上俱銀肆百伍拾兩）　黃源林（豐東都人）　朱璽（丁溪都人）　查文炳（九都人庠生）　倪本興（洪村都人以上俱銀肆百兩）　董九裔（田中都人州同）　董廷桂（以上俱銀叁百伍拾兩）　翟華新（十一都人銀叁百零肆兩）　翟岳孫（十一都人）　查尚金（九都人）　查紹芳（監生）　查漢才（監生）　倪善瑞（洪村都人庠生）　馬日恒（東隅人州同）　馬艮燮（貢生以上俱銀叁百兩）　王子璽（十都人銀貳百肆拾兩）　翟煥新（十一都人銀貳百叁拾兩）　查繼堡（九都人監生）　查德耀（監生以上俱銀貳百貳拾兩）　胡靜先（溪頭都人州同）　王發新（銀貳百壹拾兩）　王必顯（大成都人貢生銀貳百餘兩又捐修府歷銀叁百兩）　陳際雲（上連都人貢生）　舒大元（大成都人監生）　胡茂春　翟倫安（十一都人）　王景祥（雙溪都人庠生）　舒富（十都人）　王甦宗　馬元龍（東隅人貢生）　趙時英（千總以上俱銀貳百兩）　翟燻新（十一都人銀壹百玖拾伍兩）　查榮興（九都人監生）　查思悅（以上俱銀壹百捌拾兩）　查文讜（銀壹百柒拾兩）　翟汝文（十一都人銀壹百陸拾兩）　翟東泉　翟坐孫　倪善瑨（洪村都人監生）　王時中（雙溪都人）

從九王通亨十都人 董增華田中都人 董仙洲以上俱銀壹百伍拾兩 查崇仁九都人監生
查崇審 查崇萬 查書三 查我衡 查玹童 查朋三監生 查
繼產 查世澍 查世起 查慎吾鄉賓 查世楸監生以上俱銀壹百肆拾兩 董
廷颺田中都人貢生 董廷伊州同以上俱銀壹百叁拾兩 翟守昇十一都人監生銀壹百貳拾叁兩 翟
炟新 查朝喜九都人 查天懷 查崇鋒 查繼邴 衛善介宣陽都人
以上俱銀壹百貳拾兩 董志善田中都人銀壹百壹拾兩 陳洪範上連都人侯選拔照磨 陳士魁監生
陳國賓州同 陳德森監生 陳明悌監生 陳顯彥監生 王尚鈺大成都人監生 王作謨
監生 董崇浩田中都人監生 董宗取監生 董萬艮 查士軒九都人 查爾祥 查
思美 查顯達 查景南 查思銅監生 衛岱宣陽都人 衛彤 衛數
王朝茂雙泿都人 王上宗祠大成都 王承亨 王思德 胡壽怡 胡國
振 胡國柱以上俱銀壹百兩 趙鑾居東隅人監生 查國榦九都人監生以上俱銀玖拾兩 王

泰安雙泿都人 趙艮符東隅人庠生 趙艮龍監生 趙友廣增生 馬廷彩南隅人監生以
上俱銀捌拾兩 查致道九都人 查正左 查萬貢鄉賓 查世透 查思鍈 查
崇塗 查永鏡 查光斗庠生 查世臣監生 查崇連監生 查崇留監生 查之
屏監生 查文耀庠生 查崇洽 查舜如 查德權 查思攀 查崇璇
查誌泉 查天題以上俱銀柒拾兩 翟子玉十一都人 查魁九都人 查三畏
查炎宗 查兆龍監生 查志周 查崇禮監生 查廷士監生 查德壽監生 查
思珺監生 趙堂東隅人監生 王百祥雙泿都人監生 楊艮敦庠前都人監生 董桂實田中都人
以上俱銀陸拾兩 趙昌祥東隅人監生銀伍拾柒兩 趙瑁增生銀伍拾陸兩 倪善琛洪村都人理問 王
廷臣雙泿都人庠生 查德清九都人 查世惠 查世瓊 查崇灝監生 翟雲毫
十一都人 董郁文田中都人 董永濤 董勷監生 董鍩從九 董周祚監生 左源東隅人州
同 左元東隅人庠生 左廷祿貢生 陳文御上連都人監生 陳濟美例授縣丞 陳繼聚監生

王尚添大成都人 王國華監生以上俱銀伍拾兩 查致昂九都人 查炳南 查梗先
查德邦 查思錡監生 查崇性監生以上俱銀肆拾伍兩 查炳 查崇勉 查
雲翔 查葆光 查汝熾從九 查崇湘監生 查崇和監生 查崇覇 查崇
瑞監生 查崇加 查作霖監生 查德國從九 查德肖 查士傑監生 查守道
監生 查思楠 查思淑 衛德朋宣陽都人 舒四十都人 胡安軼大成都人 楊瑗
庠前都人貢生以上俱銀肆拾兩 王儒大成都人 胡元景以上俱銀叁拾陸兩 左景公東隅人銀叁拾伍兩
左東泉 左濬庠生 左邦訓監生 陳禹州上連都人貢生 陳嘉會庠生 陳廷秀監生
陳德琴監生 董德科田中都人 董德鸞州同 董德詔從九 董崇貴 趙學鏗東隅
人試用教職 趙之璧 翟善浩十一都人 翟旌陽 查鍔九都人 查繼朝 查
世晨 查崇治 查世鎬 查含輝 查世依 查條 查丹山
查士俊 查思聽 查采亮 查思義 查崇烽 查崇穀

查崇堯 查秉禮 查歲年 查瑞龍 查志瀛 查晉侯 查
德派監生 查大郡 查光爍 查崇遣 查崇淮 查崇楷 趙曹
氏東隅人以上俱銀叁拾兩 衛道燧宣陽都人銀貳拾陸兩 查作梅九都人監生 查憲邦監生 查
錡 查有 查緣 查天廷 查天壽 查森桂 查祧 查德
孚監生 查懋 查崇潤 查尚善 查謙 馬艮棟南隅人 馬艮荷以上
俱銀貳拾伍兩 胡釗公溪頭都人銀貳拾肆兩 董大金田中都人銀貳拾壹兩 左美公東隅人 左
常公 左玠監生 左文德監生 陳代公上連都人 陳顯達 陳顯愿監生 陳德
褒監生 陳德湘監生 陳德校監生 陳德浚監生 陳奏勳監生 陳繼銑 陳明佳
王道萬大成都人 王希載 王永祖 王耳順 董海若田中都人監生 董
其祥 董輔仁監生 查繼好九都人 查繼慎監生 胡尚沐大成都人 胡慶星
趙艮驎東隅人 董暉田中都人監生 董國貞監生 董文佩監生 董子民 董德念

董崇枝　董禮彩　董褒林　董天欽監生　馬玉芳公以上俱銀貳拾兩

道光四年助賑

丁廷秀長樂都人監生捐銀壹千陸百玖拾兩　丁仙洲監生　丁廷元共銀捌百柒拾兩　張芝山州同銀貳百兩　程名志禮辭都人銀壹百壹拾兩　翟惟寅十一都人州同　翟惟清貢生　翟惟新州同　翟應鶴監生　翟一璋監生以上共散前存義倉穀肆百石計銀陸百肆拾兩　程名柜禮辭都人銀柒拾兩　胡慶祥溪頭都人州同　胡宗語　胡以烜庠生　胡榮慶監生以上俱銀伍拾兩　程殿元禮辭都人貢生　程培元監生　程名德監生　程名亨以上俱銀肆拾兩　董天鋼田中都人捐穀貳拾石　程天錫禮辭都人監生銀叁拾兩　張守銘長樂都人　程盤龍禮辭都人　程六　程定安　程名謙以上俱銀貳拾兩

按舊志云遇歲大歉捐銀穀以助賑者縣册彙而載之雖捐止一二兩亦有名存焉今因其繁不勝載故只取二十兩以上者登之玆自嘉慶十九年至道光四年捐賑二十兩以上者悉登其名其人又有他行可紀亦附注于其下從舊志之例也

五世同堂

馬元龍字羲圖貢生東隅人嘉慶十八年詳報五世同堂題請　旌表子烒捐職同知孫在之曾孫代鑾元孫成洛元配鄭氏齊眉俱八十餘歲時以爲瑞見懿行傳

徐必愫監生永定都人現年八十一歲暨妻洪氏年八十二歲親見七代夫婦齊眉五世同堂祖鵬飛州同父如珣男廷魁監生孫合芳曾孫貞一元孫國祥道光四年題請　旌表

趙氏太學生　贈奉政大夫朱安邦繼配慈惠閭鄉里長子琛布政司理問孫坤元第元俱太學生曾孫休徵綏之鵬飛元孫祐成祿成集成生元孫時琛已前歿而有出嗣子㻋五代一堂㻋官翰林自投牒請掌院大學士據　奏得　旨旌表年八十有三以㻋階　封太宜人

吳鴻圖字羲文茂林都人官大理寺左寺丞敦孝友居官勤謹子鏞刑部雲南司員外郎孫世盛中書科中書曾孫作霖候選大理寺寺丞元孫祖福五世同堂嘉慶二十年　旌

吳金紳字誠齋監生茂林都人舉人壽昌長子子起元孫邦彥曾孫賀祚元孫報功五世同堂以孫邦彥布政司經歷　貤贈儒林郎自祖善政父壽昌迄金紳三代五世同堂嘉慶二十四年　旌現年七十三歲

吳爾勤茂林都人布政司經歷與配章氏壽俱逾八旬子應璁監生孫錡庠生森癸酉科舉人曾孫守已元孫志廣五世同堂嘉慶二十三年　旌

趙氏悅容九都查崇澥繼配逮事舅姑孝養維勤訓廸子孫家規整肅男德醸監生孫嘉會監生曾孫宗祀元孫富淵五世同堂道光四年題請　旌表年滿百歲無疾而逝

徐氏財桂豐東都王永悌妻長男道耀孫際秋曾孫世海元孫艮瑛五世同堂三男承佑孫炳垣監生曾孫大文元孫元琢俱五世同堂徐氏以年滿百歲嘉慶二十三年　旌卒年一百有六歲

鳳氏州同唐廷讚妻男四長男長標監生孫門宜監生曾孫艮玉元孫佩金五世同堂道光五年請　旌鳳氏現年八十四歲

翟承檣字仲儒十一都人德安府經歷多惠政乾隆乙巳道光癸
未歲歉捐資賑恤親族子守勳監生孫奎堯監生曾孫本道元孫
蘭慶五世同堂卒年八十二王氏卒年八十三 採訪册
朱琛齡字廷珍監生張香都人祖慶祚鄉賓父安政從九子爾恂
監生孫宗源曾孫震川元孫大侃琛齡親見七代五世同堂卒年
七十六琛齡母胡氏年八十七歲卒時元孫震川方五歲亦五世
同堂 採訪册
潘廷䜋字承叔茂林都人立家勤儉族有義舉無不與爲子崇修
孫拱辰曾孫璐元孫阿珠五世同堂目見七代現年百歲 採訪册
潘懋修茂林都人邑庠生子廷旦 貤贈儒林郎孫成鈞布政使
司經歷曾孫周祜元孫正茂五世同堂 採訪册

吳景元茂林都人監生爲人長厚以孝友聞祖福祚父應詔懿行
有傳子同書庠生孫世謙監生曾孫承榜元孫道敏五世同堂親
見七代景元現年八十二 採訪册
趙臺字蘭書庠生 欽賜舉人東隅人曾祖崇澤庠生祖維翰監
生父昌國舉人子鑾居監生孫同淳州同曾孫廷樞監生元孫允
騰親見八代五世同堂 採訪册
吳薰士字溁存候選州同知茂林都人子廷采監生孫秉直監生
曾孫敬時元孫寅賓五世同堂薰士卒年八十一 採訪册
陳希讜字正言長子艮璋孫光仙庠生曾孫明鏊庠生元孫顯忠
五世同堂卒年八十六歲 採訪册
李氏茂林都吳善璣妻 貤封孺人子景濂廣德州訓導孫世鐸
廣東鎮平縣典史曾孫承祖元孫守驊五世同堂李氏卒年八十
六歲 採訪册
朱氏東隅趙必倩妻 贈儒林郎朱慶霈之女秉性溫和持家勤
儉子三鳳鳴待聘廷璋廷瑋名源泉從九精岐黄術孫懷雅監生
曾孫培根業儒元孫同倫五世同堂現年八十四歲 採訪册

百歲

章雲路字逵九茂林都人嘉慶甲子科 欽賜舉人乙丑會試
欽賜翰林院檢討已巳 賞編修卒年一百有一歲
朱紱字簪圃張香都人嘉慶甲子科 欽賜舉人乙丑會試 欽
賜翰林院檢討道光四年以年滿百歲 旌
畢友錦九都人年百有三歲嘉慶二十三年 旌 欽賜昇平人

瑞四字
汪一夔字虞颺宣陽都人嘉慶甲子科 欽賜舉人乙丑會試
欽賜翰林院檢討年一百有三歲
董一錄田中都人年百有二歲
章岱字松亭茂林都人嘉慶庚午科 欽賜舉人辛未會試 欽
賜翰林院檢討卒年一百歲
潘廷䜋字承叔茂林都人 誥封奉直大夫五世同堂現年百歲
道光五年現在請 旌
沈士朝字拱臣宣陽都人乾隆五十四年邑宰胡以百齡壽民匾
額贈之卒年一百有三歲
王秉錸十都人節儉好善年百歲

張理中南隅人年百歲　恩賜八品冠帶
萬一鶴十一都人年百歲
章珍茂林都人嘉慶丁卯科　欽賜舉人已巳　恩科會試　欽
賜翰林院檢討年九十七歲
翟繹字克由十一都人庠生與弟歲貢紱俱能文年九十四叠膺
恩賚
董追田中都人年九十三歲　恩賜八品冠帶
董宣田中都人年九十三歲　恩賜八品冠帶
董德樞田中都人年九十歲　恩賜八品冠帶
翟岷山字漢一十一都人貢生年九十歲以上俱見採訪册
按舊志取年滿百歲者登其名而年九十以上者亦附載

焉蓋以彙　恩例授冠帶者不勝書也茲自百歲至九十
者登其名其人又有他行可紀亦附記于其下皆從舊志
之例云

隱逸

吳承旭字伯高茂林都人歲貢明布政使尚默之孫博學能文工
詩善草書鼎革後閉門下帷日以著書自娛或諷之仕不答所著
有知還集水空堂雜錄淡園詩草子惟闇亦歲貢著有燕臺吟一
卷採訪册
蕭春生字蘭若號等閒人少負異稟工詩善書以父文仲號石隱
守其訓不出蕭然物外視人世榮利泊如也居鄉講授弟子多進
取者凡六經諸子百家及先正語錄講學諸書皆拳拳服膺手寫
成帙晚精岐黃術務以施藥濟人歿後所著散佚僅存等閒偶言
二卷等閒吟一卷藏于家採訪册
張泮字月潭庠生性絶紛華嘗以敦人倫培風俗為已任鼎革後
伏處不出優游山水得養生訣年七十顔若少猶日事詩書講學
弗懈與查志成包旭之等相友善無不欽服志成為作序述其生
平書法勁峭子孫猶世寶之採訪册
朱月庭字旬初張香都人性淡泊不習舉子業嘗曰讀書明性分
內事也奚用求名為閒居號吟詠所著有屏山詩草咏史百首及
集古作者鏡詠上下平韻三十首族贊善珔選入紫陽詩鈔以為
嘯歌自娛時見逸致云採訪册

藝術

明吳彥高號東泉茂林都人少業儒尤精醫識太素脉洪武三年
部移各省求精通方脉者郡守以彥高聞徵至京授官太醫院見
上以疾愈治寵遇日加十七年以老告歸子隨慶世其業李一鶚
舉薦亦授官太醫院採訪册
國朝朱元孟字崇佳南隅人品行端方習岐黃學精痘科著有痘
症指要中書趙良霨序之子天章世其術尤得心法小兒就醫者
全活無算時有佛心仙手之稱採訪册
吳遷字松喬刑部司獄司茂林都人福建建寧府同知㝡之長子
天資穎悟工行草善摹孫過庭祝枝山法蹟尤精岐黃學就治者
獲全無算嘗刊張會卿所著傳忠錄三卷并新方八陣一卷進士
翟繩祖有詩酬之卒年七十一採訪册

翟聃字宛仙監生性孝友兄弟五人聃最少家貧客姑孰精於醫業居鄉城間爲人治病不取錢全活無算二兄一貫蚤卒事嫂撫孤數十載無間言與四兄繩祖同居無子以繩祖四子奎光爲嗣卒年六十九 採訪冊

寓賢

南唐吳文舉一名舉漢長沙王吳芮之後五代初避兵至建康仕南唐曹彬下江南遣使狥郡縣衆欲以城降舉責以大義殺使者固守攻城三月不下城陷被執不屈隱宣州之涇邑遂家焉今爲茂林吳氏始祖九江池州並祟祀名宦祠 吳氏家乘 薛居正舊史 江南通志 江西通志

宋朱緯一名中孚世居婺源於徽國文公熹爲伯曾祖歷官于淮歸過涇寓邑東城山愛其山水明秀遂家焉因號城山建炎三年卒年七十二今爲張香朱氏始遷之祖孫興曾孫祺俱登第興仕至評事祺歷任仁和諸暨尉塟本里大山下鐵爐沖向有愛敬道院今廢 國朝嘉慶中裔孫理始建神道坊 朱氏家乘 採訪冊

明汪偉字長源休寧人上元籍明季翰林李自成陷京師與妻耿氏同殉節謚文烈嘗因舉人翟皓進士翟翼等招遊來涇西桃花潭訪白雲茶甘泉井有桃花潭著記 採訪冊

明吳夢極字星卿江浦人明季官翰林鼎革後隱于桃花潭之南山以字易米識者珍之與庠生翟廷脩翟士怡等友善相與論文賦詩爲樂 桃花潭文徵

仙釋

宋逡清閣仙不知何許人宋府教翟陽建逡清閣於桃花潭東岸太平興國二年風雪中一人飄然而至凌虛飛步陽知爲神仙中人與之飲問其姓氏不答而去後於閣間見有贈句云踏遍山川過幾迴歡逢賢士笑傳杯多君問我何人氏冒雪前村去折梅俗傳爲韓湘子未知何據 見桃花潭文徵

明翟太初字復元號霞菴因書齋生並蒂蓮又號瑞蓮主人監生喜談元精脩煉導補之術年老顏如少無病卒及塟棺輕人疑其尸解著有元津寶筏一卷清心說等篇見桃花潭文徵子四長士怡精邵子數另有傳裔金培等將遺山捐入 文昌閣以備續修

國朝休休上人駐錫水東三桂軒與士大夫遊數年叩其鄉里姓氏不答後不知所終有山居七律三十首 見桃花潭文徵

釋元開新安黃山雨峯之高弟也康熙辛未秋辭本師遊歷諸方過涇水西適監院留閱藏經知縣傳澤洪紳士趙司直等見其堅持戒行延主黃蘗道場宗風大暢生平善書畫工吟詠有十八羅漢贊摹擬宛肖 採訪冊

涇縣續志卷七

列女

節孝已　旌嘉慶十二年至道光五年

王氏田中都董崇愷妻年十八寡有遺腹不忍殉越十日生子文
佩撫之成立爲國子監生舅姑繼歿哀毁盡禮食貧守志終始如
一卒年七十五督學戴給介石貞松扁額嘉慶十二年　旌
朱氏溪頭都胡鑑平妻鑑平客死朱年二十三茹苦守節事姑貧
而盡禮繼姪爲嗣母家屢迎之不往及姑歿始攜子歸就食焉卒
年七十一嘉慶十三年　旌
高氏南隅鄭思問妻年二十四寡一子甫三齡姪甫五齡高俱撫
養成立敬舅姑和娣姒笑不露齒親戚罕見其面卒年七十二嘉

慶十四年　旌
李氏澤芝張香都監生朱爲瑞妻爲瑞卒於湖北李年二十一涉
千里奉櫬歸食貧守志善事舅姑撫子縉讀書成名爲附貢生李
卒年六十三族贇善碲有記嘉慶十四年　旌
朱氏溪頭都胡兖澤妻年二十一寡舅姑先歿復無伯叔念從死
即絶夫後矢志苦守繼族叔邑庠生曰辰之子爲嗣撫之成立嘉
慶十五年　旌現年七十四
王氏九都監生查思講妻年二十四寡孝事舅姑勤紡績撫孤成
立嘉慶十五年　旌
趙氏茂林都章必襄妻舅姑早世夫病三載趙躬親湯藥衣不解
帶夫竟歿趙年十九撫胞姪爲嗣孤潔守志慶賀槪不與聞卒年
五十二嘉慶十六年　旌
董氏田中都李守標妻年二十八寡敬舅姑撫弱子葬五世棺十
具終身縞素遇忿爭事必力爲勸息嘉慶十六年　旌時年七十
九
胡氏張香都朱苔妻躬操井臼敬奉甘旨妯娌八人雍睦無間言
撫子任成立嘉慶十七年　旌現年七十
李氏十一都包閣臣妻舅姑病奉侍不倦夫體素孱亦護持維謹
及夫病瀕危禱以身代竟不起李年二十三撫從姪爲嗣薦遭凶
喪殯葬盡禮嘉慶十七年　旌時年五十八
章氏茂林都鳳必煖妻奉舅姑甘旨自忘飢餓夫病禱以身代竟
不起章年二十顧念宗祧撫從姪爲嗣延師督課不惜厚幣卒年

六十嘉慶十七年　旌
胡氏應貞張香都拔貢生朱脩妻逮事祖舅孝敬備至常勸脩勤
學脩膺選拔卒胡年二十九誓以身殉姑泣諭乃遵命侍養姑歿
哀過甚昏仆傷足遂不良于行撫諸孤成立睦妯娌恤貧乏族稱
其賢以脩弟格官四川嘉定府知府　貤贈脩朝議大夫　封胡
恭人嘉慶十八年　旌建坊曰兖麓懷清現年六十五
董氏大成都王順祥妻幼以孝聞逮歸王勤女工以佐夫讀夫病
卒董年二十二誓以身殉繼念舅姑老撫從姪爲嗣苦志守節凡
喜慶弗與非節義事不形諸口族中奉爲女師嘉慶十八年　旌
時年六十一
胡氏桐芳張香都朱慶桐妻年二十四寡家貧如洗撫子安燭娶

俞氏仕英安爛客死俞年十九姑媳同志繼族子承祧胡患風痺
俞侍養彌謹勤苦終身胡卒年七十三俞卒年五十嘉慶十八年
同　旌
黃氏十一都翟永恒妻年十七寡順舅姑和妯娌人稱賢德撫姪
監生守業庠生魁第爲嗣嘉慶十八年　旌時年六十五
吳氏十一都翟守藩妻事兩世姑曲盡婦道俱得歡心守藩歿吳
年十六撫姪一璜爲嗣終身縞素足不出閫嘉慶十八年　旌時
年五十九
王氏九都查德灼妻婚彌月夫即遠賈未及朞客死氏年十七聞
訃屢投繯家人防之謹遂絶粒姑泣諭乃强起受誡孝養備至撫
夫兄子光著爲嗣猶以不得從死抱恨終身卒年五十二嘉慶十

八年　旌
王氏大成都馬宗鑑妻姑失明調護周愼夫病數年身奉湯藥未
嘗解帶夫卒氏年二十二遵遺命撫姪爲嗣性節嗇而好施與至
老猶兢兢以勤儉垂訓嘉慶十八年　旌時年六十九
潘氏雙泿都王汝怡妻年十八寡距婚裁四月以有孀姑不忍殉
姑寢疾侍奉十餘載不倦姑終喪葬盡禮自安淡泊撫姪逢時爲
國子監生嘉慶十九年　旌時年六十四
方氏茂林都庠生吳鳳儀妻年二十六寡舅姑多病二子幼氏備
歷艱苦喪祭教養之資皆藉女紅所積設舅姑及夫木主朔望必
率二子哭奠數十年不怠長子煒如候選從九次子望如議敘未
入嘉慶十九年　旌時年五十九

朱氏溪頭都胡世厚妻年二十四寡奉侍舅姑食貧無怨嘉慶十
九年　旌時年六十一
趙氏溪頭都庠生胡先掄妻年十九寡掄歿時囑以養親撫孤氏
飲泣受命終身不怠子孫皆成立卒年七十九嘉慶十九年　旌
呂氏思齊都唐國平妻年二十三寡忍死字孤教以義方奉侍舅
姑生死盡禮卒年七十嘉慶二十年　旌
趙氏宣陽都汪行溪妻年二十一寡絶粒數日其兄弟諭以宗祧
大義遂矢志撫姪爲嗣足不出戶者數十年事翁姑生死盡禮家
偶有釁得氏一言即解嘉慶二十一年　旌
胡氏張香都朱武衿妻將婚武衿病篤父母欲緩期胡堅志歸武
衿甫六日卒氏年二十忍死安貧代夫終養撫姪爲嗣教育有方

嘉慶二十一年　旌時年八十三孫焯庠生
趙氏藕院宣陽都汪大圖妻年二十一寡子仲錫未晬稍長聘翟
氏爲養媳未婚仲錫亡遣翟歸時趙舅姑俱存謂妯娌曰向苟延
者爲此子也今已矣舅姑年老善事之再投繯救之得不死防守
月餘翟苦求其母得還汪誓死不嫁趙乃解顏就生姑媳相依四
十餘年趙卒年七十八嘉慶二十一年與翟同　旌翟别見貞女
傳
胡氏華元張香都朱范妻年二十三寡孝奉孀姑撫子凌雲成立
茹苦習勤安之若素婢李化之亦至老不嫁學使胡給額曰柏壽
菱貞嘉慶二十二年　旌現年六十二姑胡氏前已奉　旌卒年
八十四族贇善琇爲作兩世　旌門頌凌雲庠生

許氏茂林都吳六奇繼妻年二十七生子希文甫八月夫卒勤撫
養孝舅姑治家嚴肅希文官寧武同知貽書以清慎勤爲訓人謂
有敬姜遺風孫友成監生娶李氏得祖姑歡年二十一友成卒請
于許撫姪樞爲嗣六奇以孫芳培官侍郎　貽光祿大夫許　封
夫人嘉慶二十二年與孫媳李氏同　旌許卒年八十五李現年
五十八
朱氏溪頭都庠生胡璽先妻年二十七寡以白髮在堂遺孤未晬
忍死侍養鞠子有成嘉慶二十二年　旌時年六十三子禹廩貢
生
吳氏永定都徐必梓妻年二十八寡誓以身殉舅姑諭之乃遵命
代養侍姑病備極辛苦兩遭凶喪盡禮盡誠撫姪成立嘉慶二十

二年　旌時年六十二
胡氏團清曹溪都汪文漣妻年十七歸漣未踰月寡將從死舅姑
泣諭之遂矢志終養辛勤操作荐遭大故喪葬盡禮撫姪明文成
立卒年七十一嘉慶二十二年　旌
方氏溪頭都胡世源妻年二十二寡母家桐城名族自幼知書習
禮侍孀姑至耄不懈課子及孫皆親授句讀晚復課其曾孫苦節
清操五十年如一日孫貞幹嘗作課曾圖遍徵詩文以闡貞德嘉
慶二十三年　旌卒年七十六子謙庠生孫貞幹嘉慶丙子科舉
人
徐氏九都查南英妻南英家貧苦讀徐勤紡織以助膏火夫病衣
不解帶醫治竟不起徐年二十五孝養舅姑訓子有方卒年六十

五嘉慶二十三年　旌
曹氏大成都王澤興妻家貧勸夫攻苦操作不懈夫歿氏年二十
九課子勤讀子又殀乃撫姪爲嗣事繼姑數十年孝養無間嘉慶
二十三年　旌時年六十二
洪氏張香都朱爾霨妻爾霨遠賈暴疾歸卒洪誓以身殉舅姑諭
止之矢志侍養終身不倦撫姪宗桂爲嗣讀書成立現年七十五
嘉慶二十三年　旌
胡氏禮辭都程芳瑤妻夫病服侍三載竟歿胡年二十六哀毀骨
立舅姑繼病事之皆能順意族稱賢婦訓子有方媳趙氏生二孫
又寡姑媳共撫孤成立胡於嘉慶二十三年　旌時年八十五
吳氏十一都翟永沁妻知書習禮孝敬舅姑永沁勤讀體弱吳奉

侍周至及歿吳年十九生子甫一月家徒壁立仰事俯鞠族黨重
之嘉慶二十三年　旌時年七十六
吳氏岈前都生員楊理妻年二十七寡事舅姑以孝聞夫歿絕粒
三日繼從妯娌勸侍奉益謹喪葬盡禮每逢忌日必齋戒祭奠撫
二子成立鄉隣貧乏之者常命子量爲周濟嘉慶二十三年　旌時
年五十七子艮棟候選直隸州
洪氏張香都朱昱妻昱病三刲股飼之卒不起洪年二十七將以
身殉既念親老子弱矢志代養撫孤成立凡里婦守節者必獎成
之卒年八十二嘉慶二十三年　旌
吳氏新豐都鄭天德妻年二十二寡言動有則足不出戶者數十
年舅姑繼歿喪葬盡禮哀泣動人撫族姪爲嗣成立嘉慶二十三

年　旌時年五十八
吳氏北亭都唐華耀妻年二十一寡撫遺腹子成立承順舅姑調護唯謹躬勤操作隣里貧乏者輙賙恤之嘉慶二十四年　旌
吳氏北亭都唐華達妻年十七寡善事翁姑撫姪國璋爲嗣及長課之讀書爲國子監生娶媳張氏而國璋又卒張年二十四姑媳煢居惟遺張生一子仰事俯育以苦節終吳卒年五十張卒年四十七嘉慶二十四年同　旌
卞氏東隅王祖延妻年二十一寡子澤楠甫週撫之成立娶媳董氏而澤楠又卒董年二十五遺孤甫一月姑媳相依食貧勵志鄉里憐之卞卒年八十三董現年六十四督學汪給茹荼矢蘗扁額嘉慶二十四年同　旌

呂氏北隅吳世隆妻年二十四寡姑喪明病卧三年躬親湯藥孝養唯謹居無親族紡績度日足不踰戸鄰里有哀其貧而餽遺者概謝不受撫子成立督學周給壺儀常仰匾額卒年七十嘉慶二十四年　旌
徐氏田中都卜順璉妻年二十六寡絶粒數日遵姑諭矢志苦守舅姑久疾侍奉無怠子二教以義方苦積百餘金歲歉以濟族人嘉慶二十四年　旌時年五十九
王氏泉北都汪善榣妻幼爲養媳即得舅姑歡善榣歿氏年二十五事姑益謹姑病躬親湯藥數十年撫子書紳爲國子監生嘉慶二十四年　旌時年六十
查氏十都舒善璞妻善璞客死查年二十五舅姑年老子幼含悲矢志後姑得瘋疾孝養益謹里有貧困者解推無吝撫二子讀書成立督學白給松筠勵節匾額嘉慶二十四年　旌時年七十一
胡氏張香都朱並妻年十八寡繼姑瞽晨昏服侍没身不衰撫夫兄子爲嗣教之成立及病捐田五畝一分入宗祠爲夫享祀之備卒年五十四嘉慶二十五年　旌
汪氏溪頭都胡承譜妻年二十三寡事翁姑孝謹撫二子及遺腹子成立家素貧辛勤操作拇指凝血爲殷嘉慶二十五年　旌時年七十五
鄭氏溪頭都胡承昌妻年十九寡孝事舅姑撫叔子爲嗣成立後叔無嗣即勸娣同撫一孤及生孫先承姪後以慰娣望平居足不出戸人謂之鉄門限云嘉慶二十五年　旌時年六十五

鄭氏溪頭都從九品銜胡及賢妻生二子而寡時年二十一以其長子嗣伯後而自撫次子次子病殤復與姒同撫長子以俟生孫育養辛勤襲延一綫嘉慶二十五年　旌時年六十四
翟氏茂林都監生吳鵬妻年二十六寡辛勤供養跬步不離姑側自奉菲薄親隣貧乏者賙恤無吝少讀書識字諸孫自塾暮歸必使背誦經書教以大義嘉慶二十五年　旌時年六十三長媳章氏亦同守志
鄭氏溪頭都胡澤民妻年二十寡澤民素勤讀結褵後更相勸戒冀成夫志夫亡翁繼逝侍姑益謹親屬罕見其面撫叔子成立嘉慶二十五年　旌時年六十八
朱氏溪頭都胡澤敷妻澤敷遠客卒朱年二十三聞訃誓不欲生

因遺孤甫晬勉撫之日以夫喪未歸爲戚子既長扶櫬回里乃稍慰每逢忌日必率兒孫虔拜嘉慶二十五年　旌現年六十七

胡氏有貞張香都朱欽妻年二十六寡始歸欽欽已遘瘵疾及卒胡絶粒誓死姑諭以承祧大義乃遵命繼姪觀光爲嗣奉姑至八旬孝養不衰觀光又早卒媳趙氏隨姑守志復繼姪子棃成爲孫胡現年六十道光元年　旌

翟氏茂林都吳亮采妻夫病日侍湯藥竟不起翟年二十四哀痛幾絶事翁姑尤加孝敬道光元年　旌時年五十一

萬氏十一都翟永測妻年二十二寡撫姪爲嗣承夫志捐五百緡給族中考試贐儀名爲巨川文會與伯善浩義舉共勒石宗祠道光元年　旌時年五十九

胡氏東隅王應祥妻年二十一寡將從死舅姑泣諭乃止撫子秉琨爲國子監生甫抱孫秉琨卒而孫又殤繼叔監生蔚文之孫爲孫與媳沈同志撫育胡於道光元年　旌時年六十一

王氏九都查光昭妻年二十九寡勤紡績孝翁姑艱苦備嘗道光二年　旌時年五十一

胡氏張香都朱安爙妻年二十六寡善事舅姑撫孤成立道光二年　旌時年五十六

王氏十一都翟守烜妻年二十五寡將從死繼念翁姑無人待奉含悲矢志遠近稱賢撫姪爲嗣道光二年　旌時年六十五

王氏九都查思田妻年十九寡繼姪爲嗣教養兩全道光二年　旌時年六十一

胡氏新豐都洪士敏妻年二十七寡孝事舅姑歷年無倦及没喪葬盡禮鄉里重之卒年七十九道光二年　旌

汪氏介英張香都朱玉帶妻年二十七寡孝事翁姑撫子惺成立媳胡氏鮮秀亦二十七寡與姑同志繼從姪福承祧里稱雙節汪卒年五十九胡卒年六十道光二年同　旌

葉氏東隅監生趙艮瑄妻年二十八寡孝事孀姑十餘年無怠撫姪燠入武庠早卒媳王氏與姑同志妯娌和睦里黨稱之葉卒年七十四道光二年　旌

董氏茂林都潘貞慶妻年二十八寡勤紡績終養老姑葬祭盡禮訓子姪以行孝悌習詩書族人咸欽仰之道光三年　旌時年六十九

翟氏茂林都潘宗瀚妻年二十八寡以針黹度生有欲延至家刺繡者峻辭之初宗瀚暴疾亡絶粒五日姑泣諭茹痛終養竭力葬祭自餐糟糠禮法嚴正族子弟皆敬憚之卒年八十一道光三年　旌

朱氏雙浪都王汝棠妻年二十五寡孝事舅姑勤紡績以備甘旨每遇夫忌終日侍姑側安慰之恐傷其心撫孤成立道光三年　旌時年八十七

吳氏九都查光吉妻婚三月夫遠客卒吳年十八遺腹生子未晬而殤將殉死舅姑諭以代終之義乃遵命侍養苦節終身繼姪爲嗣生孫文德讀書食餼吳卒年六十九乾隆五十五年督學秦給額曰蘗操氷心道光三年　旌

趙氏南隅鄭國琛妻年二十二寡孝事舅姑撫姪爲嗣成立道光
三年　旌時年五十四
湯氏大成都馬宗順妻年二十四寡孝奉舅姑遵夫遺命立二嗣
朝夕訓誨視如已出隣里貧苦者勉力助之道光三年　旌時年
五十六
衛氏泉北都吳善福妻年十九寡事姑二十餘年孝敬備至撫姪
士百成立道光三年　旌時年八十一
趙氏岈前都楊瑾妻年二十七寡矢志撫孤勤而不怨每值忌日
虔誠致奠不敢當姑前哭泣恐傷其心道光四年　旌卒年五十
二
魯氏岈前都楊超副室年二十八寡絶粒不食翁姑諭以大義乃

從命撫孤成立嚴而有法道光四年　旌時年五十一
吳氏茂林都潘起鳳妻年二十三寡氷霜自矢居處日在姑側尤
能恤困周貧毫無吝色鄉里欽之道光四年　旌時年六十八
翟氏茂林都監生吳允中妻年二十三寡舅患瘋疾姑患癱瘓奉
養二十餘年備盡孝道妯娌五人無間言隣有極貧者量力助之
不令人知子廣泉庠生道光四年　旌時年五十六
胡氏新豐都后艮弼妻舅嬰疾姑喪明夫病足委曲調護咸盡其
力艮弼卒胡年二十九撫字遺孤慈嚴相濟復撫其庶叔亦如之
道光四年　旌時年六十
后氏新豐都鄭天看妻年二十五寡幼爲養媳卽得翁姑歡姑歿
事繼姑亦如之及夫亡撫子及孫皆成立字幼叔踰于已子道光

四年　旌時年五十七
王氏十都徐璨芳妻年二十六寡矢志代養姑歿舅年八十餘事
之尤謹撫子嘉美爲國子監生道光四年　旌現年六十四
翟氏茂林都廩生吳讓恒妻年二十五寡奉姑孝謹遺孤甫三齡
多病撫之成立性端嚴足不踰閾周災恤貧無吝色嘉慶二十一
年以子渭來理問銜加級　貤讓恒奉直大夫　封氏宜人道光
五年請　旌現年五十三
董氏茂林都監生吳省三妻年二十七寡孝養舅姑撫子世奎成
室卽卒復繼姪子由義爲孫道光五年請　旌現年七十一
胡氏洪村都汪學璇妻年十八歸汪逮事祖姑至耄不懈年二十
二寡忍死侍養喪葬盡禮撫子才鉷成立現年五十八道光五年

請　旌
朱氏溪頭都胡先瀫妻年二十四寡孝事舅姑撫繼嗣世培業儒
成立現年六十道光五年請　旌
趙氏溪丁都胡元澤妻年二十二寡孝事舅姑撫子巨文成立教
之讀書慈嚴相濟歲歉命子捐貲賑鄰里人賢之現年五十一道
光五年請　旌
翟氏茂林都潘茂林妻年二十四寡茹苦甘貧事姑盡孝撫姪爲
嗣卒年八十九道光五年請　旌
翟氏茂林都潘周祥妻年二十八寡孝事翁姑撫三子成立道光
五年請　旌現年七十三
胡氏大成都庠生馬旱材妻年二十七寡家貧紡績茹苦撫孤有

欲奪其志者氏矢死靡他夫柩厝村旁里許每逢忌日必往哭奠
癸未大水柩漂去氏急赴抱柩流數十步擱叢樹中水退人匯至
氏没柩側卒年三十七道光五年請　旌
吳氏十一都監生翟思材妻年二十二寡事姑孝謹撫子成立現
年五十道光五年請　旌
鮑氏捐職州同胡麟祚妻年二十九寡孝養孀姑撫子蔚及遺腹
藹成立捐貲重建節孝祠奉姑配享現年七十五道光五年請
旌
翟氏茂林都庠生吳錦妻年二十三寡孝事舅姑撫姪世穎成立
錦以世穎布政司理問加級　贈奉直大夫　封氏宜人卒年四
十五道光五年請　旌

張氏桂茂林都候選布政司經歷吳詒齡妻年二十二寡事姑孝
撫子維城成立現年七十道光五年請　旌
章氏茂林都吳晋妻生子象曾而寡年二十三董氏晋弟兆年妻
生子瑞曾而寡年二十七瑞曾夭娣姒共撫象曾娶媳王氏生孫
承鑾王氏故繼娶許氏象曾又殁時許年二十二兩世三節苦志
撫孤董氏承夫志捐千金倡興文會章現年六十五董現年六十
二許現年四十四道光五年請　旌
翟氏茂林都吳廷芝妻年二十六寡孝事舅姑撫孤艮翰成立入
國學現年六十四道光五年請　旌
李氏彦茂林都吳高淳妻年二十九寡苦志守貞撫二子成立卒
年五十九道光五年請　旌

鄭氏芝芳張香都朱凝煒妻年二十二寡孝事翁姑撫子一培成
立入雍督學周給松筠勵節匾額現年七十一道光五年請　旌
洪氏張香都朱慶諒妻年二十二寡忍死撫孤勤苦孝養終身不
懈卒年七十六道光五年請　旌
胡氏張香都朱潭妻年十九寡事舅姑盡禮撫孤成立教以義方
現年七十道光五年請　旌
胡氏張香都朱商妻年二十四寡食貧盡孝撫繼嗣成立訓廸有
方現年五十三道光五年請　旌
胡氏張香都朱賀妻年二十三寡孝事翁姑撫繼嗣成立里有守
節者必贊成之現年五十一道光五年請　旌
吳氏十一都監生翟慕曾妻年二十二寡孝養舅姑喪葬盡禮撫

孤成立現年五十道光五年請　旌
翟氏茂林都增生吳春澤妻年二十一寡孝事舅姑子瑱早夭以
姪孫履祥承祧現年六十一在京請　旌
翟氏茂林都吳啓祥妻年二十二寡孝事舅姑撫繼嗣成立現年
五十五在京請　旌
胡氏兩姜北隅監生沈廷雞妻年二十七寡長子煜入雍次子驥
娶媳王氏年二十六驥卒翼日生子培姑媳同志慈孝兼盡撫孤
成立督學周給畫荻垂型匾額培嘉慶戊寅舉人胡卒年七十八
王現年六十在京請　旌
以上所載已　旌節孝八十四人内姑媳同　旌五人又
現在請　旌節孝二十四人俱見學册採訪册

烈婦已　旌・

鳳氏茂林都吳觀國妻年十八歸觀國越三載觀國病故氏慟絶復甦即稟舅姑繼叔子守志爲嗣視夫殯葬畢密縫衰服乘夜往夫影堂端坐投繯卒距夫死四十日時年二十嘉慶十四年　旌

王氏十一都翟本檀妻年十七歸本檀踰月本檀遠客次年患瘵癖歸且咯血氏侍病備極辛苦越四載本檀故立姪其位爲嗣殯後去喪服示家人不疑潛入卧室投繯卒衣裳皆密紉面如生距夫死十日時年二十二嘉慶十八年　旌

董氏從九品銜左壎繼妻年二十二歸壎撫前妻子有恩壎病服事勤苦次歲壎故既歛乘間取壎汗巾自縊死距夫死二日時年二十三嘉慶十九年　旌祀節孝祠

湯氏十一都翟其章妻幼爲養媳年十八完婚越十載其章病故立姪宗祥爲嗣乘間往柩前自經死距夫死五日時年二十八嘉慶二十一年　旌

佘氏徐守金妻年十六歸守金守金少孤伯父母撫之氏事如舅姑越七年守金死于外喪歸既成服立姪繼祖爲嗣憑几自縊死面如生距喪歸八日時年二十二嘉慶二十二年　旌

王氏張香都朱一解妻年十七歸一解越五載一解病故無子既葬請于舅姑曰他日願以從子爲嗣又囑娣姒曰善事舅姑乘間經死距夫死四十二日時年二十一嘉慶二十三年　旌

吳氏開娣永定都徐文藻妻年十八歸文藻越三載文藻死立姪子龍爲嗣勸慰舅姑請無過哀親視飯含若無從死意禮畢潛縫衣裙投繯卒神色如生距夫死十三日時年二十嘉慶二十四年

旌祀節孝祠

胡氏張香都朱宗型妻年十六歸宗型舅煊任滁州學正胡留侍祖姑孝謹甚越七載宗型故甫屬纊氏呼搶間驟抽簪刺喉血湓溢室人力救得不死祖姑泣諭曰喪未舉奈何如此氏頷之窀穸畢遂矢不食延六日乃絶距夫死三十二日時年二十三嘉慶二十四年　旌長姒胡亦早寡撫遺腹子各行其志烈節萃一門族贊善珔爲作傳

陳氏鄭尚德妻年十八歸尚德尚德善病陳懼不起即請立姪問添爲嗣越四載尚德死人定後遂自經覺救已絶面如生距夫死十日時年二十二嘉慶二十四年　旌

胡氏明嘉定州知州朱儀妻年十七歸儀隨至任値張獻忠犯蜀分兵圍州城儀力屈將死之胡奮請先遽以簪刺喉復自力抉死語具儀傳　國朝道光三年　旌

貞女

翟氏禮姑年十一適宣陽都汪大圖之子仲錫爲養媳仲錫年十五病亡姑趙氏亦早寡謂未婚守志事大難苦諭令歸其母悔之勸改適誓死不從不得已仍送歸汪姑媳相依四十年恩如母子姑卒哀毀骨立親族咸敬禮之現年六十二嘉慶二十一年與姑同　旌

萬氏幼適汪慶楠爲養媳年十七未婚慶楠亡父母勸改字萬慟絶者再卒莫能奪其志奉舅姑甘旨自食藜藿隆冬一破襖夜無

燈油至焚柴自照族人哀而敬之撫嗣子如已出嘉慶二十三年
旌卒年六十八
查氏幼字王立轎爲妻立轎未婚卒氏年十四聞訃即變服奔喪
泣告舅姑曰素聞父言族祖母沈氏未婚守志時有孤燕來巢其
室竊願學焉舅姑重其意從之撫姪爲嗣又亡乃立他姪之子爲
孫卒年七十二嘉慶二十五年　旌

壽婦

徐氏王永悌妻年百一歲嘉慶二十三年題　旌奉　旨給貞壽
之門四字　恩賞緞一疋銀十兩建坊其里
以上所載已　旌烈婦十八貞女三人壽婦一人俱見學
册又有節婦已載前志而嗣後復有善行可述者二人補

傳附後
胡氏座元張香都監生朱尊妻嘉慶十年　旌時年六十一家故
不豐遇歲祲輒捐貲以助平糶前後輸里中義倉銀六百兩卒年
七十八族人公設祭奠贈額曰節義雙清御史胡承珙爲作傳以
孫宗烋遵例　贈尊奉直大夫　封氏宜人洪志　採訪册
王氏十一都翟尚嶸妻嘉慶十年　旌時年六十嘗命子思林捐
銀五百兩助入支祠以脩祭享卒年七十二以子思林遵例　贈
尚嶸奉直大夫　封氏宜人祀節孝祠洪志　採訪册

貞女補遺道光五年請　旌

湯氏吳光鴻聘妻氏年二十一聞光鴻卒矢志守貞奉事父母禮
居二十七載卒年四十七吳迎氏柩瘞東村崗側烈女之旁

涇縣續志卷八

列女

節婦已故待　旌

明胡氏福張香都朱能宗妻年十八寡撫兩子義貞道貞成立卒
年五十六朱氏家乘
洪氏貞香茂林都吳有惕妻年二十一寡撫子汝瑞成立卒年六
十四汝瑞天啓丁卯武舉人
唐氏鳳吳元東妻年二十四寡苦志勵節子之銓任徽寧兵備道
余鵬翔標下千總余給以霜節足風匾額卒年七十二
國朝汪氏育張香都朱賢深妻生明萬曆庚寅年二十七寡食貧
撫孤備嘗艱苦伯欲奪其志氏發誓持齋沒齒子孫傳爲恨齋逢

祭祀必薦素食卒康熙庚戌年八十一初子備將爲請　旌氏聞
變曰守節婦職耳顧要名耶禁弗許後嗣遂遵之朱氏家乘
鄭氏茂朱武覲妻生康熙乙卯年二十寡茹苦養姑撫子琦璉成
立琦璉繼亡復與璉媳汪氏同撫二孫卒年七十五後孫又夭乃
繼姪曾孫平鋒承祧朱氏家乘
程氏質東隅馬士珣妻生康熙癸亥年二十六寡茹苦守節撫二
子必鎮必輪成立及年六十縣令萬給以勁節惟貞匾額
楊氏溝十一都翟士恪副室年二十寡子時甫週歲楊事正室
查氏謹撫孤成立卒年六十一翟氏家乘
洪氏溪丁都胡天喬妻年二十九寡苦節食貧孝敬舅姑撫孤成
立卒年八十

查氏十一都翟守炳妻年二十寡孝事舅姑撫侄一榜爲嗣卒年四十一
陳氏溪丁都胡栽芳妻年二十八寡茹苦食貧孝敬舅姑撫孤成立卒年六十一
陳氏胡令序妻年二十八寡茹苦守志孝事舅姑撫孤成立卒年五十七
洪氏趣香張香都朱一昌繼妻年二十七寡孝事舅姑妯娌雍睦撫侄宗鳳爲嗣卒年五十
女氏十一都翟思懷妻年二十五寡撫兩世孤成立卒年七十一
陳氏南隅張延詰妻年二十四寡甘貧守志撫孤成立卒年八十
王氏千茂林都章一邦妻年二十七寡事姑孝謹撫孤成立卒年

七十一
董氏高英上連都陳天亮妻年二十二寡苦節自持撫遺腹子學海成立卒年五十
馬氏蕙珠舉人馬肇勲女上連都監生陳奪錦妻年二十八寡矢志守節撫子繼詠成立卒年四十二
徐氏上連都陳德新妻年二十六寡家貧守志紡績養姑撫從侄繼起爲嗣卒年五十一
蕭氏進娥陳顯蔆妻年二十九寡苦節撫孤成立卒年五十四
周氏寳娥陳顯慕妻年二十八寡勤儉持家撫侄文淚爲嗣卒年七十一
湯氏金柱陳德平妻年二十二寡孝事舅姑撫孤成立卒年四十二
王氏陳明星妻年二十七寡矢志奉姑撫姪顯棠爲嗣卒年八十五
蕭氏陳文樞妻年二十三寡勤紡績孝舅姑撫侄德路成立卒年五十三
王氏綿英陳文蔚妻年十七寡善事舅姑撫孤成立卒年六十三
羅氏南隅朱崇盛妻年二十四寡苦節撫孤食貧無怨卒年六十七
施氏饒東隅馬百增妻年二十二寡謹事翁姑撫二子代玲代軫成立卒年四十二
潘氏恩貞禾㞢之都徐傳倣妻年二十四寡苦志守貞孝事舅姑和

睦妯娌撫孤成立卒年四十九
鄭氏臺宣陽都周喬遷妻年十七寡性烈甚三日内再投繯幾絶叔姑苦諭止之勤苦矢志卒年三十二
江氏迪趙必鏘妻年二十八寡撫侄及冠而亡復繼其祧爲嗣卒年六十
王氏同南隅馬其萬妻年二十寡家貧苦節朝夕紡績撫二子成立卒年五十三
馬氏溪丁都監生胡庭芝妻年二十五寡孝事舅姑撫子斐然成立候選知縣卒年六十
吳氏大成都馬道芝妻年二十三寡食貧孝養撫孤成立卒年五十四

董氏芳華馬學社妻年二十五寡事姑孝謹承繼伯子爲嗣教育成立卒年五十八

汪氏恩芳張香都朱文叠妻婚七日夫卒氏年十八矢志不二孝事翁姑繼伯子武鏻爲嗣卒年六十

吳氏章芳朱文營妻年二十三寡撫孤武狀娶媳賀氏武狀又卒賀氏年二十九兩代苦節俱卒年七十二

倪氏誥芳朱文誥妻年二十六寡善事翁姑撫孤成立卒年八十一

鄭氏同芳朱文超妻年二十二寡善事翁姑繼伯子武品爲嗣娶媳胡氏偶芝武品又卒胡年二十九同志撫孤兩代苦節鄭卒年七十胡現年七十一

后氏涵芳朱慶涵妻年二十八寡孝養舅姑撫孤伯龍成立娶媳汪氏秀英伯龍又卒汪年二十九與姑同志撫二孤成立里稱雙節后卒年六十三汪卒年九十

胡氏明福張香都朱一寸妻年二十一寡家貧姑早世翁衰老多病藉紡績爲菽水資承繼堂侄爲嗣卒年三十三

汪氏千芝朱武英妻年二十九寡旁無親屬苦志撫孤撑立門戶卒年七十一

胡氏定朱本興妻年二十八寡矢志安貧撫孤成立卒年八十六

鄭氏閑芝朱文庭妻年二十四寡勤紡績養舅姑撫子武治成立卒年八十三

鄭氏好芳朱慶杕妻年二十四寡茹苦守節終始不渝撫孤安照成立卒年七十四

胡氏萬芳朱文黨妻年二十六寡孝事舅姑繼侄武鑲爲嗣娶媳吳氏体芝鑲又卒吳年二十八與姑同志撫三子成立性勤儉蓄有餘貲郎以襄族中義舉胡卒年五十九吳現年六十九

賀氏窖朱本丹妻年二十四寡孝敬翁姑撫孤成立卒年六十七

胡氏報朱安俊妻年二十六寡氷霜自矢孝慈兩全卒年七十二

俞氏媚監生朱安偉妻年二十六寡苦志守貞竟全節孝卒年六十八

胡氏愷朱安體妻年二十八寡服勤守志撫嗣成立卒年六十五

胡氏雀朱一門妻年二十四寡撫孤成立卒年三十七

俞氏蒞朱文黒妻年二十八寡孝養翁姑撫孤成立卒年六十八

陳氏悅芳吳國麟妻年二十二寡苦志守貞卒年五十一

查氏代珠田中都董永昭妻年二十五寡家貧苦節卒年三十七

胡氏根英張香都監生朱安根妻年二十八寡矢志守貞撫孤成立卒年四十六

胡氏多英朱安美妻年二十二寡撫子玗成室皃媳雙亡復撫孫東海成立卒年七十八

汪氏欸蘭朱槐妻年二十五寡辛勤紡績孝事姑嫜撫子燦成立卒年四十九

包氏徐貢芳妻年二十六寡孝事孀姑勤紡績供甘旨撫孤成立卒年七十

沈氏查思丑妻年二十五寡苦志守節撫孤成立卒年四十一

吳氏胡澤奎妻年十七寡苦志守節卒年四十八
朱氏徐光宗妻年二十六寡孝順舅姑和睦妯娌撫子傳爵成立卒年六十
金氏董大孟妻年二十寡茹苦守節誓死靡他卒年六十一
黃氏魁婉查德元妻年二十四寡奉養翁姑撫孤成立卒年五十七
盛氏紫查思陞妻年二十九寡繼姪為嗣辛勤紡績數十年積錢入伯千助入宗祠永為祭費卒年七十二
張氏溪丁都胡鳳祚妻年二十六寡食貧苦志孝事舅姑撫二子成立卒年八十三
后氏張香都朱士像妻年二十七寡撫子安康成立卒年四十四

胡氏朱安瑺妻年二十一寡繼侄為嗣撫養成立卒年三十七
胡氏朱安枈妻年二十五寡撫孤成立卒年六十
王氏新豐都后本郃妻年二十寡事姑孝謹繼姪為嗣教養成立卒年六十三督學張給柏舟媲美匾額
章氏荳茂林都吳之珩妻年二十四寡家貧紡績度日撫孤可旭成立卒年六十八
李氏鮑吳光嘉妻年二十四寡食貧守志撫子成立卒年四十八
徐氏望吳光櫓妻年二十七寡撫侄為嗣卒年六十四
翟氏三吳　縠妻年二十寡家貧矢志孝事舅姑撫孤成立卒年五十一
張氏吳承糬妻年二十二寡事翁姑以孝撫孤以慈卒年三十六

王氏定九都查祥慶妻年十七寡孝養翁姑撫侄為嗣卒年五十一
鳳氏翟思春妻年二十五寡孝事舅姑撫子成立卒年九十六
舒氏查思通妻年二十四寡家貧茹苦孝養翁姑卒年六十五
吳氏錫賢查崇湧妻年二十五寡撫子德棐娶媳周氏德棐又卒與媳偕撫幼孫兩世苦節吳卒年六十八
汪氏燦青張香都朱文燦妻年十九寡食貧矢志節孝兩全卒年七十
胡氏朱安澤妻年二十六寡誓志終守孝事舅姑撫遺孤成立卒年六十
陳氏玉庠生董澗妻年二十三寡事姑孝順撫孤成立卒年六十七

吳氏納董崇華妻年二十四寡孝敬舅姑守節不渝卒年四十四
查氏孚董崇齋妻年二十六寡孝事翁姑繼侄為嗣卒年五十一
胡氏張香都庠生朱吉祥妻年二十五寡孝事舅姑持家勤儉撫二子成立課讀以繼夫志卒年五十二
鳳氏黨唐國烜妻年三十寡孝事翁姑辛勤紡績卒年六十二
王氏文珠南隅朱守元妻年二十五寡苦志守貞繼姪志道為嗣卒年四十
程氏品清江孝慈妻年二十九寡孝事舅姑撫子國鉉入太學又繼伯子廷銓為嗣愛如已出郡守趙給額曰節勵松筠卒年八十一
張氏巧芳江仁定妻年二十八寡勵志守節事姑不懈撫孤成立

卒年五十二
張氏眉舒榮光妻年二十寡舅姑繼歿氏鬻簪珥以葬勤紡績自
給卒年三十二
方氏孟沇岱妻年二十九寡撫子成立苦志守貞卒年四十五
朱氏備蓮張香都汪子備妻年十八寡食貧矢志孝養舅姑撫孤
成立卒年八十八邑令萬給有匾額
張氏明景茂林都庠生吳喈莫妻年二十四寡賦性端淑笑言不
苟事翁姑以孝撫孤以慈卒年三十四學師給以彤史流芳匾額
章氏岸前都方有樂妻年二十六寡苦志守節撫侄啓祥爲嗣入
泮卒年五十八
左氏朶東隅趙葉新妻年二十三寡自縊幾絶力救得甦撫侄爲
嗣以節終

翟氏茂林都吳廷燮繼妻年二十三寡事姑孝謹一子將婚而卒
撫前妻子及孫成立卒年五十一
查氏十都監生王眞熔妻年二十六寡勵志守節撫侄爲嗣卒年
六十六督學胡給孝節貞型匾額
查氏十都監生王惟瑚妻年二十二寡孝事孀姑撫侄爲嗣卒年
五十一督學張給冰寒玉潔匾額
趙氏成英溪頭都胡承偉妻年十九寡孝奉翁姑繼伯子先滿承
祧撫養成立以節終曾孫沛澤嘉慶戊辰舉人
汪氏添胡士睍妻年二十八寡安貧茹苦矢志撫孤卒年七十四
朱氏觀秀胡先應妻子世湏娶媳朱氏粉蘭世湏復早亡朱亦勵

志孝姑撫子澤衆成立姑已見前志卒年七十三媳現年五十
朱氏胡世安妻年二十一寡孝養孀姑撫伯子爲嗣卒年六十七
洪氏胡世命妻年二十四寡家貧苦志撫孤成立卒年五十六
洪氏胡世恂妻年二十二寡甘貧守志撫伯子爲嗣卒年五十四
周氏能十一都翟本立妻年二十四寡安貧矢志其姒趙氏庠生
翟本初妻亦早寡僅生一子共撫成立後育二孫繼其一爲本立
後督學賈給以節勵青松匾額卒年五十九
吳氏萬一傳妻年二十四寡勵志苦節撫孤成立卒年六十一
陶氏萬宗燈妻年二十五寡堅貞自矢撫侄爲嗣督學徐給以操
貞黄鵠匾額卒年六十八
鄭氏雙青洪村都汪立鑿妻年二十五寡茹苦守志慈孝兩全卒
年八十四

朱氏勇蓮汪士補妻年二十一寡苦志守貞孝慈兼盡卒年七十
三
吳氏和安汪經娥妻年二十九寡食貧矢志撫孤成立卒年六十
五
左氏蒲曹眞桂妻年二十九寡撫孤成立卒年八十四
沈氏禾曹眞昱妻年十九寡紡績養姑矢志不移值歲歉安貧無
怨以節終
汪氏釵蓮張香都監生朱應祥妻年二十五寡貞靜矢志撫二子
成立卒年五十六
朱氏藕蘭溪頭都胡世藕妻年二十四寡舅早逝事祖姑及繼姑

貧而盡禮寡娣遺孤辛勤共撫冀延一綫卒年三十六
王氏北隅庠生沈國麟妻年十七寡矢志奉姑辛勤不倦繼姪柱
爲嗣成立卒年三十五
王氏鶩鶩趙季綸妻年二十六寡孝事舅姑茹苦食貧以侄同煥
爲嗣卒年四十七
倪氏興安洪村都汪經鉚妻年十八寡撫遺腹子學福成立卒年
四十二
后氏滿元張香都朱安廷妻年二十八寡孝養翁姑茹苦撫孤卒
年六十八
胡氏密香朱一體妻年二十四寡服勤守志繼姪發祥爲嗣卒年
三十七

胡氏習芳朱慶孚妻年二十六寡家貧茹苦孝事舅姑撫子爵成
立入雍卒年八十五
胡氏朱國妻年二十三寡孝事翁姑繼子承祧卒年四十一
陶氏參芳洪村都汪祖參妻年二十九寡撫遺腹子經貴成立入
雍卒年八十三
汪氏新豐都洪瑱祥妻年二十六寡孝事翁姑繼叔子錫開撫之
成立卒年四十八
沈氏十一都翟思極妻年二十四寡矢志守貞卒年六十
鳳氏高秀吳一偕妻年二十五寡家貧茹苦孝敬舅姑撫二子成
立卒年五十九
文氏吳登鰲妻年二十五寡卒年三十八

俞氏北亭都唐文樾妻年二十一寡家貧苦守撫繼嗣成立卒年
八十三
朱氏吳應興妻年十九寡卒年四十六
胡氏新豐都洪邦譽妻年十八寡勤紡績孝舅姑撫遺腹子成立
卒年六十二
舒氏榮芳茂林都章學青妻年二十寡辛勤孝養繼叔子承祥撫
之成立卒年六十六
朱氏溪頭都胡澤漣妻年二十四寡食貧苦志孝養無怠卒年五
十九
倪氏暇胡啓鄰妻年二十四寡二子發彥早夭食貧守志節凛冰
霜卒年九十三毋家爲助田入祠與夫配享

洪氏胡世利妻年十九寡茹苦守志撫子澤詒卒年二十九
章氏傳茂林都監生吳秀升妻年二十七寡奉姑孝謹撫孤成立
卒年六十一
陳氏悅芳吳國穿妻年二十寡孝事翁姑撫遺腹子先報成立卒
年五十一
吳氏桂上連都陳繼淦妻年二十二寡遺腹生子世煥撫之成立
卒年三十三
陳氏甘思齊都鳳斗生妻年十八寡矢志孝養繼姪爲嗣卒年三
十四督學白給清標彤管匾額
張氏趙友柱妻年二十四寡卒年八十五
吳氏德青張香都朱慶鬐妻年十八寡孝事翁姑撫遺腹子安孟

成立卒年六十四

洪氏勤英張香都朱安格妻年二十九寡孝事姑嫜撫子成立治家有法積有餘貲力行諸善遠近貧苦喪不能殯者助之費遇古塚傾損者爲之修理鄉里咸敬重之卒年八十二

吳氏書東隅劉龎昌妻年二十八寡苦守貞志撫子成立卒年五十一

張氏喜芝倪家杲妻年二十二寡善事翁姑撫姪爲嗣成立卒年七十三

趙氏太平都葉誠妻年二十一寡家貧日夜紡績撫孤成立卒年五十三

張氏鼎蓮張香都朱安莘妻年二十九寡孝養孀姑勤苦不懈撫

子成立卒年七十七

烈婦待旌

汪氏查崇贊妻年二十九夫亡守節十七年一日辭妯娌曰向不即死者因有一男一女耳今婚嫁事畢可以從夫地下矣竟閉戶自縊采府志

沈氏巽姑宣陽都汪士熙妻年二十熙卒誓以身殉家人防之越七日整妝自縊覺救半日乃甦泣曰得從夫泉下志遂矣何苦我爲自是絶粒十數日卒繼姪守基爲嗣

杜氏銅姑十二都李吉慶妻年二十九吉慶遠賈患病歸氏侍湯藥衣不解帶及卒治喪畢謂妯娌曰善事舅姑乘間入房投繯卒距夫死五日

翟氏茂林都舉人潘肇書妻肇書癸未會試染病回籍卒于兖州氏聞計水漿不入者五日喪至哀毀滅性延二日絶督學張太守郭縣尹陶俱給有匾額

陳氏雅娘南隅監生鄭思瑾妻年二十餘生二子思瑾病危禱以身代一日思瑾暴卒陳遽赴水死未幾思瑾忽甦夕夢陳告曰夫幸克享天年矣自是病漸愈縣令李以烈節奬之舉人鄭應鶴有記事載洪志思瑾懿行傳

王氏淵雅查光烜妻年十六于歸事翁姑克盡婦職夫客句容病亡氏年十九聞計哀慘自縊縣令陶奬以烈邁桓嫠匾額

舒氏查雙桂妻幼嫺女訓及長完婚善事翁姑年二十二夫病故氏泣曰舅姑有叔姒事奉吾全吾身以從夫耳遂雙桂衣服畢投

繯自縊距夫死五日

趙氏嵌大成都王祥慶妻年十八于歸祥慶患疾氏侍藥滌穢數年不倦夫卒誓不欲生含悲茹痛嘔血而亡距夫死五十五日

朱氏溪頭都胡世銑妻年十九歸銑甫三月銑客湖南次年病故氏聞絶粒卒距聞計二十日

朱氏新豐都洪琜祥妻年二十三夫亡舅姑知其性烈慰諭之氏不忍遽殉窀穸畢哀毀絶食而卒距夫死四十二日

胡氏新豐都洪錫鑾妻婚數月錫鑾貿易漢陽病卒氏聞計即絶粒數日而亡時年二十二

朱氏溪頭都胡權澤妻年二十歸胡生子恩慶越五載權澤病故氏痛絶復蘇囑妯娌善事翁姑代撫己子絶粒卒距夫死二十四

日
查氏畬明志妻年二十四夫病故殯葬畢遂投繯自盡縣令請給
節烈可嘉匾額
葉氏東隅趙達泉妻年二十二夫貿易浙江病故氏聞訃慟絶櫬
回盡喪禮繼姪承祧遂投繯卒道光三年十二月縣令傅立案准
詳擬爲請　旌未果

貞女已故待　旌

朱氏許字溪頭都胡虎慶幼爲養媳年十六未婚夫客死氏聞訃
矢志靡他姑早卒奉養祖姑孝敬備至祖姑歿憂勞成疾卒年三
十三
楊氏許字陳文湘年十四文湘卒未婚守志立嗣繼夫後卒年三

十一
李氏平貞許字永定都徐傳佶年十七傳佶卒未婚守志孝養翁
姑姑亡哀毁骨立一叔尚幼撫之成立繼侄蓮禧爲嗣卒年四十
四

孝女

吳氏世珠茂林都人父壽任福建興化府通判嘉慶戊辰奉委採
辦軍需以勞瘁致疾世珠年十七隨母鳳氏服侍湯藥數月衣不
解帶父疾革籲天虔禱願以身代卽患病七日而沒濤尋愈憫其
孝竭子孫歲時祀之　奉　旨載入通志統志以光盛典
以上所載已故待　旌節婦一百四十三人烈婦十四人
貞女三人孝女一人俱見採訪册

節婦現存待　旌

吳氏東隅舉人趙瑄妻年二十九寡家貧苦守孝順舅姑子友剛
蚤卒撫姪書勳爲嗣入太學現年八十五
吳氏瑞芝張香都朱武科妻年二十九寡子慶亨娶媳蕭氏年二
十七寡繼族姪爲嗣兩代苦節吳現年九十蕭現年六十四
文氏安十一都翟守補妻年二十五寡子一炌娶媳黃氏年二十
六寡姑媳相依苦志不渝文現年八十二黃卒年五十八
王氏十二都李泰權妻年二十二寡撫孤成立現年八十四
王氏十一都翟守鄖妻年二十七寡撫孤成立現年八十三
查氏翟一綵妻年二十四寡孝事舅姑撫孤成立現年七十九
王氏千華大成都馬學燿妻年二十四寡孝事孀姑撫二子成立

現年七十九
王氏兌東隅庠生馬文清妻年三十寡孝事姑嫜撫孤成立現年
七十八三子成書郡庠生
王氏貢生翟永希副室年二十三寡矢志不渝現年六十九
翟氏雨媛李樂元妻年二十四寡子世皖娶媳文氏年二十八寡
姑媳同志撫孤成立翟現年七十一文現年五十
洪氏鼇蘭張香都朱鼇妻年二十六寡事姑孝謹撫三子成立現
年六十五
胡氏釵蘭朱惠妻年二十六寡繼姪楊爲嗣楊夫婦繼逝撫育幼
孫成立現年六十六
蕭氏左懋領妻年二十九寡苦志食貧撫二子成立現年六十四

王氏十一都翟祖欣妻年二十一寡家貧孝養撫子本纘入雍本
纘蚤卒媳章氏與姑同志撫孫成立王現年六十二
查氏翟夢熊妻年二十四寡家貧姑老紡織度日撫子舜齡成立
現年五十五
吳氏翟一紀妻年二十三寡孝事舅姑撫孤成立現年五十三子
本球監生
吳氏翟永涓妻年二十二寡善事舅姑撫姪爲嗣現年五十二
吳氏翟登元妻年二十一寡孝事翁姑撫姪爲嗣現年五十一
王氏翟光裕妻年十九寡撫孤成立現年五十
吳氏翟守璋妻年十八寡勤紡績養舅姑撫姪爲嗣現年五十
張氏衆董艮俊妻年二十七寡撫嗣成立現年六十

章氏左芳董天錫妻年十九寡孝舅姑繼嗣成立現年五十一
吳氏汪安瀾妻年二十一寡苦志守節現年五十一
佘氏清芳監生董天錦妻年二十七寡食貧守志現年五十二
蕭氏萬全董天福妻年二十七寡姑病十餘載奉養無倦繼堂姪
廷梁爲嗣現年五十
胡氏張香都朱椒妻年二十六寡家貧紡績孝養翁姑撫二子成
立現年六十三
汪氏座芳朱慶郁妻年二十九寡安貧矢志孝養不怠現年五十八
李氏瀋周陞妻年二十五寡撫子銓成立入成均現年六十一
洪氏喜蘭朱菊妻年二十四寡矢志守貞食貧無怨現年五十八
洪氏聽蘭朱渡妻年二十五寡孝事舅姑撫子嶽陵成立現年五
十三
俞氏緞香朱聯發妻年二十六寡善事舅姑曲得歡心撫子宗藩
成立現年五十五
胡氏環雲朱益妻年二十一寡孝事舅姑撫繼嗣成立現年五十
四
胡氏熥雲朱熥妻年十九寡孝養翁姑撫繼嗣成立現年五十七
胡氏末雲朱生妻年二十五寡善事舅姑撫繼嗣成立現年五十
一
胡氏倫霞朱福妻年二十五寡矢志孝養食貧無怨現年五十六
胡氏明英朱安信妻年二十七寡甘貧守志孝養翁姑撫子耀成
立現年六十二

汪氏義蘭朱平義妻年二十七寡孝事翁姑撫子成立現年五十
四
胡氏藕朱慶樑妻年二十八寡撫姪爲嗣現年六十一
汪氏舉朱鑑妻年二十寡孝事孀姑繼子尚娶媳張氏尚又蚤世
繼孫一珠三代孀居辛苦備嘗現年五十八
張氏彥蓮朱安彥妻年二十九寡矢志守貞孝養不怠現年五十
四
洪氏問香朱艮燎妻年二十九寡孝事舅姑撫子成立現年五十
三
胡氏庠生朱維祺妻年二十二寡秉性貞淑孝養無懈撫子宗全
入太學現年五十一

胡氏誳香朱爾闓妻年二十二寡孝事翁姑繼伯子宗惠爲嗣現年五十二

朱氏禮文東隅庠生趙鼎臣妻年二十八寡孝事舅姑撫三子成立現年五十子渤浹業儒湘監生

黄氏佾生趙友全妻年二十八寡姑病足十年奉侍無倦撫子季昌入雍現年六十

黄氏監生趙季煊妻年二十六寡撫子璧珠成立娶媳衛氏年二十寡與姑同志守貞黄現年六十四衛現年四十八

王氏理趙友信妻年二十六寡孝事翁姑撫子錫旌入雍娶媳吳氏嘉饒州知府吳斌女年二十寡隨姑守節王現年五十五

汪氏田中都蕭林壽妻年二十二寡家貧盡孝艱苦備嘗繼姪天

生爲嗣現年五十三

于氏年姜十二都李含儉妻年二十三寡孝事姑嫜撫孤成立次子作書入雍現年六十六

馬氏字貞東隅王元燮妻年二十七寡孝事翁姑辛勤佐養撫子士陞成立現年五十七

翟氏領意茂林都監生王林一妻年二十一寡勤紡績孝舅姑撫姪爲嗣現年四十九

趙氏溪丁都庠生胡趐芳妻年二十四寡孝事姑嫜撫孤安美入雍現年五十

陳氏茂林都章承全妻年二十二寡茹苦守貞現年五十二

文氏蜜貞乑定都徐傳儉妻年二十六寡事姑盡禮姑歿叔尚幼撫字無間訓二子經芳綸芳成立現年五十三

董氏自王道烺妻年二十七寡事姑孝撫孤慈現年六十七

趙氏彬院宣陽都汪愛蘭妻年二十六寡勤紡績孝翁姑撫遺腹子士範士範蚤世以姪孫守繼承祧現年六十二

章氏庸田中都董承淮妻姑蚤世代撫二叔成人年二十七夫卒辛勤紡績訓子成立現年六十一

王氏朱董永發妻年二十寡勤紡績養翁姑繼伯子承鳳爲嗣現年五十一

翟氏貳董崇學妻年二十七寡矢志守貞現年六十七

蔡氏董天官妻年二十七寡孝事姑嫜撫子乾成立現年六十一

王氏亨董永昂妻年二十四寡安貧茹苦撫二子成立現年五十

一

程氏泉北都王淦妻年二十二寡撫孤圖南成立現年五十

張氏左文亨妻年二十五寡事姑孝謹撫孤成立現年五十

鄭氏東隅趙吉祥妻年二十三寡矢志守貞現年五十三

王氏吳善沁妻年二十九寡辛勤操作矢志靡他現年六十五

鄒氏胡澤湛妻年二十三寡茹苦守志現年六十二

鄭氏宣陽都汪文炯妻年二十七寡孝事舅姑持家有法現年五十

趙氏平貞乑定都徐傳伉妻年二十四寡事姑孝撫孤慈現年五十三

查氏徐幹妻年二十六寡孝養舅姑甘旨無缺撫孤成立現年五

十九
舒氏徐掄元妻年十九寡甘貧守志督學賈給苦節全貞匾額現
年六十五
胡氏新豐都洪文泩妻年二十寡茹苦守節撫姪天赦入太學現
年六十一
汪氏瑞耀大成都馬宗謀妻年二十六寡茹苦矢志撫嗣成立現
年五十四
章氏亭耀馬根生妻年二十三寡茹苦養姑撫孤成立現年五十
二
王氏納彩馬先蒂妻年二十七寡撫繼嗣成立現年五十
王氏東隅馬坐妻年二十六寡孝養舅姑撫孤成立現年五十五

汪氏典曹又春妻年二十二寡茹苦守志現年五十六
張氏喜曹聚忠妻年十九寡茹苦守志現年五十五
王氏千曹恒忠妻年二十三寡矢志守貞現年五十三
吳氏順曹大椿妻年二十四寡事姑撫子孝慈兼盡現年五十三
查氏鄉趙同熙妻婚未踰年夫嬰痼疾侍養三載不懈夫卒氏年
二十四孝事舅姑立姪含章爲嗣
汪氏溪丁都郭有通妻年二十九寡苦志守節現年五十一
王氏九都張道諭妻年二十二寡食貧守志撫繼嗣成立現年六
十三
李氏張道訪妻年二十八寡茹苦守志撫子成立現年六十六
杜氏張道德妻年二十寡事姑盡禮撫姪爲嗣姑歿葬安塟舅姑

及夫以上祖慨捐貲入祠配享現年六十一
查氏張道熔妻年二十八寡勤紡績撫二子成立現年五十一
王氏張本鑑妻年二十寡孝事翁姑撫姪爲嗣現年五十五
章氏張觀順妻年十七寡撫遺腹子成立現年五十五
董氏兆蓮上連都陳德宙妻年二十五寡孝事舅姑立嗣承祧現
年六十七
王氏麟蓮陳德滸妻年二十六寡繼嗣三歲病瞽氏撫育不倦娶
媳成家現年六十二
董氏雙蓮陳德䅳妻年二十八寡隨姑守志辛勤紡績立嗣承祧
現年六十二
王氏瑞蘭陳繼書妻年二十八寡姑病焚香禱祝竟享高壽奉侍

唯謹撫嗣成立現年五十五
董氏俤蘭陳繼書妻年二十三寡貞靜守志繼嗣成家現年五十
二
曹氏初蓮陳德保妻年二十二寡孝翁姑勤紡績撫姪三奇爲嗣
現年六十五
湯氏送芳陳文初妻年二十八寡家貧守志孝事孀姑撫子德應
德庥成立現年五十二
董氏玉蘭陳啓明妻年二十五寡辛勤紡績撫孤伯達成立現年
五十一
章氏仲蓮陳遐福妻年二十九寡孝事翁姑撫孤涓春成立現年
五十五

吳氏趙友鶴妻年二十一寡矢志守貞孝養不怠現年五十二
胡氏趙友駱妻年二十四寡食貧茹苦守志不渝現年五十四
王氏查清林妻年二十六寡堅貞自誓苦節終身現年五十三
周氏查德鍵妻年十八歲寡貞靜自守矢志不渝現年五十二
陳氏鳳必滌妻年二十寡矢志守貞現年五十
王氏董澤林妻年二十六寡繼姪承祖爲嗣紡績辛勤積貲助入
支祠爲夫配享現年五十一
吳氏方國北妻年二十七寡茹苦守志現年五十五
徐氏方必叠妻年二十四寡家貧守志貞靜不渝現年五十二
朱氏敘蘭溪頭都胡世著妻年二十七寡孝奉舅姑撫子成立現
年六十

朱氏洪村都汪祖報妻年二十七寡茹苦守志撫二子成立現年
五十五
胡氏透蘭張香都朱本妻年二十九寡孝事姑嫜撫孤煾成立現
年五十七
胡氏仲蘭朱根妻年二十九寡孝事翁姑撫子成立現年五十
胡氏朱安璠妻年二十三寡繼伯子爲嗣敎養成立現年五十三
趙氏監生朱繼祥妻年二十八寡幼出名門嫻習女誡訓子讀書
慈嚴相濟現年四十八
胡氏朱南山妻年二十五寡繼姪爲嗣撫育成立現年六十
談氏監生朱體妻年二十三寡撫孤成立現年五十四
胡氏朱珹妻年二十四寡撫孤成立現年五十五

鄭氏朱驥妻年二十二寡矢志孝養現年五十三
徐氏秀茂林都吳光材妻年十九寡安貧矢志撫姪邦盤爲嗣現
年七十五
章氏順吳邦球妻年二十九寡食貧苦志孝事翁姑撫二子成立
現年六十四
翟氏晏吳小寶妻年三十寡孝養翁姑撫孤成立現年六十二
楊氏核吳松竹妻年二十三寡苦節不渝撫三子成立現年五十
九
顧氏倫吳光照妻年二十七寡撫孤成立現年五十七
董氏吳世棫妻年二十五寡孝事舅姑撫孤成立現年五十
葉氏吳繼部妻年二十六寡舅姑年邁矢志靡他辛勤佐養現年
五十三

翟氏監生吳士麟妻年二十八寡孝事翁姑喪祭盡禮撫子成立
現年四十九
趙氏寸泉北都蔣大甘妻年二十四寡事姑盡孝繼子菊香成立
現年五十一
翟氏潘鳴鑾妻年二十一寡家貧守志事姑盡孝現年五十一
王氏潘報蘋妻年二十九寡孝事舅姑撫孤綸恩成立現年五十
二
翟氏芝林潘天生妻年二十七寡茹苦養姑服侍弗懈現年五十
一
王氏查光田妻年二十六寡安貧守節堅貞自矢撫孤成立現年

四十八
馬氏平珠溪頭都胡先數妻年二十七寡辛勤刻苦撫孤成立現
年四十七
王氏開九都査小謀妻年二十六寡矢志守貞現年五十六
王氏埀査思愛妻年二十八寡撫子崇君成立現年五十五
翟氏德婉査思宸妻年二十三寡孝事孀姑撫姪爲嗣現年五十
一
王氏助雅査崇涇妻年二十六寡孝事翁姑撫子德派成立現年
五十三
王氏査德馨妻年二十四寡孝事翁姑撫姪爲嗣現年五十
王氏張香都監生朱廷樞副室年十九寡子銘甫三月辛勤紡績

撫之成立現年五十四
洪氏庠生朱汝霖妻年二十九寡勤儉孝謹撫子一泮成立現年
五十九
胡氏朱鑑妻年二十五寡辛勤孝養撫姪一沅爲嗣沅授室又卒
與媳胡氏同撫幼孫現年五十六
趙氏領英朱安楯妻年二十五寡矢志守貞孝慈兼盡現年五十
一
胡氏朱平恕妻年二十七寡孝事舅姑撫孤成立現年四十七
胡氏朱一士妻年二十九寡家貧紡績度日孝舅姑和妯娌撫孤
成立現年六十一
張氏宜雲朱一簡妻年二十二寡食貧矢志撫姪漢章成立現年

五十五
汪氏轉華朱宗栻妻栻殁明辛勤服侍年二十七寡孝事舅姑撫
姪成立現年五十九
唐氏歡芳朱慶禨妻年二十九寡矢志孝養撫孤成立現年五十
五
管氏顏蓮朱安海妻年二十七寡辛勤紡績撫子成立現年六十
呂氏媂嫜承定都徐光裕妻年二十五寡孝事翁姑撫子明望成
立現年五十五
董氏大成都庠生王琳副室年二十四寡矢志守貞撫孤維藩成
立現年六十
洪氏張香都朱旭妻年二十八寡辛勤紡績撫孤成立現年四十

七
門氏標儀庠生朱用賓妻年二十八寡矢志守貞撫孤成立現年
四十八
包氏十二都文永完妻年二十二寡事姑孝謹撫孤成立現年五
十
甘氏溪丁都胡元淦繼妻元淦官粵東縣丞氏隨夫抵任夫病割
股和糜以進得愈年餘竟卒時氏年三十扶柩旋里布衣蔬食孝
事舅姑撫孤成立長子作霖庠生
吳氏茂林都潘吉祥妻年二十七寡勤紡績孝翁姑撫子成立現
年六十三
董氏水南都張子恒妻年二十五寡孝事舅姑撫孤成立現年六

十
王氏張子添妻年二十四寡茹苦矢志撫孤成立現年七十七
趙氏太平都葉轉臣妻年二十八寡茹苦守志撫孤成立現年五
十九
翟氏茫英茂林都章承詔妻年二十一寡孝事舅姑撫姪復性爲
嗣現年五十
周氏宣陽都汪文閏妻年二十四寡矢志守貞事姑孝謹里中貧
者多賙邺之撫二子士鑣士藎成立現年四十八
徐氏秀茂林都吳華元妻年二十寡撫嗣成立現年五十
汪氏趙同開妻年二十二寡撫姪元濱爲嗣現年五十三
徐氏十都庠生王德昌妻年二十四寡孝舅姑和妯娌撫三子成

立現年五十六
章氏娥吳艮恕妻年三十寡食貧守志撫孤成立現年六十一
王氏聰查善保妻年二十六寡食貧苦節孝事孀姑現年五十五
王氏瑯雅查光瑯妻年二十二寡孝養翁姑撫姪爲嗣現年五十
一
王氏查光字妻年二十三寡孝養翁姑撫孤成立現年五十二
王氏幽雅查逢時妻年二十四寡孝養翁姑撫二子成立現年五
十二
王氏萱雅查逢義妻年二十寡孝養翁姑撫孤成立現年五十一
蘇氏歡雅查光伐妻年二十寡孝養翁姑立姪爲嗣現年五十
黃氏念蓉查大喜妻年二十八寡孝養翁姑立姪爲嗣現年五十

四
翟氏彭雅查光輝妻年二十四寡孝事孀姑撫三子成立現年五
十
王氏浩庠生查廷燮妻年二十八寡矢志苦守繼堂姪奇昌爲嗣
現年七十四
朱氏樂北亭都唐國聽妻年十八寡善事翁姑撫姪教養成立現
年五十三
俞氏願唐華蘭妻年二十二寡食貧守志撫繼嗣成立現年五十
九
翟氏茂林都吳錫朋妻年二十寡孝養舅姑繼姪世禮承祧現年
五十九

吳氏王秉爽妻年二十五寡家貧苦志現年七十二
趙氏王紅桂妻年二十八寡矢志守貞現年七十
左氏岸前都沈偉妻年二十七寡堅貞自矢苦守終身現年六十
八
王氏沈霦妻年二十六寡繼姪爲嗣撫養成立現年五十九
查氏庠生翟定國妻年二十二寡孝養翁姑撫姪世成爲嗣現年
五十四
蕭氏翟守亭妻年二十寡孝養翁姑撫姪爲嗣現年五十
王氏翟甘霖妻年二十六寡撫孤成立現年五十四
查氏翟錫齡妻年二十一寡孝事舅姑撫子成立現年五十二
胡氏新豐都后賢楹妻年二十四寡孝事翁姑撫二子成立現年

七十二
葉氏吳承誌繼妻年二十四寡孝事舅姑撫姪爲嗣現年五十一
劉氏山東平度州知州鄭佩莊副室年十九寡茹苦守志現年五
十三
葉氏鄭奎妻年二十五寡現年七十二
章氏鄭紡妻年二十四寡現年六十
吳氏鄭緯妻年二十四寡現年六十
董氏救安洪村都汪澄科妻年二十一寡繼姪學古承祧學古卒
媳朱氏查靜年二十一偕姑守志繼姪才杲爲嗣董已附載前志
現年六十九朱現年五十一
胡氏季靜汪學安妻年二十七寡撫孤成立現年五十六

王氏傳芳茂林都吳夢環妻年二十二寡家貧茹苦孝事翁姑撫
姪承本爲嗣現年六十
鄭氏張香都朱鏜妻年二十四寡食貧矢志撫孤一瀆成立瀆授
室蚤亡復繼幼孫承祧現年五十八
胡氏朱鏻妻年二十四寡家貧守志撫子一瀚成立現年五十二
鏻弟鈺妻倪氏年二十一寡妯娌三人同稱苦節
吳氏改蓮朱菊妻年二十二寡繼姪一暘爲嗣現年五十七
汪氏倩蓮朱麟祥妻年二十一寡守志養姑繼姪一侳爲嗣現年
七十八
洪氏苗蓮朱芳朝妻年十七寡矢志靡他奉事舅姑克盡婦職現
年五十三

查氏十一都翟奎倉妻年二十寡撫姪爲嗣現年五十三
黃氏翟大興妻年二十四寡撫姪爲嗣現年八十
汪氏盤張香都朱安濟妻年二十七寡事姑孝撫繼子成立現年
六十六
洪氏朱安鏡妻年二十九寡矢志養姑撫子成立現年五十一
汪氏枝美張香都談克鼎妻年十八寡孝事舅姑撫孤成立現年
六十一
倪氏命安洪村都汪經報妻年二十一寡孝事翁姑撫子成立現
年六十
胡氏新豐都洪瑱祥妻年二十寡撫伯子錫故爲嗣現年五十
朱氏洪珦祥妻年二十一寡撫姪錫愜爲嗣現年五十二

汪氏洪有信妻年十七寡撫姪吉江爲嗣現年五十八
鄭氏洪集祥妻年十七寡孝事兩代姑嫜現年五十二
洪氏齊英溪頭都胡承棟妻年二十寡孝事舅姑撫叔子先昂爲
嗣現年六十四
朱氏培英胡承奎妻年二十二寡撫姪賢書爲嗣現年五十八
朱氏座秀胡先萬妻年十七寡孝事孀姑撫叔子景福成立現年
五十六
朱氏詰秀胡先誥妻年二十三寡家貧勤針指以養孀姑撫伯子
大球爲嗣現年五十一
朱氏桂圓胡先賞妻年二十三寡守志安貧事舅姑生死盡禮繼
姪世江爲嗣現年五十七

朱氏胡世寳妻年二十四寡遺腹生女繼姪爲嗣現年五十九
朱氏胡潤澤妻年十八寡繼姪榮貞爲嗣娶媳朱氏年十七寡與
姑同志復繼姪子有光爲孫姑現年五十八
洪氏從九品胡永江妻年二十八寡家貧茹苦撫孤森慶成立現
年五十二
朱氏聰香胡霱澤妻年二十七寡勤苦孝養撫子漢祥成立現年
五十八
倪氏起鳳胡派祥妻年二十四寡堅貞自矢撫二子玭瓘成立現
年五十六
沈氏好南隅梅亘羅妻年二十六寡苦志守貞現年八十三
文氏朱安兩妻年二十六寡家貧矢志孝事舅姑撫二孤成立姪

幼失恃依如慈母現年五十四
周氏十一都翟陽春妻年二十四寡勤苦奉姑撫子德疇娶媳周
氏年十八寡遺腹生子姑媳相依共撫成立姑現年六十四
章氏趙友長妻年三十寡姑患癱疾勤紡績奉湯藥弗懈繼嗣承
祧現年五十一
鄭氏張香都朱早妻年二十四寡孝事翁姑辛勤操作撫孤成立
現年五十六
查氏敬曹世祝妻年二十四寡食貧茹苦終始不渝現年七十
楊氏加岸前都施時倆妻年三十寡艱貞矢志撫子成立現年五
十九
朱氏溪頭都胡礽澤妻年二十五寡孝養舅姑繼伯子合貞爲嗣

撫育成立現年五十五
鄭氏新豐都洪吉茶妻年二十九寡撫子猷祥成立現年六十三
汪氏新豐都鄭啓忖妻年二十二寡孝事舅姑撫孤成立現年六
十二
胡氏鄭天堤妻年二十四寡孝事舅姑撫孤成立現年六十一
王氏吳世邁妻年二十寡家貧守志撫繼嗣承煥成立現年五十
吳氏潘小春妻年二十八寡撫繼嗣成立現年六十五
查氏十一都翟大保妻年二十二寡勤紡績養舅姑撫姪爲嗣督
學胡給貞型孝範匾額現年六十
王氏媚監生查芬遠妻年二十三寡矢志孝養撫孤成立現年五
十

江氏初雙涙都童鶴書妻年十七寡食貧矢志孝事舅姑撫遺腹
子福田成立現年五十一
劉氏美童玉書妻年二十寡茹苦守節現年四十九
王氏東隅趙同岳妻年十九寡矢志孝養撫孤成立現年六十
查氏蓮姿十一都監生高德風妻年二十八寡事姑孝謹撫孤成
立現年五十六
趙氏謝比隅沈有琥妻年二十八寡孝事翁姑食貧矢志撫遺孤
望生成立入雍鄉里重之
董氏昭上連都陳繼洤妻年二十二寡遺腹生子世謨辛勤撫育
授室未幾世謨又卒繼姪孫應九爲嗣現年五十二
周氏茂林都章渾然妻年二十八寡矢志孝養撫孤成立現年五

十
陳氏痛思齊都鳳連生妻年二十四寡孝事舅姑撫孤完娶子媳
俱夭苦節終身現年六十
佘氏苗清花林都朱欽妻年二十四寡孝事孀姑撫二子璠儒成
立現年五十四
趙氏胡先度妻年二十三寡現年五十
鄭氏吳初興妻年二十二寡現年五十二
舒氏查崇奇妻年二十寡食貧苦志撫夫兄子爲嗣現年五十二
查氏舒士頗妻年二十六寡現年五十一
王氏舒士彩妻年二十寡現年六十五
萬氏痛雙浪都童家珠妻年十八寡茹苦守貞繼姪爲嗣現年五

十
鳳氏燕豐東都陳知書妻年二十七寡紡績奉姑繼姪登瀛爲嗣
現年五十一
章氏茂林都吳啓泰妻年三十八寡撫二子成立現年五十九
趙氏宣陽都汪岳芳妻年二十九寡孝事舅姑撫孤成立現年七
十五
洪氏媚青張香都朱慶椅妻年二十七寡子蚤夭繼姪爲嗣娶媳
又夭復繼堂姪之子爲孫食貧茹苦現年七十
汪氏眉繭監生朱平燦妻年三十寡孝事孀姑辛勤紡績撫二子
成立現年六十一
江氏運助北亭都汪士憲妻年三十寡矢志事姑孝養不懈夫寄

櫬亳州氏涉千里奉喪歸撫二子成立現年七十九
鄭氏張香都朱一鑑妻年十九歸一鑑時夫已卧病甫踰年寡矢
志守貞孝養不怠現年五十
徐氏趙友祥妻年二十三寡日勤紡績茹苦守志現年六十三
趙氏畝左欽觀妻年二十二寡茹苦守志孝事翁姑撫姪爲嗣成
立現年五十四
王氏恩東隅庠生趙漣漪妻年二十七寡辛勤撫孤三子俱得成
立現年五十三
趙氏正南隅鄭問庠妻年二十二寡舉止莊重不苟言笑孝事舅
姑繼姪爲嗣閭里重之

貞女現存待　旌

陳氏把香許字張香都朱爾文幼爲養媳年十六未婚爾文卒勤
紡績奉孀姑撫姪宗懋爲嗣娶媳后氏奉撫宗懋又卒姑媳同志
相與鞠育二孫現年五十九
唐氏步蓮許字永定都徐文彬幼爲養媳年十八未婚文彬卒矢
志苦守孝事舅姑撫姪爲嗣現年五十
倪氏許字洪村都汪經星幼爲養媳年十七未婚經星卒姑以其
年少且貧勸之改適氏立誓自守繼姪爲嗣現年五十五
趙氏許字溪頭都胡世爵年十三世爵卒氏聞訃奔喪盡哀事舅
姑謹執婦道終始不懈鄉里重之
以上所載現存待　旌節婦二百五十一人貞女四人俱
見採訪册

涇縣續志卷九

藝文

經類

翟士怡易象圖說 士怡六世姪孫漱芳有序

案舊志失載嘉慶丙子歲怡六世姪孫漱芳搜遺稿得之族屬初在古文雜著中漱芳另編爲一帙而以是名內闕

卦贊五首

王秉倫易經會纂六卷 府教授汪佑煌有序

趙良霨讀詩四卷 讀春秋二卷 讀禮記十二卷

吳殼增訂春秋世次圖考 後附氏族通考

翟繩祖四書題解 肖岩趙良霨有序

陳寶泉禮書附錄十二卷

曹世瑾讀周禮六卷

查敎倫周易合講 周官串說 四書典註

翟佩蘭月令圖十二卷

史類

吳殼重校竹書紀年

吳昌言安吳志餘一卷

子類

翟大初元津寶筏一卷

案舊志失載今據桃花潭文徵補入

吳宗岱勝青剩稿二卷 金壇王汝驤有序

查敎倫三垣星考 天文分野 自序

集類

翟士怡上茗山莊遺集 士怡六世姪孫漱芳有序

案士怡有雅餘集古今體詩內附順治戊子甲午己亥士怡禦寇諸作又有雅又餘集四言詩專敘戊子禦寇始末怡族弟文蕃有序舊志載怡雅餘集文蕃序是誤以雅又餘集爲雅餘也其古文失載怡六世姪孫漱芳搜錄遺稿得古文雜著二本因起易象圖說另爲一編而以古文詩賦合爲一集名曰上茗山莊遺集上茗山莊者怡讀書處也

趙良霨文鈔四卷 詩鈔十二卷

趙友廣選詩傾液錄 府志 大興朱筠有序 蘭石詩鈔 府志 肖岩趙良霨有序 嬾雲詩鈔 府志 星闕趙青藜有序

王秉倫雪窗餘墨五卷

沈寅蜀中集

朱若水朱森桂壎篪集二卷 鉛山蔣士銓有序

翟騊石農詩草二卷 朱筠繆晉騊族姪孫槐俱有序族姪孫漱芳題詞

朱森桂夜識軒和陶全集 丹徒李御江都朱貫全椒金兆燕俱有序

吳大昌北離詩草 法式善有序 北離賦存 謝崧有序

王卿宜樂堂詩集四卷

朱良焯江左詩鈔初二三集 初集朱楷有序 二集朱森桂有序 三集良焯自序

曹世瑾謙益堂詩鈔

朱鑕養泉遺草六卷 肖岩趙艮霨蘭坡朱琦俱有序
翟佩蘭香圃遺編二卷 佩蘭族弟潄芳有序
吳文輔穀田詩草四卷
朱月庭屏山詩草 星閣趙青藜有序
沈模嘯月山房詩鈔 肖岩趙艮霨有序
胡貞幹杏軒集八卷 雲閣張苣有序
吳昌言吳奎聽雨樓詩鈔
吳昌言忍冬藤齋全集八卷
翟廷魁虛益齋遺集
葉應蕎蔚集存畧二卷
沈崑梅軒俚語 蘭陔翟綿祖有序

翟象曾學易軒詩文集
翟慕庾花間草堂集十八卷
吳佩蓮鴛湖詩存三卷 涇川竹枝詞一卷
趙臺雪莎詩草二卷
王雨霖尚志堂詩鈔 馥園郭士桂有序
查敦倫曲陽學署詩鈔
章並祥鄉隅集一卷
朱燕眉峰集
朱脩朱佩棣鄂居詩文集
朱熉璞園詩鈔
朱廷黼味莊遺草 玉樵胡世琦有序

雜識災祥

災祥

嘉慶十六年秋旱 採訪册
十九年秋大旱米斗錢五百民掘蕨作粉食之 採訪册
二十五年秋旱 採訪册
道光三年五月霪雨彌月大水入城自一二尺至四五尺不等沿河西北一帶石城傾圮數十丈沒廬舍漂墳墓衝田疇米價騰貴民多殣死 採訪册

附刊烟石嶺禁碑并助字

烟石嶺來龍由黃究山發脈過西洋嶺起百花美人鼠尾各尖到考坑過峽起考坑山轉轎頂山郎屏頂山該山坐南面北東北角分一股起求兒嶺至唐葉村盡石山舖西南角分一股達子芳坑起烟石嶺過蘇青元武諸嶺到長山冲盡鴨兒港向北中落一股穿田起白水山到長坑山過小倪大倪各坑歷秦坑諸山到天馬山入城結縣治乾隆四十九年在長坑龍脈北小倪坑開窑宅土傷脈合邑具呈稟請封禁業戶程邦端等將山助公禁止立碑今又在大倪坑開窑仍宅長坑南面龍脊之脈深約數十丈濶自二三畝至四五畝不等

烟石嶺碑署涇縣知縣傅懷江示爲懇示勒石永遠封禁事據閤邑紳士左暄張履元胡國梁趙懋曜趙學鏗朱作霖翟潄芳吳運樞王森馬肇珩鄭國政朱份查炳華潘耀文董正治趙文英左文耀吳作梅洪璋馬體乾鄭泮王寶仁陳輝王啟元汪文樞沈培沈標趙學曾等稟稱竊惟詩詠作宫書載卜洛風雨陰陽所和會亦人民城郭所奠安人文淵藪實毓秀乎地靈山水縈洄務卜居乎形勝緣邑治南有烟石嶺者來脈實爲縣基之近祖其山中落北趨叠嶂紛馳層巒簇擁既爲鍾靈之所宜深培本之思向禁居民宅土燒鋼康熙年間有傅邑侯雍正年間有李邑侯乾隆年間有孫邑侯叠賞示禁碑志昭彰今又違禁開窑職等具稟業蒙提訊禁止但現在都無異詞恐將來或蹈故轍欲永免夫從尤務在宣諸碑版爲此粘呈助字伏叩憲大

老爺恩賞示禁恭錄刊碑俾龍脈不致傷殘縣基得以鞏固合邑戴德上稟又粘呈助字禮辭都一圖八甲程元鳳程天錫等緣烟石嶺係縣治來龍該山直下小土名大倪坑山一業不知攸關縣治來脈在該山宅土燒鋼今合邑紳士公看既傷于前不忍再殘于後生等愿將自己該股山業永助與合邑衆姓名下永遠封禁不再宅土燒窑致傷龍脈其山仍聽生等興樣樹木柴薪砍拚裕課資生閑雜人等不得藉助盜砍滋事恐後無憑立此助字永遠存照計開大倪坑山程天鳳百股內該二股程天錫百股內該一股程培元百股內該四股程芳鎦百六十股內該一股程金龍十股內該九分六程名志百股內該一股程名邑二百二十股該一股憑人程家常程天德程枝一馬士成以上俱有押等情到縣據此查烟石嶺向禁宅土燒鋼今于附近之大倪坑復有違禁開窑宅土之人艮由保鄰不行首稟所致該紳士左暄等公同具稟業提窑戶面訊確供將窑逢拆廢取具永不敢開窑各切結在案業戶程元鳳程天錫等各愿照舊助山歸公永行封禁該紳士左暄等復請示禁勒碑均屬好義堪嘉合行出示刊石永禁爲此示仰合邑軍民並該地約保山鄰業戶人等知悉除大倪坑現在封禁外嗣後由大倪坑上下十餘里凡係縣治來脈一體永禁毋許宅土如敢復蹈前非許該保鄰首稟立拿重究斷不姑寬該保鄰等倘敢隱匿併究不貸其山仍聽業戶興樣砍拚裕課資生地方人等不得藉助侵損有干譴責各宜凜遵毋違特示道光五年九月二十日

合邑公立

鄭姓助字一併附載

立義助字南隅五甲鄭鳴皐等緣烟石嶺係縣治來脈至秦坑土名大倪坑宅土燒窑亦傷來龍並宜封禁今合邑紳士約同生等公議封禁誠爲盛舉生等情愿將自已該股本山凡有係龍脈地方概行永遠封禁不得宅土燒窑但生山該股出息本係預備修理明倫堂之資以後在山與樣樹木柴薪各項仍歸生等照舊執業砍拚收租以裕　國課一切地方人等不得藉口助出妄肆侵損恐後無憑立此助字爲據道光五年九月二十日立義助字鄭鳴皐鄭中立鄭大慶憑人鄭國政馬士成以上俱有押

道光五年樂輸省志姓氏

趙宗祠沚元銀貳伯兩

王宗祠庫紋銀壹伯兩

張宗祠曹元銀叁拾兩

沈宗祠沚元銀肆拾兩

左處中公沚元銀貳拾兩

左以中公貳拾兩 不出

左干城公肆拾兩

鄭宗祠叁拾兩 不出

里仁都衍支祠曹元銀貳拾肆兩

北亭都唐趁公曹紋銀貳拾肆兩

洪村都倪宗祠庫紋銀陸拾兩

倪碩望公庫紋銀貳拾兩

太平都江宗祠庫紋銀叁拾兩

江文會庫紋銀貳拾兩

江作霖庫紋銀拾兩

太平都十甲汪宗祠庫紋銀拾兩

里仁都邱宗祠庫紋銀貳拾兩

里仁都葉宗祠曹元銀貳拾伍兩

葉玉成公曹元銀拾伍兩

溪頭都一啚二甲吳景山公沚元銀拾兩

吳仁昌公沚元銀拾兩

鄭宗祠曹元銀陸拾兩
洪宗祠九二兌沚紋銀叁拾兩
洪志睿公庫紋銀貳拾兩
浙南都六甲管宗祠曹元銀貳拾兩
新豐都后宗祠曹元銀叁拾兩
后思承堂曹元銀貳拾兩
后惟和堂曹元銀拾兩
后誠意堂曹元銀拾兩
后立堂公曹元銀拾兩
洪村都汪申三公曹元銀陸拾兩
浙南都七甲管宗祠曹元銀拾兩

浙南都一甲董世興公曹元銀拾兩
浙南都八甲門宗祠九二兌沚紋銀拾兩
張香都一畐一甲賀宗祠曹紋銀拾兩
張香都一畐十甲汪周保公曹元銀拾兩
張香都一畐朱宗祠九一兌曹紋銀壹伯兩
二甲朱廷孚公九一兌曹紋銀貳拾兩
朱榮先公九一兌曹紋銀五兩
五甲朱文禧公曹元銀伍拾兩
朱釆藻公曹元銀伍拾兩
朱慶沅公曹元銀拾兩
九甲朱俊公九兌曹紋銀拾兩

朱文黨公九一兌曹紋銀伍兩
朱武鑲公九一兌曹紋銀伍兩
朱文黒公九三兌曹紋銀伍兩
八甲朱紱公九兌曹紋銀貳拾兩
朱用鏗公九兌曹紋銀伍拾兩
朱武勳公九兌曹紋銀壹伯兩
朱快公九兌曹紋銀貳拾兩
朱慶公九兌曹紋銀伍拾兩
朱必達公九兌曹紋銀伍拾兩
朱法公九兌曹紋銀伍拾兩
朱蕙公九兌曹紋銀拾兩

朱苞篠公九兌曹紋銀陸拾兩
北亭都二甲陳端萬公九兌曹紋銀拾兩
新豐都鄭日曉公曹紋銀貳拾兩
北亭都三甲方德正公庫紋銀拾兩
溪頭都西陽十甲胡健齡沚元銀伍拾兩
曹溪都四甲汪廷杲公九三兌沚紋銀拾兩
曹溪都汪宗祠九三兌沚紋銀拾兩
曹溪都胡永昌公九三兌沚紋銀拾兩
曹溪都郭燮公九三兌沚紋銀拾兩
宣陽都九甲汪寀公祠沚元銀肆拾兩
溪頭都龍坦胡德四公九二兌曹紋銀壹伯兩

胡瑞宗祥宗陵宗景宗智慶九二兌曹紋銀壹伯兩
溪頭都二啚七甲葉祥梓曹元銀肆兩
溪頭都一啚四甲吳永泰公曹紋銀拾兩
丁溪都朱宗祠沚元銀拾兩
丁溪都吳宗祠曹元銀拾兩
曹溪都七甲汪文漣孫能志庫紋銀拾兩
太平都五六甲俞宗祠拾兩
新豐都四甲張宗祠貳拾兩
浙南都管宗祠貳拾兩不出
俞宗祠拾兩不出
丙子山汪宗祠貳拾兩

洪村都二甲汪貴公祠叁拾兩
溪頭都西陽十甲公祠貳拾兩不出
曹溪都汪文陽拾兩
曹溪都汪姓宗祠拾兩不出
曹溪都南塘胡寧八寄源隆祖九二兌曹紋銀貳拾兩
胡深公拾兩
曹溪都十甲郎姓宗祠拾兩
宣陽都四甲汪宗祠拾兩不出
宣陽都七甲周宗祠貳拾兩
里仁都四甲孫宗祠拾兩不出
宣陽二甲沈旺延公拾兩不出

溪頭西陽十甲胡世祿公貳拾兩
丁溪都王宗祠拾兩不出
茂林都三啚章自牧公曹元銀肆拾兩
豐東都一啚八甲王淵公曹紋銀叁拾兩
王祚公曹紋銀叁拾兩
茂林都一啚宋朝議大夫潘日賓公沚元銀玖拾兩
懿行邑庠生潘我生公沚元銀伍拾兩
潘梓乙公沚元銀拾兩
潘巧生公沚元銀陸兩
誥封奉直大夫潘廷譽沚元銀拾兩
孝子潘周岱沚元銀貳兩

潘鑑生公沚元銀伍兩
冠帶潘應砎公沚元銀肆兩
潘恩澤公沚元銀貳兩
潘柏公沚元銀壹兩
貤贈儒林郎潘振基公沚元銀肆兩
敕贈儒林郎潘成楫公沚元銀肆兩
敕贈儒林郎潘成部公沚元銀肆兩
潘延和公沚元銀拾兩
潘竹軒公沚元銀伍兩
欽賜副榜潘夢祖公沚元銀陸兩
翰林院侍讀學士潘錫恩沚元銀貳拾兩

候選州同知潘成壽沚元銀貳兩
潘積慶公沚元銀壹兩
貤贈儒林郎潘時生公沚元銀肆兩
思齊都二甲鳳靈川公沚元銀陸拾兩
鳳諧祖沚元銀貳拾兩
鳳日新公沚元銀肆拾兩
花林都二啚八甲佘宗祠曹紋銀貳拾兩
佘廷愷公曹紋銀貳拾兩
南隅張希元沚紋銀拾兩
張廷佐沚紋銀陸兩
永定都一啚二甲徐孝思堂沚元銀拾兩

徐希賢沚元銀拾兩
查仁孝堂貳伯兩
田中都三啚七甲吳宗祠拾兩 不出
思齊都二十甲鳳經慶普慶公貳拾兩 不出
唐姓伍拾兩 不出
花林一啚拾兩 不出
茂林都二啚八甲梅世泰拾兩 不出
永定都一啚三甲呂伯富伍兩 不出
一甲呂伯良公祠拾兩
八甲文周仕拾兩 不出
九甲徐希政拾兩

永定都一啚十甲李春輝拾兩 不出
禮辭都一啚八甲程宗祠拾兩 不出
十一都一啚六甲李極公沚紋銀拾兩
十一都一啚四甲 明懿行翟鐵孫公壹兩
明翟鎮孫公壹兩
明進士兵部主事翟台公壹兩
明庠生翟天祐公壹兩
明舉人廣西永福縣知縣翟著公壹兩
明壽官翟四公肆兩
明翟垂裕公貳兩
明翟世諭妻節孝查氏壹兩

明孝子翟質公壹兩
明貢生翟之則公貳兩
翟文荷妻節孝吳氏壹兩
翟文可妻節孝吳氏壹兩
貢生翟洗心公常稔庄伍兩
歲貢翟可先公叁兩
旌表懿行 誥封奉直大夫翟時普公拾兩
庠生翟賜履公貳兩
歲貢贈文林郎翟尚鑣公肆兩
歲貢翟句公壹兩
歲貢翟陟思公壹兩

庠生翟士洪公壹兩
誥封奉直大夫翟尚嶸妻節孝王氏貳兩
南昌府同知翟思瀛公伍兩
歲貢翟錫子公壹兩
翟思復妻節孝徐氏貳兩
庠生翟祖武妻吕氏壹兩
欽賜翰林院檢討翟檖公貳兩
翟思湛妻節孝周氏壹兩
翟思懷妻節孝文氏壹兩
翟思武公壹兩
監生翟思材妻節孝吳氏貳兩

進士始興縣知縣前内閣中書翟大程公貳兩
進士池州府教授翟繩祖公貳兩
庠生翟櫺公肆兩
貢生翟岷山公貳兩
旌表懿行 誥封儒林郎翟惟寅貢生翟惟清理問 封奉直大夫翟惟新 貳拾兩
翟永渭妻節孝吳氏壹兩
貢生翟兆慶公伍兩
監生翟兆麟公壹兩
翟守仕妻節孝錢氏壹兩
翟守煩妻節孝王氏貳兩
翟守瀚妻節孝吳氏壹兩

翟登元妻節孝吳氏壹兩
翟守炳妻節孝查氏壹兩
翟一鋌妻吳氏壹兩
翟祖欣妻王氏壹兩
十甲湖廣武昌衛千總翟艮輔公貳兩
明錦衣衛經歷澄海知縣翟廷威公壹兩
明舉人翟廷招公壹兩
明翟廷操公壹兩
明進士湖廣平江知縣翟文術公壹兩
明歲貢武昌縣丞翟守公壹兩
孝子翟時邦公肆兩

翟時渾妻節孝章氏壹兩
翟尚惇妻節孝王氏壹兩
翟思熇妻節孝王氏男副貢生翟基壹兩
誥封奉直大夫翟思瓊公叁拾兩
歲貢翟騰公壹兩
翟國宗妻節孝徐氏壹兩
翟國選妻節孝查氏壹兩
翟國俊妻節孝查氏壹兩
翟永佶妻節孝查氏壹兩
翟永越聘妻貞女程氏壹兩
監生翟永課公貳兩

翟汞鈞妻節孝周氏貳兩
翟汞鉷妻節孝周氏叁兩
翟汞璋妻貞烈包氏壹兩
署龍溪縣丞翟震陽公貳兩
候選從九翟善浩公陸兩
韶州司獄香山黃圃司巡檢翟桂貳兩
翟汞溯妻萬氏貳兩
翟汞恒妻黃氏貳兩
監生翟夢綬公胥樂庄拾兩
貤贈翰林院編修翟廷璽公肆兩
監生　恩賜九品冠帶翟守昇公拾兩

庠生翟定國妻節孝查氏壹兩
翟守亭妻節孝蕭氏貳兩
翰林院編修浙江道監察御史楚雄府知府翟槐肆兩
翟一紀妻節孝吳氏貳兩
茂林都二啚一甲邑庠生吳範道公貳兩
湖廣布政使司布政司吳尚默公拾陸兩
監生吳惆公陸兩
恩貢生吳汞旭公柒兩
應天撫標中軍都司擢補南壽州副總兵吳㑗公貳兩
貤贈文林郎晉贈奉政大夫正紅旗教習吳汞泰公拾兩
歲貢生內務府教習吳惟闇公柒兩

候選縣丞吳淵公肆兩
勑贈文林郎晉贈朝議大夫豐縣訓導吳淑公伍兩陸錢
勑贈文林郎貤贈儒林郎吳惟彫公拾壹兩
例贈文林郎附監生吳虹公貳兩
舉人揀選知縣吳嶺公柒兩
誥授朝議大夫建寧府同知吳最公捌兩肆錢
舉人內閣中書漢陰縣知縣吳兆龍公柒錢
舉人珙縣知縣吳藹公柒錢
貤贈中憲大夫貢生吳廷璧公拾捌兩
誥贈中議大夫貢生吳廷珊公肆拾捌兩
貤贈修職佐郎滁州學訓導監生吳一治公貳兩

旌表節孝吳一津妻潘氏壹兩
候選布政使司經歷吳大知公貳兩
歲貢生候選訓導吳鳴九公壹兩
滁州學訓導吳穀公叁兩
誥贈朝議大夫大理寺左寺丞加知府銜吳鴻圖公拾貳兩
例贈修職郎吳維周公壹兩
恩貢生盧江縣教諭吳文秀公壹兩伍錢
歲貢生候選訓導吳搢笏公壹兩
監生吳蔚起壹兩
貤贈奉直大夫吳百蔓妻　旌表節孝曹宜人拾貳兩
庠生吳百治妻　旌表節孝董氏柒兩

貤贈修職佐郎附貢生吳昀公壹兩
監生吳百勳壹兩
處士吳廷芝妻　旌表節孝翟氏壹兩肆錢
監生吳晉妻　旌表節孝章氏叁兩
郡增生吳春澤妻　旌表節孝翟氏壹兩肆錢
廩貢生和州學正吳大昌叁兩
刑部雲南司員外郎吳鏞叁兩
候選布政使司經歷吳以璋拾兩
誥贈奉直大夫邑庠生吳錦陸兩
旌表節孝監生吳省三妻董氏叁兩伍錢

則例館議叙未入吳松年壹兩
候選縣丞吳玉衡壹兩
候選從九吳兆蓉壹兩
誥授朝議大夫候選府同知吳銘貳兩
敕封儒林郎吳大志壹兩
貤贈奉直大夫吳山柒兩
敕贈儒林郎吳世態壹兩
平陽屯田司吳編捌錢
吳世綏妻翟氏壹兩肆錢
吳世棫妻董氏捌錢
恩貢生候選州判吳澄貳兩

候選從九吳世榮壹兩
候選郎中吳世穎貳兩
吳承縉妻張氏捌錢
候選未入吳承黼壹兩
以上吳姓共捐洫平銀貳伯陸拾兩內撥捐續志銀叁拾兩省志實捐貳伯叁拾兩
誥贈光祿大夫吳一標公肆拾兩
貤贈中議大夫吳善誘公肆兩
旌表吳善黙公妻節孝王氏肆兩
誥贈中議大夫吳功公陸兩
誥封中議大夫吳宗澤公拾捌兩
誥贈奉直大夫吳培麟公拾陸兩

旌表吳詒齡公妻節孝張氏伍兩
旌表舉人吳承紱公妻貞烈錢氏貳兩
旌表誥封太宜人吳議恒公妻節孝翟氏肆兩
貤贈中憲大夫吳善謙公肆兩
誥贈朝議大夫吳遜公陸兩
誥贈中憲大夫吳天培公陸兩
旌表吳鵬公妻節孝翟氏貳兩
誥贈朝議大夫吳世業公陸兩
原任嚴州府知府吳廷芳公陸兩
旌表誥贈一品夫人吳六奇公妻節孝許氏貳拾兩
原任兵部左侍郎吳芳培公捐輸元銀拾貳兩

旌表吳及成公妻節孝李氏伍兩
舉人吳棫公叁兩
旌表五世同堂吳善政公肆兩
旌表五世同堂吳壽昌公叁兩
旌表五世同堂吳金紳貳兩
誥贈奉直大夫吳善蕃公捌兩
旌表五世同堂吳爾勤公貳兩
吳應鐸壹兩
旌表吳承波公妻貞烈潘氏壹兩
吳文震公壹兩
吳世詉公壹兩

吳世詮壹兩
吳錫樞壹兩
吳廷祿壹兩
旌表樂善好施勅封文林郎鄉飲大賓貢生吳百璽公貳拾兩
旌表吳亮采公妻節孝翟氏貳兩
明義士吳符祥公拾兩
明處士吳策祥公妻節孝翟氏陸兩
國朝歲貢生如皐縣教諭吳才掄公陸兩
候選州同誥授朝議大夫吳善鎬公肆兩
覃恩登仕郎吳善鍾公壹兩
原任青浦縣主簿調金匱縣主簿吳廷瑨公壹兩

候選州同五同堂吳薰士公伍兩
監生吳國寀公妻節孝陳氏貳兩
吳日亨公貳拾兩
覃恩馳封修職郎鄉飲介賓監生吳善璣公叁兩
覃恩馳封太孺人鄉飲介賓吳善璣公妻李氏五世同堂貳兩
覃恩勅授修職郎廣德州訓導吳景濂公伍兩
覃恩貤贈承德郎吳景洛公伍兩
原任鎮平縣典史吳世鐸公壹兩
覃恩勅封承德郎南河議叙從九吳鑾叁兩
聖府原任管勾廳吳廷揚壹兩
吳鳳氏高秀生二子善烁煬貳兩

勅封儒林郎吳百稠公拾兩
監生吳賀霖公貳兩
例授布政司理問吳世品公貳兩
監生吳繼賢貳兩
監生吳聯登公貳兩
吳時顯公伍兩　以上共捐汢平銀叁伯壹拾柒兩收貳伯柒拾玖兩內三十八兩不出
處士吳有穀公捌兩
處士吳大道公捌兩
貤贈儒林郎吳士賢公貳兩
旌表樂善好施監生吳承謨公貳兩
候選州同　勅贈承德郎福建興化府通判吳承龍公肆兩

監生　貤贈修職郎祁門縣教諭吳承雲公壹兩
舉人永定縣知縣　勅封文林郎湖北鄖縣知縣吳濬公捌兩
府增生吳善鎮公壹兩
庠生吳勳公妻節孝王氏壹兩
貤贈修職佐郎吳百湛之妻節孝翟氏貳兩
監生吳善錨公貳兩
監生吳百洲公貳兩
興化府通判吳濤公拾貳兩
吳孝女珠肆兩
處士吳鍾安公叁兩
處士吳福緣公伍兩

鄉飲賓吳充道公叁兩
吳永黨公壹兩
吳永宦公壹兩
九甲明太醫院官吳彥高公拾貳兩
太醫院官吳隨慶公貳兩
吳開和公壹兩
吳闓和公壹兩
吳伯瑕公壹兩
國朝歲貢生仕通州訓導吳元凡公壹兩
貤贈儒林郎吳雲仙公壹兩
監生吳祥起公伍兩

吳光燈公壹兩
監生吳志韓壹兩
冠帶吳緝若公壹兩
勅封儒林郎吳邦兆公壹兩
勅封奉直大夫吳啓斌公陸兩
吳光榴繼妻節孝劉氏壹兩
監生吳鴻賓公壹兩
監生吳復應壹兩
義民吳金宗公壹兩
貤贈奉直大夫吳光顯公拾兩
吳光佑妻節孝鳳氏壹兩

旌表庠生吳鳳儀妻節孝方氏壹兩
監生吳廷瓚公壹兩
吳松竹妻節孝楊氏壹兩
吳邦球妻節孝章氏壹兩
監生吳惟一壹兩
例贈登仕佐郎吳斯盛公貳兩
候選布政司理問吳國牧公貳兩
候選從九品吳應琮貳兩
戶部員外郎吳椿慶公壹兩
吳滿孫公貳兩
鄉飲介賓吳闓和公壹兩

吳伯權公貳兩
吳之宋公壹兩
吳高淳公壹兩
監生吳景元叁兩
敕封儒林郎吳光歡壹兩
吳光仲妻節孝李氏壹兩
監生吳汝霖公壹兩
監生吳廷猷公貳兩
敕封奉直大夫吳邦本公伍兩
候選州同知吳鍍成公壹兩
吳國懫妻節孝翟氏壹兩

吳昌孫公貳兩
吳之瑞聘妻烈女倪氏壹兩
吳光嘉妻節孝李氏壹兩
貤贈奉直大夫吳景山公捌兩
監生吳廷璋壹兩
吳光鴻聘妻貞女湯氏壹兩
吳錫生壹兩
監生吳濟川壹兩
候選州同知吳國俊肆兩
監生吳表楦壹兩
舉人揀選知縣吳兆奎肆兩

武舉人蘇州府太倉州鎮海衛守禦吳悅我肆兩
武舉人揚州府運糧衛守備吳之理肆兩
沙嶺吳志遠伍兩
十二都一啚李敬先公祉紋銀拾伍兩
王柳溪文會祉元銀肆拾兩
田中都四啚一甲董宗祠祉元銀拾伍兩
十一都三啚四甲陳敘倫尚云祉紋銀叁兩
上連都董世堯同男一明祉元銀伍兩
田中都三啚七甲吳宗祠祉元銀拾貳兩
十都一二啚紆京兆曹元銀拾兩
十一都一啚五甲萬孝思堂祉元銀拾兩

萬良璧公伍兩
萬漢水公伍兩
萬道端公壹兩
萬世珙公壹兩
萬善株公壹兩
萬善果公壹兩
萬宗會公壹兩
萬善揚公壹兩
萬善轅公壹兩
萬一鵲壹兩
萬廷梁公貳兩

萬敦叙堂拾兩
萬象茂公壹兩
萬景宇公壹兩
萬嘉猷公壹兩
萬末公貳兩
萬至公壹兩
萬廷諍公壹兩
萬邦孚公壹兩
萬大燾公壹兩
萬國重公壹兩
萬席珍公壹兩

萬浩民公壹兩
萬天賜公壹兩
萬天旺公壹兩
萬宗瑢公壹兩
萬廷瑞公壹兩
萬起泰壹兩
萬善材壹兩
萬懌文公壹兩
十一都三啚七甲王集義堂沚元銀伍兩
永定二啚二甲吳世泰沚元銀拾兩
岸前都沈宗祠沚元銀叁拾兩

十都二啚盛鼎安沚元銀拾兩
田中都四啚六甲董宗祠沚元銀伍拾兩
大成都一啚王百順曹元銀貳兩
大成都一啚十甲王承亨公沚元銀拾兩
王上宗祠拾陸兩
王發新貳兩
王家沛貳兩
水南都一啚七甲梅天慶公沚元銀拾兩
上連都湯夏公祠沚元銀拾兩
十都二啚六甲徐興宗公拾兩
十二都一啚文崇本堂拾兩 不出

十一都二啚包敦本堂叁拾兩
水南都一二啚王伯通公祠拾陸兩 不出
水南田中徐姓貳拾兩 不出
蕭宗祠貳拾兩
田中都三啚湯永保公祠拾兩
上連都二啚二六甲董洪文公祠拾兩 不出
上連都二啚五甲徐清一公祠拾伍兩
上連都二啚七甲張元吉公祠拾兩 不出
上連都一啚七甲陳際雲公伍兩
貢生 恩賜主簿陳景良公伍兩
陳子舉公伍兩

陳洪範公肆兩
監生陳之才公伍兩
陳艮倫公叁兩
陳慶公伍兩
陳顯頤公壹兩
陳宣公壹兩
陳嘉會公伍兩
陳東川公壹兩
陳觀光伍兩
義官陳叔綱公叁兩
陳顯浩公柒兩

陳繼琛公拾兩
舉人陳寶泉公貳兩
陳文藝公貳兩
陳文棟公貳兩
陳元吉公貳兩
陳顯達公貳兩
陳勝道叁兩
大成都二啚十甲王煊公拾兩
王庠公拾貳兩 不出
王尚銍公貳兩 不出
王作謨貳兩 不出

王天衢公壹兩 不出
溪丁都三啚四甲朱世典公庫紋銀叁兩
華喜秀曹元銀壹兩
溪丁都二啚九甲施永盛伍兩
靑東都三啚施宗祠拾伍兩
東南隅馬宗祠叁拾兩
宣陽都衛宗祠貳拾兩
丁溪九甲劉勝德曹紋銀伍兩
丁溪金胡沈謝曹元銀叁兩
李斯盛公拾兩
丁溪二啚十甲謝黄沈三姓叁兩

溪丁都一啚胡宗祠貳拾兩
胡子芳公貳拾兩
石山汪宗祠貳拾兩
泉北都一三啚五甲胡永輝公宗祠拾兩
丁溪一啚二甲方蔡胡三姓叁兩 不出
丁溪一啚六甲胡啓倫壹兩 不出
丁溪二啚一甲胡大順伍兩 不出
丁溪二啚二甲程宣一叁兩 不出
丁溪二啚六七甲胡大旺世旺叁拾兩 不出
丁溪二啚八甲陳德積弟大典伍兩 不出
七甲汪永掌叁兩 不出

童宗祠貳拾兩
方宗祠拾兩
岸前二啚六甲施宗祠貳拾兩
雙浿三啚王宗祠貳拾兩 不出
岸前一啚十甲方虎延公宗祠拾兩
許艮正公拾兩 不出
李宗祠貳拾兩 不出
昌宗祠伍兩
岸前三啚楊宗祠拾兩
候選直隸州知州楊艮棟貳拾兩
翟忠孝堂陸兩伍錢叁分

翟思球陸兩
九都七甲張孝友堂拾兩
余徐高砺四姓元銀拾兩

道光五年續修縣志樂輸題名

監生趙應芳公捌兩
州同趙朝煕公伍兩
監生趙曙輝公伍兩
監生趙文彩貳兩
趙葉新妻節孝左氏叁兩
舉人趙暗妻節孝吳氏壹兩
監生趙近巖公貳兩
趙友全妻節孝黄氏男監生季昌貳兩
監生趙昌祥公壹兩
趙同煕妻節孝查氏叁兩

庠生趙鼎臣妻節孝朱氏貳兩
布政使理問趙楷伍兩
杭州府稅課司趙世珍伍兩
趙吉祥妻節孝鄭氏壹兩
貢生趙琛叁兩
監生趙堂伍兩
監生趙季煊妻節孝黄氏壹兩
趙璧珠妻節孝衛氏壹兩
州同趙魁伍兩
監生趙艮寵公伍兩
州同趙國棟拾兩

趙同開妻節孝汪氏子元濱壹兩
州同趙艮淮公伍兩
趙友鶴妻節孝吳氏壹兩
趙友駱妻節孝胡氏壹兩
趙同岳妻節孝王氏壹兩
趙昌瑞壹兩
監生趙廷璋叁兩
庠生趙漣漪妻節孝王氏壹兩
附貢生趙其暢公伍兩
江川縣知縣左瑜拾兩
候選府同知左瀛伍兩

左善壹兩 不出
増生左旋貳兩
監生左鴻圖公捌兩
貢生左廷祿伍兩
庠生左廷桂貳兩
左欽觀妻節孝趙氏壹兩
左懋領妻節孝蕭氏壹兩
左文亨妻節孝張氏貳兩
附貢生馬艮煐伍兩
歲貢生王秉倫伍兩
王宗材伍兩

王士名伍兩
大成都監生王發新男又運貳兩 不出
監生王祥慶烈婦趙氏貳兩
王庠公男貢生倘元貳兩
州同知王大賓公陸兩
布政使理問王肇基公貳兩
庠生王銘公貳兩
監生授府經歷王煊公貳兩
布政司經歷王煐貳兩
貢生王守誠伍兩
王元燮妻節孝馬氏壹兩

開縣知縣王起元公貳兩
王大德壹兩 不出
監生王倘鈺叁兩
大成都王延長妻節孝曹氏壹兩
王道煩妻節孝董氏壹兩
庠生王樞妻節孝趙氏壹兩
大成都貢生王必顯伍兩
監生王承超伍兩
王雅藩壹兩
王清明貳兩
王淦妻節孝程氏子圖南壹兩

庠生王雨霖貳兩
王承佐陸兩
王添球壹兩
王秉銶壹兩
王惟赐壹兩
王德昌壹兩
王柳溪文會肆兩
禮癬都二啚六甲王大魁公伍兩
庠生鄭泮弍兩
監生鄭思瑾妻烈婦陳氏壹兩
鄭問庠妻節孝趙氏壹兩

監生張希元公貳拾兩
州同張廷佐拾兩
附貢生張金臺公伍兩
張璭中公壹兩
九都七甲張應龍伍兩
庠生張汝霖貳兩
九都七甲張道伟伍兩
張觀順妻節孝章氏壹兩
九都七甲張道熺妻節孝查氏壹兩
九都七甲張道訪妻節孝李氏壹兩
九都七甲張本鑑妻節孝王氏壹兩

九都七甲監生張中泰公伍兩
九都七甲監生張中和公伍兩
九都七甲監生張廷賢公伍兩
九都七甲監生張定南公貳兩
九都七甲張錦南貳兩
張子恒妻節孝董氏壹兩
張子添妻節孝王氏壹兩
水南都二啚五甲張泮公伍兩
東隅一啚八甲馬榮巨公伍兩
貢生馬元勝公伍兩
監生東隅一啚八甲馬卓賢公貳兩

庠生馬文清妻節孝王氏壹兩
監生馬啟乾壹兩
大成都馬梓盎公貳拾兩
東隅一啚八甲馬代銜貳兩
東隅一啚八甲馬埜妻節孝王氏壹兩
東隅一啚八甲馬百增妻節孝施氏壹兩
南隅馬玉芳公伍兩
監生馬廷彩伍兩
監生馬屦青貳兩
馬艮萬妻節孝王氏壹兩
沈偉妻節孝左氏壹兩

沈霦妻節孝王氏壹兩
監生沈廷雝公貳兩
縣丞署汶川知縣沈濤貳兩
吉州吏目沈英壹兩
副貢沈龍卜公壹兩
理問沈大炳公拾陸兩
庠生沈模壹兩兩
岸前都沈岱妻節孝方氏壹兩
溪丁都二啚五甲沈宗祠叁兩
沈守亨壹兩
沈艮高壹兩

沈彬壹兩
沈崑壹兩
沈大鏞叁兩
慬恩都三啚五甲沈志賢公伍兩
東鄉一啚四甲劉撒公伍兩
劉建章貳兩
劉聯昌妻節孝吳氏壹兩
溪丁都一啚三甲劉繼仁公伍兩
處士江廷銓肆兩
業儒江昌齡肆兩
張香都一啚二甲處士朱其柱公貳兩

朱昌公伍兩
監生朱壽春公壹兩
朱安松公伍兩
朱安鏡妻節孝洪氏壹兩
朱安格妻節孝洪氏貳兩
朱槐妻節孝汪氏壹兩
朱本妻節孝胡氏壹兩
朱體妻節孝談氏貳兩
朱域妻節孝胡氏壹兩
朱一嬿妻節孝胡氏壹兩
朱福妻節孝胡氏壹兩

朱早妻節孝鄭氏壹兩
朱安濟妻節孝汪氏壹兩
朱一鑑妻節孝鄭氏壹兩
張香都一啚五甲　誥授朝議大夫朱慶涑公陸兩
誥贈朝議大夫朱慶瀾公男州同加四級安柿伍兩
誥贈奉直大夫朱慶霈公男州同加二級安桓伍兩
誥贈奉直大夫朱采藻公孫州同加二級凝賜伍兩
誥封奉直大夫朱安渠公男州同加二級凝翰伍兩
朱安根妻節孝胡氏貳兩
朱安梯妻節孝趙氏貳兩
張香都一啚六甲　勅贈儒林郎朱武沛公伍兩

勅贈儒林郎朱慶棪公伍兩
誥贈奉直大夫朱安然公伍兩
朱慶椅妻節孝洪氏壹兩
朱安鳳妻節孝胡氏孫一甲貳兩
朱安信妻節孝胡氏男耀叁兩
朱平義妻節孝汪氏男一鈺伍兩
張香都一啚七甲監生朱備公男廷玕伍兩
朱安廷妻節孝后氏壹兩
張香都一啚八甲處士朱文燈公捌兩
誥贈通奉大夫崇祀鄉賢朱武勳公伍拾兩
誥贈奉直大夫朱慶霞公拾兩
誥贈奉直大夫朱萬源公拾兩
勅贈儒林郎鄉飲賓朱必務公伍兩
監生朱必勝公伍兩
處士朱月庭公貳兩
監生朱安迦公拾貳兩
邑增生朱韶九公伍兩
郡庠生朱蜀三公伍兩
監生五世一堂朱琛齡公捌兩
處士朱亘焯公男平瑋貳元
例贈文林郎朱希尹公拾兩
朱偕公叁兩

誥贈朝議大夫歙縣訓導朱亦周公伍兩
誥授中憲大夫刑部郎中廣西南寧府知府朱予簡公伍兩
候選州同知朱闓甫公拾兩
誥贈朝議大夫拔貢朱悳甫公拾兩
廪貢生朱秉虔公拾兩
監生朱蔆壹兩
朱善慶壹兩
朱寶慶壹兩
旌表贈奉直大夫朱蕃公妻封宜人節孝胡氏伍兩
朱慶襯妻節孝唐氏壹兩
朱慶笔妻節孝吳氏壹兩
朱安萃妻節孝張氏壹兩
朱平燦妻節孝汪氏壹兩
監生朱應祥公妻節孝汪氏貳兩
朱芳朝妻節孝洪氏貳兩
朱渡妻節孝洪氏男嶽陵壹兩
朱聯發妻節孝俞氏壹兩
朱一體妻節孝胡氏壹兩
朱黨妻節孝洪氏貳兩
朱一昌繼妻節孝洪氏貳兩
朱一士妻節孝胡氏壹兩
郡庠生朱吉祥妻節孝胡氏伍兩

監生朱繼祥妻節孝趙氏男春元伍兩
朱一簡妻節孝張氏壹兩
朱宗栻妻節孝汪氏壹兩
庠生朱用賓妻節孝門氏壹兩
張香都一啚九甲朱文科公伍兩
朱文萜妻節孝倪氏叁兩
朱文營妻節孝吳氏叁兩
朱文黨妻節孝胡氏壹兩
張香都汪子備妻節孝朱氏壹兩
張香都二啚一甲談克鼎妻節孝汪氏男承麟伍兩
北亭都監生唐廷楷公伍兩

唐國聰妻節孝朱氏壹兩
唐華蘭妻節孝俞氏壹兩
北亭都八甲汪士憲妻節孝江氏壹兩
溪頭都州同胡承補公拾兩
胡承鎮公肆兩
胡承武公伍兩
胡先鏡公壹兩
胡先滿公壹兩
胡元爻公壹兩
旌表胡先滋妻節孝朱氏男業儒世培壹兩
胡啓齡妻節孝倪氏壹兩

胡先賞妻節孝朱氏壹兩
胡士覎妻節孝汪氏壹兩
胡世藕妻節孝朱氏壹兩
胡世利妻節孝洪氏壹兩
胡霦澤妻節孝朱氏壹兩
胡派祥妻節孝倪氏壹兩
胡虎慶妻貞女朱氏壹兩
胡世爵妻貞女趙氏貳兩
胡世銑妻烈婦朱氏伍兩
胡權澤妻烈婦朱氏壹兩
胡先慶妻節孝趙氏壹兩

新豐都洪吉實公拾兩
誥贈奉直大夫洪禮中公孫州同加二級幹城叁兩
勅贈儒林郎洪舉賢公孫州同官祥貳兩
洪文淦妻節孝胡氏壹兩
洪瑱祥妻節孝胡氏壹兩
洪珦祥妻節孝朱氏叁兩
洪瓚祥妻節孝汪氏壹兩
洪有信妻節孝汪氏壹兩
洪球祥妻烈婦朱氏壹兩
洪錫鑾妻烈婦胡氏壹兩
后本部妻節孝王氏壹兩

后賢楹妻節孝胡氏壹兩
鄭啓忖妻節孝汪氏壹兩
鄭天堤妻節孝胡氏壹兩
洪村都九甲邑庠生汪應乾公貳兩
監生汪立鑾公妻節孝鄭氏元孫學重壹兩
監生汪崇格公伍兩
汪崇柄公男監生經爗經煋伍兩
冠帶汪崇惠公男監生經賽貳兩
汪經燧妻節孝吳氏男監生學開貳兩
汪學安妻節孝胡氏男五壽貳兩
監生汪榮章壹兩

江西同仁堂伍兩
汪經訓堂伍兩
汪祖報妻節孝朱氏壹兩
汪崇秋公拾兩
汪經鉀妻節孝倪氏男監生學福伍兩
汪崇甘公壹兩
汪學安公伍兩
汪經報妻節孝倪氏男學文伍兩
八甲郡庠生汪士榦公壹兩
二甲汪祖參妻節孝陶氏壹兩
監生汪經貴公伍兩

庠生倪善瑲公伍兩
倪善增壹兩
監生倪善琛貳兩
倪家杲妻節孝張氏壹兩
浙南都五甲監生管儀問公伍兩
五世一堂胡一喜公貳兩
庠生例贈奉直大夫楊理妻節孝吳氏伍兩
楊璀妻節孝趙氏伍兩
庠生楊超副室節孝魯氏壹兩
青東都二啚八甲西分陶文魁公伍兩
監生陶滿川伍兩

陶開興公壹兩
汪文閏妻節孝周氏叁兩
汪士熙妻烈婦沈氏壹兩
汪文炯妻節孝鄭氏貳兩
翰林院檢討汪湛壹兩
汪鉉公貳兩
汪愛蘭妻節孝趙氏壹兩
汪岳芳妻節孝趙氏壹兩
曹溪都州同汪楠壹兩
州同汪燃壹兩
州同汪垙壹兩

庠生汪煥壹兩
衡工例從九汪夔壹兩
分發雲南未入汪燾貳兩
庠生汪金城壹兩
未入汪文揚壹兩
永定都旌表節孝徐文藻妻吳氏貳兩
徐傳伉妻節孝趙氏貳兩
永定都州同徐鵬飛伍兩
徐必慄伍兩
徐必洲伍兩
徐必惇叁兩

徐必協貳兩
徐傳儉妻節孝文氏壹兩
徐文彬妻節孝唐氏壹兩
徐傳歛妻節孝潘氏壹兩
徐光宗妻節孝朱氏壹兩
徐光裕妻節孝呂氏壹兩
徐傳佶妻節孝呂氏壹兩
徐可玖伍兩
溪丁都理問胡天輔公拾兩
胡張氏孫穆美壹兩
胡尚公伍兩

胡師恩公伍兩
胡廷順公壹兩
胡麟祚繼妻節孝鮑氏伍兩
胡裁芳妻節孝陳氏壹兩
庠生胡起芳妻節孝趙氏壹兩
霞浦巡檢胡起芳公肆兩
大成都胡清瑞貳拾兩
胡國振伍兩
胡馬氏男世璉壹兩
胡遠森壹兩
誥贈奉直大夫李元桃同男監生例贈奉直大夫廷澤拾兩

李吉慶妻貞女杜氏壹兩
李樂元妻節孝翟氏壹兩
李含儉妻節孝王氏壹兩
十二都一啚三甲庠生李降昌公壹兩
監生李成章壹兩
十二都一啚六甲李泰權妻節孝王氏壹兩
庠生周鼎貳兩
監生周汝寬貳兩
誥授朝議大夫周創賢公拾兩
候選從九許天鰲伍兩
溪丁都一啚七八甲郭本源公伍兩

溪丁都一啚八甲郭元公伍两
平山縣典史章國楷伍兩
章懋勳伍两
章重光伍两
章承全妻節孝陳氏壹两
章學書妻節孝舒氏壹两
章澤然妻節孝周氏壹两
章琥祥公孫監生必邵叁两
明化州府同知曹慶公叁两
明德慶州學正曹國賓公壹两
監生曹良耜公貳两

監生曹元爵公貳两
庠前都百歲壽官曹巖公壹两
鄉耆曹世交公壹两
從九曹世雙壹两
曹童奇壹两
曹輪忠壹两
十二都二啚唐海秀公貳两肆錢
唐國烜妻節孝鳳氏壹两
唐廷讚妻五世一堂鳳氏貳两
唐時羅貳两肆錢
文永完妻節孝包氏壹两

州同蕭良謙伍两
蕭林壽妻節孝汪氏男天生壹两
庠前都方有樂妻節孝章氏壹两
庠生方汝旭公裔監生正魁貳两
候選縣丞方汝恒公裔庠生炳瑄伍两
業儒方國禧公裔正典伍两
泉北都二四啚四甲蔣孟林公伍两
蔣國壹两
蔣大廿妻節孝趙氏貳两
青東都二啚五甲吳寵安公同大鼎公伍两
吳伯日公叁两叁錢

吳錫芳壹两叁錢伍分
懷恩都三啚九甲阮向高公拾两
九都十甲畢孝友堂伍两
畢友錦壹两
誥封奉直大夫鳳靈川公伍两
恩齊都鳳連生妻節孝陳氏壹两
鳳斗生妻節孝陳氏壹两
十都一啚十甲舒榮光妻節孝張氏壹两
舒士願妻節孝查氏貳两
舒明志妻節孝查氏壹两伍錢
舒士彩妻節孝王氏壹两伍錢

施時偭妻節孝楊氏壹兩
南關六甲梅普禧公伍兩
梅良羅妻節孝沈氏壹兩
監生梅世東壹兩
監生梅定魁壹兩
十一都一啚六甲高世賢公叁兩
高伯禧公壹兩
冠帶高伯壽公壹兩
冠帶高廷魁公壹兩
廣西梧州府蒼梧縣知縣高自耀公壹兩
十都監生高德風妻節孝查氏壹兩

貢光裕堂伍兩
南關朱守元妻節孝王氏貳兩
監生朱伯滄公貳兩
監生朱進立公伍兩
朱崇盛妻節孝羅氏壹兩
丁溪都朱璽公伍兩
花林都朱欽妻余氏壹兩
雙浪都四啚童秀林叁兩
童鶴書妻節孝江氏男福田壹兩
童玉書妻節孝劉氏男定元壹兩
章家珠妻節孝萬氏壹兩

十一都一啚四甲 誥封奉直大夫翟尙嶸貳兩
監生翟思材妻節孝吳氏壹兩
庠生翟繹壹兩
廩貢議敘訓導翟兆晟壹兩貳錢
理問職 誥封奉直大夫翟惟新伍兩
庠生 誥封奉直大夫翟象曾壹兩
監生翟佩蘭貳兩
翟守補妻節孝文氏貳兩
翟守楨妻節孝王氏壹兩
翟奎曾妻節孝查氏壹兩
監生翟慕曾妻節孝吳氏壹兩

十一都一啚十甲監生翟思曇壹兩
誥封儒林郎翟集成公伍兩
原任韶州府司獄香山黃圃巡檢翟桂壹兩
監生 恩賜九品冠帶翟守昇叁兩
州同職翟嘉樂伍兩
翟一紀妻節孝吳氏壹兩
翟一綵妻節孝查氏壹兩
翟大保妻節孝查氏壹兩
業儒翟本瑯壹兩
查思美公伍兩
查德鍵妻節孝周氏壹兩

查清林妻節孝王氏壹兩
九都　貤贈奉直大夫查世倣公拾兩
九都候選州同查輔仁伍兩
九都監生查潤之拾兩
監生查思祺伍兩
庠生查寅亮貳兩
監生查惟吉拾兩
監生查崇漢伍兩
查廷彩貳兩
查光昭妻節孝王氏貳兩
查德馨妻節孝王氏貳兩

從九職查思鎬拾兩
歲貢生署穎上縣教諭查敦倫公壹兩
監生查崇烽叁兩
監生查之璧伍兩
查崇湧妻節孝吳氏壹兩
查小謀妻節孝王氏壹兩
誥封奉政大夫查玉衡公貳拾兩
監生查士傑公貳兩
查崇漪公妻節孝趙氏叁兩
九都二甲查思誦壹兩
九都八甲監生查廷瑤壹兩

貤贈文林郎查話公壹兩
贈文林郎查天叙公壹兩
查善保妻節孝王氏壹兩
查光宇妻節孝王氏壹兩
查光輝妻節孝翟氏壹兩
查大喜妻節孝黄氏壹兩
查芬遠妻節孝王氏壹兩
監生查書三公伍兩
百歲董一錄壹兩
誥封登仕郎董一選壹兩
監生董天鋼貳兩

監生董天欽壹兩
田中都四啚六甲明義官董金公貳兩
監生董廷柱公伍兩
貢生董仙洲公伍兩
貢生董文佩公伍兩
監生董幹公貳兩
壽官董宣公壹兩
壽官董追公壹兩
旌表董崇愷妻節孝王氏壹兩
董永昭妻節孝查氏壹兩
董元亮公拾兩

董善餘堂貳拾兩
董文魁公伍兩
誥贈脩職郎海州學正董鍾公伍兩
董德詔公伍兩
董宗取公伍兩
董天宮妻節孝蔡氏壹兩
董緞元壹兩
庠生董猷公壹兩
董世尭同男一明伍兩不出
十一都一啚五甲萬惟漸公貳兩
監生萬善采公貳兩

監生萬宗會公貳兩
萬宗焰公壹兩
十一都三啚五甲萬一傳壹兩
萬宗燈妻節孝陶氏貳兩
茂林都潘我生公伍兩
潘豐祥公伍兩
潘仲素公伍兩
潘尉祥妻節孝翟氏壹兩
潘鳴鑾妻節孝翟氏壹兩
布政司理問潘精一壹兩
州同潘周烈壹兩

州同潘沆周壹兩
州同潘元禮壹兩
潘吉祥妻節孝吳氏壹兩
潘茂林妻節孝翟氏壹兩
潘懋脩壹兩
潘廷馨伍兩
孝子潘懋順壹兩
吳濟昌公前分叁拾兩
吳福緣公伍兩
吳一儀公貳兩
誥封中議大夫 吳宗澤公伍兩

吳如璠公壹兩
舉人五世同堂吳壽昌公伍兩
吳廷燮妻節孝翟氏壹兩
吳承誌妻節孝葉氏壹兩
誥封奉直大夫吳讓恒貳兩
吳景元貳兩
吳德讚壹兩
吳守興伍兩
吳世楨拾兩
吳承煥壹兩
吳啟祥妻節孝翟氏壹兩

吳啟泰妻節孝章氏壹兩
吳符祥公貳兩
舉人吳成琢公貳兩
九都七甲張松巖公拾兩
翟思春妻節孝鳳氏壹兩
上述都副貢生陳桂齡公叁兩
監生陳慶公伍兩
陳西州公叁兩
陳明隨公壹兩
誥授儒林郎陳明禮公裔州同文炳公拾肆兩
貢生陳明榮公壹兩

陳顯達公貳兩
監生陳顯鎣公貳兩
監生陳顯湧公拾兩
監生陳顯浩公柒兩
縣丞陳濟美公叁兩
欽賜翰林院檢討陳元吉公貳兩
邑庠生陳宣公壹兩
監生陳顯愿公壹兩
署長寧縣知縣陳大森陸兩
邑庠生陳濤公壹兩
貢生陳際雲公伍兩

監生陳士魁公伍兩
布政司理問陳大縉公伍兩
監生陳振聲公伍兩
監生陳文俊公柒兩
監生陳文輝公叁兩
從九陳耀奎貳兩
監生陳文棟公貳兩
陳文拔公叁兩
陳文藝公貳兩
監生陳大經壹兩
邑庠生陳嘉會公伍兩

監生陳東川公壹兩
州同陳觀光伍兩
州同陳國賓叁兩
監生陳德易公貳兩
按察司照磨陳洪範公肆兩
舉人陳寶泉公貳兩
邑庠生陳寅貳兩
監生陳一清貳兩
監生陳德定壹兩
監生陳旭昇壹兩
監生陳繼聚公拾兩

監生陳奏勳貳兩

陳正言公伍兩

趙同源妻節孝朱氏壹兩因志已告成未入列女後修補載

欽天監考取地理給有客鄉區額丁毅男監生紹農伍兩

佘宗祠伍兩

潘周陞妻節孝李氏監生男銓壹兩

懿行趙必鉅公孫友團貳兩必鉅家貧好義族興文會捐銀百兩族兄侍御青藜贈詩奬之

陳知書妻節孝鳳氏壹兩

陳徐氏男繼起壹兩

禮辭都一圖四甲陳六千公伍兩

十一都一啚四甲監生翟天和貳兩

孝友監生翟三學三庠捐銀拾兩翟三學字修來監生性孝友事瞽母敬養周至從叔含熙入山獵受虎傷血淋痛甚學嚼莽中蟲塗之唇舌俱腫如是者三日虎傷漸愈三學弟三庠字校周亦監生失怙時學年十四庠三齡友愛數十年無間言析居後學家業中落有急需庠助數百金不受償二人凡義舉踴躍同心族人敬之因志成未入附載於此以備後採

十一都一啚十甲翟錫齡妻節孝查氏壹兩

貢生翟永希副室節孝王氏壹兩

翟光裕妻節孝王氏壹兩

衛德添妻節孝吳氏男善殿貳兩吳氏年二十二寡守志矢貞撫二子成立俱入成均卒年六十有二因志已告成未入列女後修補載

趙友桂妻節孝張氏壹兩

懿行衛大安公貳兩大安字靜侯正直自持不同流俗族有遭寃獄者欲誣平人安力止之後某寃得雪平人感其德附載于此以備後採

懿行衛道招公伍兩道招家僅自給好行其義邑北赤鎮洪橋頭路適低窪常被水淹囑其子捐金填高八尺許築長數百餘丈以便行旅每遇歲歉捐錢以賑同族人咸德之附載于此以備後採

懿行布政司理問衛日生公伍兩日生人品端方尤好施與嘉慶十九年歲歉捐錢肆佰仟以賑同族又嘗修廬郡大道用銀八佰兩郡人公送匾額稱之附載於此以備後採

潘日寶公壹兩

東山巷僧可樂伍兩

長春庵僧胡照叁兩胡照號古巖作畫山水學麓臺蘭竹學石濤俱能得其形似遍遊楚越所至名士爭相讌贈古巖彙而刻之爲韞玉詩集其詩爲畫名所掩然自請耆樸老著有巖石詩鈔二卷附載于此以備後採

后记

泾县从南宋嘉定初年（一二〇八）开始修志，到清代道光五年（一八二五）的六百多年的时间里，共修纂志书十五次。留存至今的，只有明嘉靖三十一年（一五五二）、清顺治十三年（一六五六）、乾隆十七年（一七五二）、乾隆十八年、嘉庆十一年（一八〇六）《泾县志》和道光五年《泾县续志》这六部。泾县属地只留下民国三年（一九一四）重刊的嘉庆、道光年间编纂的《泾县志》和《泾县续志》，其余存世的古代泾县志散落各处。

清道光五年《泾县续志》，由时任泾县县令阮文藻编纂，共九卷。如以单行本影印成书呈现有些单薄，故此次便采取影印与点校同时面世的方式呈现。在影印时，选用了最清晰的一部底本。由黄飞松负责点校，并请毕业于北京大学中文系古典文学专业且一直从事编辑事业的曹西弘审核。对人名、地名中出现的繁体字、异体字，若有规范简化字且字义不变者，用规范简化字；若无规范简化字，或简化后字义改变，则尽量保持原貌。此外，排版方式也参照了汪渭、童果夫点校的嘉庆十一年《泾县志》的版式。

为保证点校工作的准确性，点校者不仅从史志室调阅了一九一四年的重刊本，还对照了安徽省图书馆馆藏的原本，并且对现有不同版本的原本进行了对照。但还是由于底本部分页面字迹模糊，加上点校人员水平有限，仍存有不少问题，给读者阅读造成了一定困难，恳请读者见谅。

图书在版编目（CIP）数据

〔道光〕泾县续志 / (清) 阮文藻修 ; (清) 赵懋曜等纂 ; 黄飞松, 曹西弘点校 ; 中共泾县县委党史和地方志研究室整理. -- 扬州 : 广陵书社, 2024. 11.
ISBN 978-7-5554-2392-8
Ⅰ. K295.44
中国国家版本馆CIP数据核字第20242ZY487号

书　　名　〔道光〕泾县续志
作　　者　〔清〕阮文藻修　〔清〕赵懋曜等　纂
　　　　　黄飞松　曹西弘　点校
　　　　　中共泾县县委党史和地方志研究室　整理
责任编辑　邹镇明
出版发行　广陵书社
　　　　　扬州市四望亭路2-4号　邮编 225001
　　　　　(0514)85228081(总编办)　85228088(发行部)
　　　　　http://www.yzglpub.com　E-mail:yzglss@163.com
制　　版　安徽紫欣印刷科技有限公司
印　　刷　合肥华云印务有限责任公司
开　　本　889mm×1194mm　1/16
印　　张　22
字　　数　180千字
版　　次　2024年11月第1版
印　　次　2024年11月第1次印刷
标准书号　ISBN 978-7-5554-2392-8
定　　价　286.00元